上海智库报告文库
SHANGHAI ZHIKU BAOGAO WENKU

系统耦合

上海『五个中心』建设能级提升

周振华 等 著

上海人民出版社

编审委员会

序

    智力资源是一个国家、一个民族最宝贵的资源。建设中国特色新型智库，是以习近平同志为核心的党中央立足新时代党和国家事业发展全局，着眼为改革发展聚智聚力，作出的一项重大战略决策。党的十八大以来，习近平总书记多次就中国特色新型智库建设发表重要讲话、作出重要指示，强调要从推动科学决策、民主决策，推进国家治理体系和治理能力现代化、增强国家软实力的战略高度，把中国特色新型智库建设作为一项重大而紧迫的任务切实抓好。

    上海是哲学社会科学研究的学术重镇，也是国内决策咨询研究力量最强的地区之一，智库建设一直走在全国前列。多年来，上海各类智库主动对接中央和市委决策需求，主动服务国家战略和上海发展，积极开展研究，理论创新、资政建言、舆论引导、社会服务、公共外交等方面功能稳步提升。当前，上海正在深入学习贯彻习近平总书记考察上海重要讲话精神，努力在推进中国式现代化中充分发挥龙头带动和示范引领作用。在这一过程中，新型智库发挥着不可替代的重要作用。市委、市政府对此高度重视，将新型智库建设作为学习贯彻习近平文化思想、加快建设习近平文化思想最佳实践地的骨干性工程重点推进。全市新型智库勇挑重担、知责尽责，紧紧围绕党中央赋予上海的重大使命、交办给上海的重大任务，紧紧围绕全市发展大局，不断强化问题导向和实践导向，持续推出有分量、有价值、有思想的智库研究成果，涌现出一批具有中国特色、时代特征、上海特点的新型智库建设品牌。

"上海智库报告文库"作为上海推进哲学社会科学创新体系建设的"五大文库"之一，是市社科规划办集全市社科理论力量，全力打造的新型智库旗舰品牌。文库采取"管理部门＋智库机构＋出版社"跨界合作的创新模式，围绕全球治理、国家战略、上海发展中的重大理论和现实问题，面向全市遴选具有较强理论说服力、实践指导力和决策参考价值的智库研究成果集中出版，推出一批代表上海新型智库研究水平的精品力作。通过文库的出版，以期鼓励引导广大专家学者不断提升研究的视野广度、理论深度、现实效度，营造积极向上的学术生态，更好发挥新型智库在推动党的创新理论落地生根、服务党和政府重大战略决策、巩固壮大主流思想舆论、构建更有效力的国际传播体系等方面的引领作用。

党的二十届三中全会吹响了以进一步全面深化改革推进中国式现代化的时代号角，也为中国特色新型智库建设打开了广阔的发展空间。希望上海新型智库高举党的文化旗帜，始终胸怀"国之大者""城之要者"，综合运用专业学科优势，深入开展调查研究，科学回答中国之问、世界之问、人民之问、时代之问，以更为丰沛的理论滋养、更为深邃的专业洞察、更为澎湃的精神动力，为上海加快建成具有世界影响力的社会主义现代化国际大都市，贡献更多智慧和力量。

中共上海市委常委、宣传部部长　赵嘉鸣

2025 年 4 月

目　录

前　言

　　在百年未有之大变局背景下，各种力量碰撞，风云际会演义，新旧事物更替，使当今世界处于不断分化、重组和连接之中。在全球网络连接日益广泛和具有张力的基本格局下，合作与竞争成为世界发展的主旋律。全球城市（区域）作为全球网络中的一个主要节点和重要单元，不仅在全球事务中发挥战略性的功能，而且也成为国家发展的动力枢纽，代表国家参与全球合作与竞争。为此，各国政府高度重视全球城市（区域）发展，并赋予其重要战略地位。我国在中国式现代化全面推进强国建设、民族复兴伟业中，也赋予上海这座我国改革开放的前沿阵地和深度链接全球的城市建设具有世界影响力的社会主义现代化国际大都市的战略定位。其中，"五个中心"和国际文化大都市建设是战略重点和主要着力点。

　　经过 20 多年的努力，上海承载国家战略，在"五个中心"和国际文化大都市建设中已取得举世瞩目的成就，跻身世界一线城市，在全球政治、经济等社会活动中处于重要地位并发挥主导作用，在我国现代化进程中发挥了龙头带动和示范引领作用。在当前新形势下，上海具有更大的使命感和紧迫感，要以加快建设"五个中心"为主攻方向，统筹牵引经济社会发展各方面工作，不断提升城市能级和核心竞争力。这是全球城市迭代升级的必然要求，也是加快建成具有世界影响力的社会主义现代化国际大都市的重要举措。只有加快建设"五个中心"，上海的发展才能凝神聚力，强化战略引领，更好发挥龙头带动作用，为中国经济与世界经济继续深度融合作出更大贡献。

今后一段时间，上海加快建设"五个中心"和国际文化大都市的着力点在哪里，这是首先要认识和确定的问题。无疑，这要从问题出发或以问题为导向。目前，上海在建设"五个中心"和国际文化大都市中的主要问题，明显表现为能级不高、协同性较弱、核心竞争力不强等。我们判断，这些问题大都属于发展中的问题。从某种程度上讲，是上海国际大都市发展的独特路径所决定和衍生出来的副产品。

国际经验表明，纽约、伦敦、东京、巴黎等全球城市发展表现为一种自然过程。也就是，在经济全球化背景下，顺应经济全球化进程的要求，功能自然演进的过程。这些城市从 20 世纪 70—80 年代开始城市转型（从工业经济转向服务经济），先后经历了以金融、贸易等经济功能为主转向 90 年代的经济、文化协同，乃至 2008 年后的经济、文化、科技融合发展的过程。在这一自然演进的迭代升级中，出现的问题不断得到解决。尽管这些城市目前也面临新的问题，但没有太多累积下来的问题。因此，它们的发展基础不断夯实，各种功能连续增强，各个中心之间得到较好契合，发挥出系统性优势。

与此不同，上海国际大都市建设是在我国改革开放和融入经济全球化的背景下展开的，充分借助了改革开放的强大动力，充分发挥了融入经济全球化的后发优势，走出了一条具有时代特征、中国特色和上海特点的跨越式发展路径。从某种意义上讲，这是必然的，上海不可能走纽约、伦敦、东京、巴黎等全球城市发展路径。这一跨越式发展路径使我们能实现数量型扩张，在较短时间内培育出基本要素，构建起基本框架，发展为体系化运行，并具备相应基本功能。而且，受经济全球化不断深化进程的影响，特别是新兴服务贸易、技术贸易、跨境数据交易等快速发展，某种程度上迫使我们在较短时间内连续实现迭代升级，也已进入了 3.0 版的经济、文化、科技融合发展。显然，这一跨越式发展路径在带来上海现代化国际大都市迅速崛起的同时，也导致了一系列发展中的问题。

如果从这一视角来看待目前"五个中心"和国际文化大都市建设中的主要问题，那么解决问题的着力点，就在于跨越式发展必须回过头来进行"补课"。事实上，这也是真正（成功）实现跨越式发展的必要环节。从这一跨越式发展内生的问题及其性质来看，这一"补课"的重点和关键是系统耦合与优化。"五个中心"和国际文化大都市建设的系统耦合与优化，其核心是加强相互间关联与渗透，强化相互间交互与促进，发挥系统协同效应和网络效应。具体表现为，通过资源共享实现均衡发展，通过关联强化实现功能互补，通过系统整合实现协同效应，通过高效互动实现网络效应。因此，这一系统耦合与优化涉及诸多方面，几乎囊括了这一跨越式发展的主要"补课"内容。

首先，夯实发展基础，即强基。在跨越式发展中，"起飞"往往是在缺乏长期沉淀和雄厚积累的情况下实现的，通常伴随发展基础不扎实和不稳定等问题，包括各种基础设施、人力资本、市场和平台等。其中，硬基础设施方面还过得去，甚至超前，而软基础设施方面则严重滞后；人力资本总体相对不足，而更主要的是结构性问题；市场和平台的门类与数量不成问题，主要问题是质量低下和发展不平衡。这往往导致大都市功能的能级低下以及难以协同互动。解决这一问题，是实现系统有效耦合与优化的重要保证，自然也就是系统耦合与优化的题中之义。因此，要加强对软基础设施方面的充实和完善，如法律体系、社会信用体系、市场秩序、营商环境等，特别要加强对系统耦合与优化起基础性作用的大数据、城市大脑等有效运用的软信息基础设施建设。同时，加大人力资本投资和储备，普遍提高劳动者素质与技能，特别是解决各类高端专业人才不足问题。通过市场化、法制化、国际化，提升各类市场和平台的运行质量和效率。

其次，发展瓶颈的补阙拾遗。在跨越式发展中，受外部环境影响及内部力量配备的制约，往往是条件具备、更容易突破的，率先发展起来；条件暂不具备、难以突破的，则发展滞后，这样很容易出现发展不平衡问题。各子系统之间，既有同时发展的快慢不匀，如航运中心发展较快、金融中心发展较快等；也有先后发展的时序差别，如经济、金融、贸易、航运中心基本建成，而后提出来的科创中心才建成基本框架。在各子系统内部，也存在发展不平衡的情况，如航运中心的运输箱量已多年居于世界首位，但航运服务发展严重滞后；先进生产者服务业门类众多，但相互间配套不足，服务半径有限等。这种由短线构成的发展瓶颈制约严重影响了国际大都市功能的发挥。因此，系统耦合与优化的重要内容之一是大力补短板，解决结构性的发展滞后问题。例如，加快国际金融中心建设，加快国际科创中心建设，以及加快发展航运服务、加快贸易结算清算、促进先进生产者服务部门的配套性和扩大服务半径等。

再次，发挥核心力的牵引作用。在跨越式发展中，数量型扩张较容易形成大都市的体系化或建成基本框架，但在系统中发挥举足轻重作用的核心力并非足够强大，因而难以进行系统整合。例如，在"五个中心"和国际文化大都市建设中，科创中心起着引领作用；作为现代经济血脉的金融中心处于核心地位，渗透到产业经济中心的投融资、贸易中心的结算清算服务、航运中心的租赁保险服务、科创中心的科技金融等。然而，目前这两个中心却发展滞后、核心力不强，难以牵引和整合各子系统的关联和互动。因此，系统耦合与优化的重点是强化系统的核心力，以充分发挥核心力的牵引和整合作用。

最后，根据自身类别特征进行系统耦合与优化。在跨越式发展中，往往以发展趋于成熟或一流的全球城市范本为参照系，进行对标及学习模仿。这无疑是必要的，但也容易忽略外部发展环境、起步时间及基础，以及不同约束条件等差异性，从而导致自身发展定位不清晰、类别特征不明显等问题。这也往往是造成一系列发展中问题的重要原因之一。例如，不顾主客观条件的异质性，践行那些所谓范本城市的路径或模式，从而出现决策失误和行动偏差。因此。系统耦合与优化必须解决这一问题，根据主客观条件及其发展潜能，厘清自身发展定位及类别特征。事实上，清晰的发展定位及类别特征，也是进行系统耦合与优化的前提之一。因为由自身特征构成的不同类型，对系统耦合与优化具有不同导向。例如，综合性全球城市在系统耦合与优化中，更注重整体性和综合功能整合；专业性全球城市在系统耦合与优化中，更注重特色性，围绕专一功能进行系统整合，其他功能用以支撑、配合并突出专业功能。因此，在进行系统耦合与优化中，不仅要把握目标定位，更要进一步明确上海大都市的类别特征。根据我们对上海外部网络连接的覆盖面及在国内外所起的战略性作用的分析，即主要与欧美地区主要城市的网络连接及在国内外发挥全球资源配置、科技创新策源、高端产业引领、开放枢纽门户功能，初步判断上海趋向于面向全球的综合性全球城市类别。按照这一类别特征进行系统耦合与优化，就要全方位大力度推进首创性改革、引领性开放，通过率先开展压力测试来稳步扩大规则、规制、管理、标准等制度型开放，加快形成具有国际竞争力的政策和制度体系，打造国际一流营商环境，增强对国内外高端资源的吸引力。

第一章
"五个中心"建设的新形势新要求

在全面贯彻党的二十大精神开局之年，在我国改革开放 45 周年、中国（上海）自由贸易试验区建设 10 周年之际，习近平总书记亲临上海考察并强调聚焦建设国际经济中心、金融中心、贸易中心、航运中心、科技创新中心的重要使命。"五个中心"建设是党中央赋予上海的重要使命，是上海国际大都市发展的功能定位，是加快建成具有世界影响力的社会主义现代化国际大都市的重要举措。党的二十届三中全会绘就进一步全面深化改革的全景图，为推进中国式现代化提供了根本动力，为加快建设"五个中心"指明了战略方向。为对接国家重大战略需求，十二届上海市委五次全会指出要锚定建设"五个中心"的重要使命，发挥重点区域先行先试作用，大胆试、大胆闯、自主改，更好为国家试制度、探新路，更好代表国家参与国际合作发展。面对纷繁复杂的国际国内形势，面对新一轮科技革命和产业变革，面对人民群众新期待，必须进一步提升"五个中心"能级水平，强化"五个中心"建设整体效能，开启加快建设"五个中心"2.0时代。

第一节　"五个中心"的建设历程

上海"五个中心"的发展和建设历经多个阶段。最初上海从国家工业中心转变为经济中心，成为重要基地与开路先锋。接着，以经济中心为基础，确立了"四个中心"，上海充当龙头与窗口。如今，上海作为排头兵与先行者，已形成"五个中心"的基本框架。这一路走来，上海不断对接国家战略需求，积极创新改革，在经济、金融、贸易、航运、科技创新等领域取得了显著成就，为国家发展作出了重要贡献。

一、"五个中心"的发展和建设历程

总结新中国成立以来上海"五个中心"的发展和建设历程，可分为三个重要的发展阶段。

（一）重要基地与开路先锋：从国家工业中心到经济中心的转变

自新中国成立以来，直至改革开放初期，上海的经济增长主要依靠工业推动。在这一时期"优先生产、次之生活"的理念主导下，上海成功转型为一个以生产为核心的城市，其工业实力迅速增强，成为全国的关键工业中心。然而，随着1978年党的十一届三中全会召开后，经济特区和沿海城市的开放，以及国家经济体制逐渐向市场经济过渡，上海面临诸多挑战。城市基础设施老化、工业技术不再领先、产业结构失衡等问题开始凸显，这些问题成为限制上海进一步发展的瓶颈。因此，上海被迫重新审视其经济发展策略。20 世纪 80 年代初期，掀起了以"上海向何处去，建设什么样的上海"为主题的经济发展战略大讨论，引起党中央的关注。1985 年国务院正式批复《关于上海经济发展战略的汇报提纲》，指出"上海的发展要走改造、振兴的新路子，充分发挥中心城市多功能的作用，使上海成为全国四个现代化建设的开路先锋"，到 20 世纪末"把上海建设成为开放型、多功能、产业结构合理、科学技术先进、具有高度文明的社会主义现代化城市"。1986 年，国务院批复同意《上海市城市总体规划方案》，进一步指出"要通过几十年的努力，把上海建设成为经济繁荣、科技先进、文化发达、布局合理、交通便捷、信息灵敏、环境整洁的社会主义现代化城市，在我国社会主义现代化建设中发挥'重要基地'和'开路先锋'作用"。因此，在改革开放至 20 世纪 80 年代末这一时期，上海从改革开放前的以工业为单一功能的生产中心城市逐步向多功能的经济中心城市迈进。

（二）龙头与窗口：从经济中心到"四个中心"的确立

1990 年 4 月，中央宣布开发开放浦东。1992 年 10 月，党的十四大就加快改革开放和现代化建设步伐作出决策，其中一点就是"以上海浦东开发开放为龙头，进一步开放长江沿岸城市，尽快把上海建成国际经济、金融、贸易中心之一，带动长江三角洲和整个长江流域地区经济的新飞跃"，确定上海作为我国新一轮改革开放"龙头"的地位和"三个中心"的发展战略目标。1995 年，为配合浦东开发、促进长江三角洲地区的联动发展，党中央、国务院作出建设上海国际航运中心的重大决策。2001 年，经国务院批复的《上海市城市总体规划（1999 年至 2020 年）》，立足于国家赋予上海要崛起成为又一个国际经济中心的战略目标任务，指出上海是我国重要的经济中心和航运中心、国家历史文化名城，要"把上海建设成为经济繁荣、社会文明、环境优美的国际大都市，国际经济、金融、贸易、航运中心之一"。至此，上海确定了从经济中心到"一个龙头、三个中心"，再到"一个龙头、四个中心"的城市功能定位的转型。步入浦东开发历史新时期的上海，城市功能定位于具有国际经济中心、金融中心、贸易中心、航运中心等多种功能的国际化大都市，成为展示中国特色社会主义制度优越性的窗口。

（三）排头兵与先行者：从"四个中心"到"五个中心"基本框架的形成

2008 年，全球金融危机后，面对外部环境和自身调整的双重挑战，上海下决心减少对重化工业增长的依赖、减少对房地产业发展的依赖、减少对加工型劳动密集型产业的依赖、减少对投资拉动的依赖，加快推进现代服务业和先进制造业的发展。2011 年，上海把"创新驱动、转型发展"写入"十二五"规划纲要的指导思想，并指出"创新驱动、转型发展，是上海在更高起点上推动科学发展的必由之路"。2014 年习近平总书记考察上海时，对上海作出建设"具有全球影响力的科技创新中心"的重要指示，为上海发展注入了新动力，由此形成了"五个中心"框架，确立了改革开放排头兵、创新发展先行者的地位，上海创新转型进入下半场。2017 年，国务院批复同意《上海城市总体规划（2017—2035 年）》。根据规划，要加快推进"五个中心"建设，努力把上海建设成为卓越的全球城市和具有世界影响力的社会主义现代化国际大都市。在原有的国际经济、金融、贸易、航运"四个中心"基础上，再增加"科技创新中心"这一城市定位，由此形成"五个中心"的新定位。继2020年国际经济、金融、贸易、航运中心基本建成，具有全球影响力的科技创新中心形成基本框架，上海拉开了深化"五个中心"建设的大幕，取得一系列亮眼成绩。根据2022年末的数据显示，在国际经济中心方面，全市GDP达到4.47万亿元人民币，在全球中心城市中排在第五位；在国际金融中心方面，上海的交易总额居全球之首，金融业对全市GDP贡献显著，占比近五分之一，吸引了超过1700家持牌金融机构落户；在国际贸易中心方面，上海口岸贸易总额继续排名全球城市首位；在国际航运中心方面，上海港集装箱吞吐量已连续13年保持全球第一；在国际科技创新中心方面，全社会研发投入和每万人高价值发明专利持有量等方面均展现出强劲势头。

二、"五个中心"建设取得的成就

上海，这座充满魅力与活力的国际大都市，在"五个中心"的发展建设道路上阔步前行，取得了令人瞩目的辉煌成就。

（一）国际经济中心建设：持续稳健增长，产业结构优化升级

上海经济实力增长态势强劲。2023年，地区生产总值突破4万亿元，这一成绩的取得离不开产业结构的持续优化。在制造业领域，传统制造业通过技术改造和创新驱动实现转型升级。例如，纺织业通过引入智能化生产设备和先进的纺织技术，提高了产品质量和生产效率，成功向高端化、个性化方向发展。汽车制造业在新能源和智能网

联方面取得重大突破，上海不仅是众多知名汽车品牌的生产基地，还拥有完整的新能源汽车产业链，从电池研发到整车制造，再到充电设施建设，形成了协同发展的良好局面。电子信息产业也不断创新，在芯片设计、封装测试等环节达到国际先进水平。现代服务业的蓬勃发展更是为经济增长注入强大动力。金融服务业规模持续扩大，各类金融机构不断集聚。2023 年，金融服务业增加值超过 8000 亿元，众多国内外知名银行、证券、保险等金融机构在上海设立总部或分支机构，形成了多元化的金融生态体系。航运服务业依托上海港的优势，营业收入超过 3000 亿元，涵盖航运经纪、航运金融、船舶管理等多个领域。科技服务业发展迅速，为企业提供技术研发、技术转移、知识产权服务等全方位支持，促进了科技创新与产业发展的深度融合。

（二）国际金融中心建设：要素市场完备，国际化水平提升

上海国际金融中心建设成果显著，已成为全球金融要素市场最齐备的城市之一。股票市场方面，截至 2024 年上半年，上海证券交易所股票市值超过 50 万亿元。科创板的设立为科技创新企业提供了重要的融资平台，推动了一批具有核心技术和发展潜力的企业快速成长。债券市场规模庞大，托管余额超过 15 万亿元，品种丰富，涵盖国债、地方政府债、企业债等，为各类企业和政府部门提供了多元化的融资渠道。期货市场交易活跃，上海期货交易所的商品期货交易量连续多年位居全球前列。其中，螺纹钢、铜等期货品种价格已成为全球相关行业的重要参考。金融机构加速集聚，形成了多元化的金融生态体系。外资银行纷纷在上海设立法人银行或分行，带来了先进的管理经验和金融产品。国际知名的投资银行、资产管理公司等也积极在

上海开展业务，提升了上海金融市场的国际化程度。同时，本土金融机构不断壮大，在全球金融市场的影响力逐步增强。在金融创新方面，跨境金融业务不断拓展。人民币跨境支付系统（CIPS）在上海运行良好，提高了跨境人民币结算的效率和安全性。绿色金融发展迅速，上海出台了一系列支持绿色债券、绿色信贷的政策，引导资金流向环保、新能源等领域。金融科技蓬勃发展，众多金融机构利用人工智能、大数据、区块链等技术提升服务质量和风险管理水平。

（三）国际贸易中心建设：内外贸易繁荣，新业态蓬勃发展

上海在国际贸易中心建设方面成绩斐然，内外贸易规模持续扩大。在货物贸易方面，2023年进出口总额超过4万亿元。上海的汽车、电子产品、机械设备等传统优势产品出口保持稳定增长，同时，高新技术产品出口比重不断提高。在进口方面，上海积极扩大消费品进口，满足了国内消费者对高品质商品的需求。服务贸易发展迅速，2023年进出口总额超过2500亿美元。其中，金融服务、信息技术服务、文化创意服务等领域表现突出，成为服务贸易增长的新亮点。贸易新业态新模式不断涌现。跨境电商发展迅猛，众多跨境电商平台在上海设立运营中心，2023年跨境电商进出口额超过1000亿元。市场采购贸易方式为中小企业开拓国际市场提供了便利，促进了贸易的多元化发展。离岸贸易规模不断扩大，上海出台一系列支持政策，优化了离岸贸易的结算和税收环境。上海积极打造国际消费中心城市，消费市场繁荣活跃。南京路、淮海路等知名商圈不断升级，引入众多国际一线品牌和时尚潮流品牌。同时，在线消费快速增长，电商平台的销售额持续攀升。此外，上海还举办了一系列具有国际影响力的消费

节庆活动，如"五五购物节"，激发了市场消费活力。

（四）国际航运中心建设：港口设施先进，航运服务完善

洋山深水港四期自动化码头的建成运营，是上海港智能化建设的重要里程碑。该码头采用先进的自动化装卸设备和智能控制系统，大幅提高了作业效率和准确性。同时，上海港不断优化港口布局，加强与长三角地区港口的合作，形成了分工合理、协同发展的港口群。2023 年，上海港集装箱吞吐量超过 4700 万标准箱，航线网络覆盖全球主要港口。航运服务功能日益强大。航运保险市场发展迅速，保险产品不断创新，为船舶、货物等提供了全面的风险保障。航运经纪业务活跃，专业的航运经纪人为船东和货主提供优质的中介服务。航运金融服务不断完善，船舶融资、租赁等业务规模持续扩大。同时，上海航运交易所发布的航运指数在国际上具有广泛影响力，成为全球航运市场的重要风向标。在航运制度创新方面，上海积极推进自由贸易试验区航运政策创新，简化船舶登记手续，优化航运税收政策，吸引了大量航运企业入驻。此外，上海还加强与国际航运组织的合作与交流，提升了在国际航运规则制定中的话语权。

（五）国际科创中心建设：创新能力增强，成果转化加速

上海国际科创中心建设加速推进，创新能力显著提升。2023 年，全社会研发经费支出占 GDP 的 4.8%，高于全国平均水平。在基础研究领域，上海的科研机构和高校在生命科学、物理学、化学等方面取得了一系列重要成果。例如，在脑科学研究方面，上海科学家成功解析了大脑神经元的连接图谱，为神经退行性疾病的治疗提供了理论基

础。在量子科学领域,实现了量子计算的关键技术突破,为未来量子计算机的研发奠定了基础。在前沿技术领域,人工智能技术发展迅速,上海涌现出一批具有国际竞争力的人工智能企业,在图像识别、语音识别、自然语言处理等方面达到世界领先水平。生物医药领域创新成果丰硕,多款创新药物获批上市,为患者带来了新的治疗选择。同时,集成电路产业在芯片设计、制造工艺等方面不断取得进展,提升了我国在半导体领域的自主创新能力。科创载体建设成效显著。张江科学城已成为国内重要的科创策源地,吸引了大量高科技企业和研发机构入驻。临港新片区聚焦前沿产业,在集成电路、生物医药、航空航天等领域形成了产业集群。同时,各类孵化器、众创空间为创新创业提供了良好的环境和服务。科技成果转化机制不断完善。产学研合作日益紧密,高校、科研机构与企业建立了长期稳定的合作关系,共同开展技术研发和产业化项目。技术交易市场活跃,2023年技术合同成交额超过3000亿元,促进了科技成果的快速转化和应用。

第二节 外部战略环境的新变化

当前,世界正经历百年未有之大变局,外部环境更趋复杂严峻、更具不确定性,我国经济发展面临需求收缩、供给冲击、预期转弱三重压力。加快构建以国内大循环为主体、国内国际双循环相互促进的新发展格局,既是我国对当今百年未有之大变局的积极应对,又是新时代我国发展战略的一次重大调整。双循环战略旨在实现中国经济的安全顺畅和持续增长，其中重要的问题是如何让双循环落地，与城市和区域发展实现有效对接。另外，随着长三角一体化的深入推进，长三角一体化发展将取得新的重大突破，在中国式现代化中更好地发挥引领示范作用。

一、世界百年未有之大变局与全球城市演进趋势

我们正处在世界百年未有之大变局和中华民族伟大复兴战略全局的历史交汇期。习近平总书记对世界与中国格局的重要判断，是认识世界世情与中国国情的基本依据。全球城市是全球网络体系核心节点，是控制与协调全球经济、文化、政治的关键性城市。近年来，国家竞争逐步转向全球城市对经济社会发展核心要素集聚及其对外网络联系的竞争，各国政府积极确立本国特大城市的全球竞争目标及能力培育方案。上海要顺应世界百年未有之大变局，推动上海"五个中心"向纵深发展，为中国经济与世界经济继续深度融合作出更大贡献。

（一）世界格局的变化与调整

当前，世界之变、时代之变、历史之变正以前所未有的方式展开，人类社会面临前所未有的挑战。近年来，经济疲软、多极化、大国博弈、气候灾变等因素同时出现产生叠加效应，世界局势正在变得前所未有的复杂和严峻。

一是全球经济进入慢增长期。当前全球主要经济体的增长速度普遍有所减缓，尤其是发达经济体的经济下滑趋势较为明显。2023 年 4 月 11 日，国际货币基金组织（IMF）发布了最新一期的《世界经济展望》，预测发达经济体的增速放缓将更为显著，从 2022 年的 2.7% 降

至 2023 年的 1.3%，美国经济增速从 2022 年的 2.1% 下降至 2023 年的 1.6%，欧元区经济增速从 2022 年的 3.5% 下降至 2023 年的 0.8%。（1）美国经济增长动力减弱。美联储为应对高通胀压力持续大幅加息，但通胀仍具有较强的黏性，流动性收紧的累积效应逐步显现，投资、消费、生产等主要宏观经济数据明显下行。（2）欧洲经济衰退风险上升。欧洲经济受到乌克兰危机的严重冲击，能源价格高位震荡，通胀压力持续加大，欧洲货币政策被迫转向收紧，信贷成本攀升，居民购买力下降，经济动能持续减弱，部分南欧经济体债务风险明显加大，2023 年衰退风险较高。（3）日本经济复苏面临不少制约。日本经济面临外需不振、原材料价格上涨、供应链中断、汇率贬值等多重挑战，国际收支平衡压力加大，经济复苏进程仍受多重因素扰动。（4）新兴经济体复苏势头有所分化。东南亚国家受益于国际产业分工调整，出口保持较高增速，带动宏观经济稳定复苏，而土耳其、阿根廷等国家面临恶性高通胀和资本外流较强压力。（5）我国经济回升趋势明显。各行各业加速复工复产，产需两端同步扩张，各方面预期显著改善，IMF、高盛、摩根士丹利等多家国际机构纷纷调高中国经济的增长预期。

　　二是全球经济多极化趋势愈加明显。新兴经济体崛起，发展中国家在全球经济中的地位更加重要。在未来全球经济版图中，部分亚洲和非洲国家有可能成为全球经济增长的领跑者，其中，印度、尼日利亚、埃及和菲律宾有望保持 5% 以上的经济增速。到 2035 年，发展中国家 GDP 规模将超过发达经济体，在全球经济和投资中的比重接近 60%（见图 1-1）。部分亚洲和非洲国家将是全球经济的领跑者，全球经济增长的重心将从欧美转移到亚洲，并外溢到其他发展中国家和地区，美国、日本等仍将是全球的主要经济强国，新兴国家实力将持续增长。这种趋势使全球经济格局朝着更加均衡的方向动态发展，将必然导致发展中国家的城市在全球城市体系格局中发生系统性、根本性的重大变化。

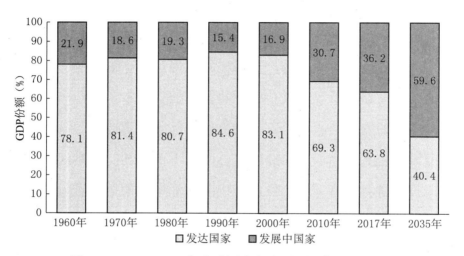

图 1-1　1960—2035 年发达国家与发展中国家 GDP 份额

资料来源：国务院发展研究中心课题组。

短期内，美国消费需求有望进一步释放，成为支撑经济增长的关键因素。美国人口将保持低速增长，2035 年老年人口将首次超过未成年人口，到 2050 年人口总量将接近 4 亿。根据美联储预测，美国长期的 GDP 增长率约为 2%，2035 年美国将成为全球第二大经济体。根据国务院发展研究中心课题组预测，以 GDP 衡量，中国将于 2030 年超过美国，成为全球第一大经济体，美国则成为全球第二大经济体，以综合国力论，美国将继续保持全球超级大国地位。伴随着中国迈向第一经济强国步伐的加快，香港、北京、上海、广州、深圳等区域中心城市具备冲击全球城市的经济实力和腹地资源，成为中国引领全球化进程的重要战略要地。

三是新兴大国与守成大国博弈加剧。以美国为代表的守成大国和新兴大国之间,既有合作又有竞争,相互之间的博弈将加剧,使得形势变得更加复杂。一方面,守成大国希望分享新兴经济体的发展机遇,期待中国等新兴大国在解决全球性议题、应对全球危机和促进世界经济复苏中分担更多国际责任;另一方面,守成大国为保持领导地位,会采取打压、遏制等措施,加剧与新兴大国的博弈。苏联解体以来,美国一直在观察、思考中国的战略走向并主动应对,特朗普上台之后锁定中国为势均力敌的对手。美国将继续在贸易、投资、金融、科技、安全等多个领域加快采取措施,以全方位围堵遏制中国的崛起。大国博弈将令中国所处的国际环境变得异常复杂,而且对全球城市体系格局与竞争关系产生极为深刻的影响。

四是新科技革命重塑世界发展格局。以信息科技和数字技术为代表的新一轮科技革命引发了产业革命,生产方式和产业组织将出现生产方式智能化、产业组织平台化、技术创新开放化的特征,对全球分工也将带来全面而深刻的影响。数字经济兴起将加快知识向发展中国家扩散,有助于本地化生产,助推发展中国家的工业化进程,为后发经济体实现赶超提供机遇。与此同时,数字技术正在改变产业特性,一些劳动密集型产业将转变为资本、技术密集型产业,这不仅会改变全球的产业布局,还会加快推动后发经济体转型,数字技术与后发经济体优势资源相结合,可强化后发经济体优势。

康德拉季耶夫长波理论认为,科技创新导致全球经济发展经历具有周期性规律。英国地理学家霍尔研究表明,世界城市基本按照长波理论依次崛起。自18世纪末工业革命以来,世界经济已经历了4次长波,促使世界经济增长重心从英国向德国、美国,再向亚太地区转移，相应形成伦敦、纽约、东京等全球城市。在此过程中，由创新带动的每一次长波都会形成新的主导产业，进而带动世界经济增长重心的形成和转移。[1] 因此，新一轮科技革命在改变全球经济格局的同时，势必将成为重塑全球城市体系的关键因素。

（二）大变局下全球城市的演进趋势

一是新兴经济体中全球城市涌现且能级不断提升。全球化和世界城市研究网络组织（GaWC）作为全球最著名的城市评级机构之一，自 2000 年以来每 2 年或 4 年发布一次世界城市排名，至今共发布了 8 次。GaWC 以金融、广告、法律、会计、管理咨询等行业的高级生产性服务业机构在世界各大城市中的分布作为指标，通过考察其行业内公司在全球主要城市的办公网络和信息流动，来分析城市之间的互动和联通。因此，GaWC 的排名能够较好地体现全球城市在全球层面的资源流动与配置特定功能。

我们主要关注 2000 年以来进入到高等级（Alpha- 及以上层级）的全球城市。从该榜单中可以看出，新兴经济体中涌现出越来越多的全球城市，且占比不断提高（见表 1-1）。2000 年依次为香港、圣保罗、墨西哥城、台北、孟买、雅加达、布宜诺斯艾利斯、吉隆坡、曼谷、布拉格、上海 11 个城市；2010 年依次为香港、上海、迪拜、北京、圣保罗、莫斯科、墨西哥城、布宜诺斯艾利斯、吉隆坡、雅加达、新德里、伊斯坦布尔、华沙、台北、约翰内斯堡 15 个城市；

[1] 宁越敏：《世界城市崛起的规律及上海发展的若干问题探讨》，《现代城市研究》1995 年第 2 期。

2020 年依次为香港、上海、北京、迪拜、孟买、墨西哥城、圣保罗、吉隆坡、莫斯科、雅加达、华沙、约翰内斯堡、伊斯坦布尔、曼谷、广州、台北、布宜诺斯艾利斯、新德里、马尼拉、深圳、利雅得、布拉格、班加罗尔 23 个城市。新兴经济体高等级全球城市占该榜单城市的比重从 2000 年的 33.3% 提升到 2020 年的 46%，接近半数的全球城市来自新兴经济体。另外，新兴经济体中全球城市的能级不断提升。如表 1-1 所示，从 2000 年 GaWC 发布第一版报告开始，Alpha++ 层级就雷打不动，只有伦敦和纽约两个城市上榜，还从未有第三个城市进入这个层次，而且伦敦的排名也一直在纽约之前。Alpha+ 层级的全球城市中，来自新兴经济体的城市崭露头角，2000 年仅有香港一城；上海从 2000 年的 Alpha- 层级提升至 2010 年的 Alpha+ 层级，尽管迪拜在 2000 年未进入高等级榜单，但 2010 年却一度跃入 Alpha+ 层级；2020 年除上述城市外，北京也首次跨入 Alpha+ 层级。

表 1-1 高等级全球城市列表

层级	2000 年城市	2010 年城市	2020 年城市
Alpha++	伦敦、纽约	伦敦、纽约	伦敦、纽约
Alpha+	香港、巴黎、东京、新加坡	香港、巴黎、新加坡、东京、上海、芝加哥、迪拜、悉尼	香港、新加坡、上海、北京、迪拜、巴黎、东京
Alpha	芝加哥、米兰、洛杉矶、多伦多、马德里、阿姆斯特丹、悉尼、法兰克福、布鲁塞尔、圣保罗、旧金山	米兰、北京、多伦多、圣保罗、马德里、洛杉矶、莫斯科、法兰克福、墨西哥城、阿姆斯特丹、布宜诺斯艾利斯、吉隆坡、首尔、布鲁塞尔、雅加达、旧金山、华盛顿	悉尼、洛杉矶、多伦多、孟买、阿姆斯特丹、米兰、法兰克福、墨西哥城、圣保罗、芝加哥、吉隆坡、马德里、莫斯科、雅加达、布鲁塞尔

（续表）

层级	2000 年城市	2010 年城市	2020 年城市
Alpha-	墨西哥城、苏黎世、台北、孟买、雅加达、布宜诺斯艾利斯、墨尔本、迈阿密、吉隆坡、斯德哥尔摩、曼谷、布拉格、都柏林、上海、巴塞罗那、亚特兰大	迈阿密、都柏林、墨尔本、苏黎世、新德里、慕尼黑、伊斯坦布尔、波士顿、华沙、达拉斯、维也纳、亚特兰大、巴塞罗那、台北、圣迭戈、里斯本、凤凰城、约翰内斯堡	华沙、首尔、约翰内斯堡、苏黎世、墨尔本、伊斯坦布尔、曼谷、斯德哥尔摩、维也纳、广州、都柏林、台北、布宜诺斯艾利斯、旧金山、卢森堡、蒙特利尔、慕尼黑、新德里、圣迭戈、波士顿、马尼拉、深圳、利雅得、里斯本、布拉格、班加罗尔

资料来源：全球化和世界城市研究网络（GaWC）网站。

  二是全球城市体系呈现出分层化和区域化的态势。进入 21 世纪，全球化进程步履蹒跚，2001 年的"9·11 事件"，2008 年的全球金融危机，2016 年的特朗普政府执政、英国脱欧，以及前几年蔓延全球的新冠疫情，使得逆全球化一次又一次成为焦点，经济全球化遭遇逆流，保护主义和单边主义盛行，世界经济走向低迷，逆全球化减缓经济增长的同时，也带来了全球经济治理的难题，全球多边贸易体系面临严峻挑战。以中国为代表的新兴经济体正在积极构建与发展新的全球化观与全球经济治理观，区域经贸协定则成为各国参与全球治理、推动经贸合作的一个重要选项。因此，当今的全球化态势不是逆全球化，而是全球化的分层化和区域化。[1]

  百年未有之大变局背景下，全球化的分层化和区域化现象同样映射在全球城市体系的动态演化上。在全球城市体系的分层化方面，学

---

[1] 周振华、刘江会：《全球城市发展指数 2020》，格致出版社 2021 年版，第 7 页。

界研究认为尽管网络已成为城市体系研究的主流范式，但仍然不可忽视等级结构存在的事实，现实中的情况往往是"等级＋网络"的复合型城市体系。城市网络等级体系具体是由 3 个等级的城市网络构成，由高到低分别为由世界城市组成的网络、由专业化的国家城市组成的网络、由专业化的区域城市组成的网络。在该体系中，各等级之间都会产生交互作用，既存在垂直的层级差异，也存在横向的互补和联系。在全球城市体系的区域化方面，由于存在地理邻近性、制度邻近性、文化邻近性等作用机制，导致全球城市出现"抱团发展"现象，全球城市体系的区域化发展态势愈发明显。

三是全球城市区域成为参与全球竞争的主要载体。功能性分工的日益强化使得全球城市通过垂直和水平空间分工与周边腹地区域结合成全球城市区域（Global City-Region），经过空间尺度上推（upscaling），在全球范围内进行资源配置，参与全球竞合。全球城市区域不同于普通意义的城市，也不同于仅有地域联系的城市群或城市连绵区，而是在高度全球化下，以经济联系为基础，由全球城市及其腹地内经济实力较雄厚的二级大中城市扩展联合而形成的独特空间现象。当前，全球范围内有 40 余个全球城市区域，它们以较小的面积聚集了全球 18% 的人口，创造了 66% 的全球经济活动，产生了 85% 的技术和科学创新。为促进巨型城市群的发展，欧盟专门立项研究了 9 个欧洲巨型城市区域，美国在"美国 2050"规划研究中确定了 11 个新兴城市区域。对标国际先发城市区域，我国正以长三角、粤港澳、京津冀、成渝等区域为重点，积极打造对外开放新格局的新型空间载体，以更高效、更具竞争力地参与全球合作与竞争。

经济全球化背景下，城市和城市区域在全球竞争中的角色变得比国家更为重要，中心城市作为商品、资本、服务在全球流动的主要节点，是城市区域参与国际竞争的关键支撑，纽约、伦敦和东京等位列较高层级的全球城市，其强大的经济实力、先进的生产性服务业发展水平和活跃的国际国内经济联系，是其所在城市区域成为世界最繁荣最具活力的经济区域不可或缺的基础条件。

四是全球城市逐渐重视科创中心功能的塑造。在新技术革命的推动下，数字经济、生物经济和经济全球化等正汹涌而来，知识化和网络化将成为百年变局下最重要的特征之一。全球城市正率先主动或被动地卷入这一新技术革命的浪潮中，城市发展也开始进入一个全新的时代，呈现出新的发展趋势。

科技不仅作为一个独立的要素直接融入生产力之中，而且日益广泛和深入地渗透到劳动者、劳动资料和劳动对象之中，科技与经济社会日趋融合，科创向产业转化的速度不断加快，高新技术产业迅猛发展。另外，随着科技活动的日趋复杂化和研发环节的逐步模块化，科技研发独立化和产业化的趋势日益明显，科技研发正成为一种新的产业形态并不断壮大。高新技术产业和研发产业规模的不断扩大，使城市的功能正在发生根本性改变，科创日益成为城市的主导功能。随着经济全球化深入发展和产业价值链的细化分解，创新资源越来越明显地突破组织、地域和国家的界限，在全球范围内自由流动，加速形成全球创新网络。在全球创新网络中，一些地理区位优越、产业基础较好、创新环境优良的城市能够更多更广地集聚全球创新要素，成为网络中的节点城市。节点城市利用网络通道不断吸纳外部资源，并对外输出其影响，当其集聚和辐射力超越国界并影响全球时，便成为全球科创中心。

由于创新要素的高度流动性，创新资源的集聚和科创活动的空间分布，无论在全球尺度或地区尺度上，都是极度不平衡的，它们高度集中在全球少数地区或城市，犹如"钉子"般高高凸起，成为所在国家科技创新发展和科技综合实力的核心依托。例如，东京集中了日本约30%的高等院校和40%的大学生，拥有日本三分之一的研究和文化机构，以及日本50%的《专利合作条约》（PCT）专利产出和世界10%的PCT专利产出。硅谷以不到美国1%的人口创造了美国13%的专利产出，吸引了美国超过40%和全世界14%的风险投资。纽约集聚了美国10%的博士学位获得者、10%的美国国家科学院院士，以及近40万名科学家和工程师，每年高校毕业生人数占全国的10%左右。伦敦集中了英国三分之一的高等院校和科研机构，每年高校毕业学生约占全国的40%。

全球科创中心是世界创新资源的集聚中心和创新活动的控制中心。它的存在及所达到的能级预示着这个国家在世界分工体系中所能达到的最大程度，因此成为知识经济时代大国转变增长模式、提升综合国力的战略支点，积极谋划建设全球科创中心成为许多国家和地区应对新一轮科技革命挑战和增强国家竞争力的重要举措。近年来，以科创推动城市转型已成为百年未有之大变局背景下全球城市发展的普遍趋势，将科创定位为城市核心功能或核心竞争力的主张得到越来越广泛的认同，纽约、伦敦、东京、巴黎等城市在制定未来发展愿景及目标过程中不约而同地开始重视科创中心功能的构建。

例如，纽约早在2002年布隆伯格就任市长后，就宣布要将这座金融城市打造成世界"创新之都"和美国"东部硅谷"。2009年，纽约市政府发布《多元化城市：纽约经济多样化项目》，其核心是扶持对城市未来经济增长至关重要的企业创新活动，制定吸引及留住顶级人才的各类政策。政府重点发展生物技术、信息通信技术等具有明显增长潜力的高科技产业，并提出了许多切实可行的扶持措施。2010年，纽约市政府进一步提出，要把纽约打造成新一代的科创中心。在《One NYC（2040）：一个强大而公正的纽约》未来发展战略规划中，纽约更明确地提出"创新产业就业岗位比重增至20%"和"劳动力将拥有参与21世纪经济所需的技能"等具体目标，通过提供创新方面的支撑实现蓬勃发展。又如，英国于2010年启动实施了"英国科技城"的国家战略，试图将东伦敦地区打造为世界一流的国际技术中心，在2021年3月发布的《大伦敦空间发展战略》中提出未来要大力促进科技城和医疗城等创新集群建设。东京提出"到2024年新设企业率增至10%以上，进入国际市场的中小企业数量达到2000家"等目标，并提出"以东京未来创新型产业为支撑带动日本整体经济发展"。巴黎在2030年的城市规划中提出"再工业化且发展新的创新领域"，"鼓励各机构进行地理位置上的重新整合，确保巴黎大区科研和创新系统网络的构筑"，以达到"确保21世纪的全球吸引力"的愿景目标。

世界典型科创城市制订和实施了相关创新计划以更新城市功能，为实现城市愿景及目标提供动力。例如早在2003年《伦敦创新战略与行动计划（2003—2006）》中，伦敦就提出建成"世界领先的知识经济"，并于2010年着手实施"迷你硅谷"计划，还提出建设"一个英国和国际的创意产业和新的知识型经济中心"，致力于成为世界一流创新中心。又如，纽约在2009年就开始反思"过分依赖金融服务业"的发展战略，决定将科创作为城市新一轮发展的主要动力，通过建立应用科学科技园区以平衡发展，转向"更多元的创新型战略"。

纽约在2009年发布《多元化城市：纽约经济多样化项目》后，启动"东部硅谷"发展计划，并在2015年发布的新十年发展规划《一个新的纽约市：2014—2025》中，再次明确了"全球创新之都"（Global Capital of Innovation）的城市发展定位，并把施政的重心聚焦在"培育适合大众创新创业的土壤"，以期在纽约形成创新创业热潮。为此，纽约市政府推行了多项重要的创新计划和举措，如"应用科学""众创空间""融资激励""设施更新"等计划。科创已成为推动纽约经济增长的主要动力，一系列创新计划的实施也正在助力纽约逐渐转型成为全球领先的创新中心。

二、双循环新发展格局与全球城市（区域）的空间价值

加快形成以国内大循环为主体、国内国际双循环相互促进的新发展格局，是以习近平同志为核心的党中央，根据我国发展阶段、环境条件变化作出的重大决策，是事关全局的系统性、深层次变革，是立足当前、着眼长远的战略谋划。其内涵和实质是要调整过去"两头在外"大进大出的发展模式，依托大国经济内部可循环的优势，把发展立足点放在国内，更多依靠国内市场、国内生产和国内需求来实现中国经济可持续发展，以应对外部环境变化；根本要求是提升供给体系的创造力和关联性，解决各类"卡脖子"和瓶颈问题，畅通国民经济循环；根本目的是要把中国经济增长的动力从主要依靠外部市场和技术转向主要依靠内需市场和自主技术，实现发展路径和动力机制转换。同时，新发展格局不是封闭的国内循环，而是开放的国内国际双循环。推动形成宏大顺畅的国内经济循环，就能更好地吸引全球资源

要素，既满足国内需求，又提升我国产业技术发展水平，形成参与国际经济合作和竞争的新优势。[1]

（一）全球城市（区域）链接两个市场两种资源的空间价值

构建双循环发展新格局，关键是要注重需求侧管理，打通堵点，补齐短板，贯通生产、分配、流通、消费各环节，实现各环节有机衔接。从我国目前发展来看，仍然存在一些现实约束，成为双循环中的堵点。生产环节上，产业链和供应链对外依存度较高，技术"卡脖子"，区域产业同质化问题突出；分配环节上，我国整体处于全球价值分配中低端环节；流通环节上，生产要素流动面临物理性、行政性、市场准入性等边界障碍，在全国甚至区域内流通不畅；消费环节上，我国中等收入群体规模有待提升，其有效消费需求有待进一步释放。

全球城市及其所在的全球城市区域具有独特的功能特性，这决定了其在链接国内国外两个市场、两种资源方面具有独特的空间价值。一是以全球城市为引领的区域一体化是推进畅通国内大循环的重要举措。通过一体化克服既有市场分割促进区域协同发展，这也将是消除国内循环堵点的现实途径。二是全球城市（区域）拥有世界级港口和航空枢纽，自贸区、综保区、国际展会等高水平开放平台，以及基于国际惯例的标准交互作用模式，使其成为全球资源配置的前沿阵地，发挥着国内国际双循环的枢纽门户功能。三是全球城市（区域）作为

---

[1] 刘志彪：《重塑中国经济内外循环的新逻辑》，《探索与争鸣》2020年第7期；张可云、肖金成、高国力、杨继瑞、张占仓、戴翔：《双循环新发展格局与区域经济发展》，《区域经济评论》，2021年第1期；范恒山：《促进区域协调发展的任务重点》，《区域经济评论》2022年第3期。

创新的重要策源地，在培育新型消费场景、抢占未来科技产业等方面具备竞争优势，有利于破解产业链供应链碎片化、技术"卡脖子"问题，并引领居民消费升级。[1]

（二）主动服务和融入新发展格局的上海定位

在国内国际双循环体系中，国内大循环处于主体地位，是国际循环的基础和保证，国际循环则起着带动和优化的作用，是国内循环的外延和补充。构建国内国际双循环，需要全面考虑国内外两个大局，以我为主、内外兼修，确保我国经济安全，寻找新的增长空间，并积极从传统的均衡模式转向新的国内国际双循环模式。

中央对上海一直寄予厚望，党的十八大以来先后提出了建设"五个中心"、落实"三大任务"和强化"四大功能"等战略要求。习近平总书记在浦东开发开放30周年庆祝大会上的讲话中明确提出，要把浦东新的历史方位和使命，放在构建以国内大循环为主、国内国际双循环相互促进的新发展格局中予以考量和谋划，浦东要努力成为国内大循环的中心节点和国内国际双循环的战略链接。这既是对浦东提出的要求，也是对上海提出的要求。对上海来说，打造"中心节点"和"战略链接"不是在原有重大战略任务之外另起炉灶，而是要在推进各项重大战略任务中更加注重依托国内大循环，充分发挥对内对外开放两个扇面枢纽作用，更加注重内外联动，以外带内，提供高质量供给，服务和促进国内大循环。上海应当按照中央对上海发展提出的

---

[1]　周振华：《全球化、全球城市网络与全球城市的逻辑关系》，《社会科学》2006 年第 10 期。

新要求，进一步明确打造国内大循环中心节点和国内国际双循环战略链接的切入口和发力点，坚持新发展理念，坚持以供给侧结构性改革为主线，把国内需求作为发展的出发点和落脚点，以高质量供给适应引领创造新需求，持续释放总需求特别是最终消费潜力，着力打通生产、分配、流通、消费各环节，推动供需在更高水平上实现良性循环。

三、推动长三角一体化发展取得新的重大突破

长三角一体化的雏形可追溯至 20 世纪 80 年代初，当时国务院决定成立上海经济区。随着经济全球化的发展，长三角地区的城市定位更加明确，经济外向度也得到了显著提升。在长三角一体化的发展过程中，生产要素的空间集聚和扩散现象尤为明显，城市间经济联系紧密，由此形成了以上海为中心，杭州和南京为次中心，沪宁、沪杭、杭甬 Z 字形高速发展带。同时，周边地区也逐渐融入长三角经济网络，实现协同发展。2019 年 7 月印发的《长江三角洲区域一体化发展规划纲要》，将长三角地区的战略定位确立为"一极三区一高地"。2023 年 11 月 30 日，习近平总书记在上海主持召开深入推进长三角一体化发展座谈会并发表重要讲话，从全局和战略高度擘画了长三角一体化发展新蓝图。他强调，深入推进长三角一体化发展，进一步提升创新能力、产业竞争力、发展能级，率先形成更高层次改革开放新格局，对于我国构建新发展格局、推动高质量发展，以中国式现代化全面推进强国建设、民族复兴伟业，意义重大。要完整、准确、全面贯彻新发展理念，紧扣一体化和高质量这两个关键词，树立全球视野和战略思维，坚定不移深化改革、扩大高水平开放，统筹科技创新和

产业创新，统筹龙头带动和各扬所长，统筹硬件联通和机制协同，统筹生态环保和经济发展，在推进共同富裕上先行示范，在建设中华民族现代文明上积极探索，推动长三角一体化发展取得新的重大突破，在中国式现代化中走在前列，更好发挥先行探路、引领示范、辐射带动作用。

（一）作为国家战略的长三角一体化及其发展模式

美国加州大学洛杉矶分校斯科特教授等人提出的"全球城市区域"，乃至目前较为盛行的"巨型城市区域"等概念，都可以追溯到英国皇家科学院院士霍尔教授和美国学者弗里德曼教授等的"世界城市"，以及美国哥伦比亚大学萨森教授的"全球城市"理论。这些新的区域理论建立在全球城市的基础上，并在某种程度上试图扩展其在经济、政治和领土方面的含义。当今全球城市要在全球化中充分发挥独特的战略空间作用必须向更大区域空间拓展。全球城市空间拓展演化的基本逻辑为：全球城市—全球城市区域—巨型城市区域。如果说纽约、伦敦、东京、巴黎等老牌全球城市在当初形成时还呈现"一枝独秀"或"鹤立鸡群"，那么现在它们也都融入区域发展中，形成以其为核心的全球城市区域或巨型城市区域。更重要的是，它们之间有着统一的空间逻辑，不管是全球城市本体，还是全球城市区域或巨型城市区域，都是全球化的战略空间，即作为全球经济的重要空间节点和世界舞台上独特的参与者发挥作用。[1]正如斯科特等人所说，城

---

[1] 周振华：《城市群嬗变：从"中心—边缘结构"到"网络结构"》，《北大金融评论》2021 年第 2 期。

市区域并不是解构了全球化过程的社会和地理对象，而是越来越成为现代生活的中心，以及因为全球化（结合各种技术变化）已重新激活它们作为各种生产活动基础的意义，无论是在制造业或服务业，还是在高科技行业或低技术行业。在这种背景下，对于那些正在崛起中的全球城市来说，其首要条件之一就是寓于区域发展之中，否则，是不可能崛起的。同样，上海要建设卓越的全球城市，就不能脱离长三角一体化发展，必须把长三角一体化发展作为前置条件之一。因此，在某种程度上，把区域空间也作为全球城市研究的一个重要组成部分。

长三角一体化发展上升为国家战略，顺应了当前世界发展潮流。在当代全球化条件下，随着全球化领域的拓展，经济、科技、文化的融合发展，合作与竞争的多元化等，过去以企业、城市或国家为基本单元的格局改变了，巨型城市区域越来越成为参与全球合作与竞争的基本单元。这种巨型城市区域作为更大、更具竞争力的空间单元，正在成为全球经济的真正引擎。目前，世界上最大的 40 个巨型城市区域，只覆盖了地球居住表面的小部分面积及不到18% 的世界人口，却承担了 66% 的全球经济活动和近 85% 的技术、科学创新。可见，巨型城市区域作为人类发展的关键性空间组织，在政治经济生活中发挥着日益巨大的作用。为此，各政府、组织及学界高度重视，纷纷研究和促进这一关键性空间组织的发展。例如，欧盟专门立项研究 9 个欧洲巨型城市区域，美国在"美国 2050"规划研究中确定了 11 个新兴巨型城市区域。长三角一体化发展、粤港澳大湾区发展、京津冀协同发展等，正是这种巨型城市区域的空间组织构建，旨在打造对外开放新格局的新型空间载体，以更高效、更具竞争力地参与全球合作与竞争，在中国崛起及走向世界舞台中心的过程中发挥重要作用。

与此同时，长三角一体化发展也是我国进入高质量发展新阶段的必然要求。出口导向发展模式的转换，基于创新驱动的高质量发展的科技引领、文化融合、国家治理及社会治理能力增强、生态环境优化等，意味着外生的经济空间发散性转向内生的经济空间集中收敛性。构建现代化经济体系，在增强自主核心关键技术和完善强基工程（基础零部件、基础材料、基础工艺、技术基础）的基础上实现产业链升级，增强产业链韧性和提高产业链水平，打造具有战略性和全面性的产业链，意味着各自为战的空间分割转向合作协同的空间集约。这些新的变化势必带来区域政策的重大调整和空间布局的重构，即从一般区域发展转向以城市群为主体的区域发展，从忽视效率的区域发展转向人口、资源、要素向高效率地区集中和优化配置；从宽泛的区域发展转向重点区域发展。最终，形成以城市群为主要形态的增长动力源，让经济发展优势区域成为带动全国高质量发展的新动力源。

从长三角自身来看，其有良好的基础及发展条件。长三角地区已进入后工业化阶段，2023年，其经济总量达30.51亿元，占全国经济总量的24%，人均地区生产总值从2018年的95386元增长到2023年的128562元，按不变价格计算年均增长5%，三产比重超过50%，城镇化率超过65%，跻身世界第六大城市群。而且，区域内市场化程度较高，产业配套能力较强，同城化程度较高，城市结构合理，差异化特色明显，互补性较好等。自改革开放以来，长三角的地区合作就一直在市场作用和政府推动下不断往前发展。特别是2010年以来，长三角地区合作向更广泛的领域发展，在交通、旅游、文化、科技、教育、医疗、生态环境等方面开展了全方位合作。例如，加快推进长三角协同创新网络建设，大科学仪器设施实现共建共享；产业园区共建，促进"飞地经济"发展；推进区域社会信用体系建设，营造统一市场发展环境；区域环境治理着力联防联控；推进公共服务联动保障和便利化。随着交通网络发展，长三角同城化半径不断趋于扩展，为区域一体化提供了良好基础。在此过程中，长三角逐步形成了合作与协同的长效性机制。长三角"三省一市"建立了以主要领导为决策层、常务副省（市）长为协调层、联席会议办公室和重点专题合作组为执行层的"三级运作、统分结合"区域合作机制。因此，推进长三角一体化发展，势必能充分发挥其城市群密集、经济主体活跃和配置效率高的优势，带来人口、资源、要素的更大集中和优化配置，成为带动全国高质量发展新动力源之一。

既然长三角一体化发展上升为国家战略，就需要从国家战略的角度来定位长三角一体化发展的目标及其模式。

第一，长三角一体化发展要面向全球，以全球化为导向，成为我国对外开放的新高地，代表国家参与全球合作与竞争。也就是，长三角一体化发展并不限于以区域内联系或国内联系为主导的区域发展，也不仅仅是成为国内高质量发展的一个重要的增长极或带动全国高质量发展的动力源，而是要深度融入经济全球化，成为跨国公司全球产业链离岸或近岸布局的理想地区，成为世界经济空间版图中的一个重要发展区域。因此，上海发挥全球城市的"四大功能"，即全球资源配置功能、科技创新策源功能、高端产业引领功能、对外开放枢纽门户功能，应该延伸和覆盖到长三角一体化的发展。

第二，长三角一体化发展要有国际高标准的制度创新，营造有利于全球资源要素集聚、流动和配置的良好营商环境，创造能使创新、创业活力强劲的各种条件。也就是说，长三角一体化发展不仅要有打通区域内资源要素流动与合理配置的制度创新,更要有打通区域与全球之间资源要素双向流动与有效配置的制度创新;不仅要营造区域内协调一致的良好营商环境,更要营造适应全球化资源配置的良好营商环境。因此,长三角一体化发展的制度创新要有统一的、与国际惯例接轨的高标准,以及营造良好营商环境的集体性行动。

第三,长三角一体化发展在重点领域、重点部门、重要方面要有高度的系统集成,尽快形成具有重大国际影响力的区域核心竞争力,打造长三角世界品牌。具体来说,这要求在科技创新、先进制造业、金融服务、文化旅游等多个维度上加强协作与互补,实现资源共享与优势互补。例如,在科技创新领域,可以构建跨区域的研发平台,吸引国际顶尖科研机构和人才入驻,共同开展前沿技术研发,提升整个区域的创新能力;在先进制造业方面,通过协同规划和优化产业布局,避免重复建设和恶性竞争,形成上下游产业链的有效对接,提高整体产业效率;在金融服务领域,推进金融市场互联互通,构建统一的金融监管框架,吸引外资金融机构入驻,增强金融服务实体经济的能力;在文化旅游领域,则可以整合区域内丰富的历史文化资源,推出一体化的文化旅游线路,打造具有国际知名度的文化品牌。通过这些措施,长三角地区不仅能够在经济规模上实现显著增长,更能通过系统的集成和优化,形成独特的区域竞争优势,从而在全球竞争中占据有利位置,成为具有国际影响力的世界级城市群。

(二)基于网络连接的区域一体化发展格局

首先,要打破传统的"中心—外围"的区域发展格局。长期以来,上海在长三角处于中心位置,是首位城市,而周边城市及地区则是外围。在这样一种空间结构中，外围的资源大量向中心集聚，而中心对外围的扩散和辐射则相对有限。推进长三角一体化发展，必须构建基于网络连接的区域一体化发展格局，即以城市为载体的各种各样节点相互连接的网络体系。这些节点之间是一种平等关系，只不过是因连通性程度不同而有主要节点与次要节点之分，各自在网络中发挥着不同的作用。而且，节点之间有着多层次的网络连接，存在不同类型的子网络，并非都向首位城市进行连接。因此，在长三角巨型城市区域中，除上海之外，还应该有以杭州、南京、合肥等为核心的子网络发展。

其次，要打破三省接轨、融入上海的单向关联格局。所谓的接轨、融入上海，只是单方面、被动地承接上海的溢出效应、产业梯度转移。同时，这也不利于上海有效疏解非核心功能和提升核心功能等级。推进长三角一体化发展，必须构建双向连通的关联格局，特别是上海也要主动接轨、融入其他城市和地区。这样，才能增强长三角网络连通性并发挥网络化效应，才能促进区域内有更多的资源要素流动和合理配置，呈现出区域一体化发展的强大生命力和活力。

最后，要打破长期以来形成的功能单中心和垂直分工的空间格局。以上海独大、独强的功能单中心以及与周边城市及地区的垂直分工体系，不利于增强区域整体竞争力，而且也不利于上海自身发展，因为世界上没有一个城市能成为全能、超能的城市。推进长三角一体化发展，必须重构功能多中心及水平协同分工的空间格局，即核心城市发挥龙头带动作用，各地各扬所长，形成专业化功能分工。这就要求上海按照建设卓越全球城市的要求，集中力量提升城市能级和核心竞争力，充分发挥全球资源配置的核心功能，南京、杭州、合肥、苏州等城市依据比较优势和特长发展某些特定功能及产业,形成各具特色功能的中心,甚至在某些功能的发展水平上超过核心城市,从而形成不同城市间的功能互补及相互之间功能水平分工,包括诸如航运、贸易、金融功能的区域水平分工,科技创新功能的区域水平分工,区域产业链的水平分工,等等。这样,才能有效整合城市群的资源,形成城市间高度功能连接,从而充分提升长三角地区的国际竞争力和影响力。

第三节 全球城市功能的迭代升级

全球城市的功能具有动态演化特征。全球城市作为现代全球化的产物,其所具备的城市功能也在不断升级迭代,内涵和外延不断变化与丰富,各种功能相互联系、相互制约,共同塑造全球城市的功能特质。上海在城市功能迭代升级过程中,呈现出跨越式发展的显著特征,从而凸显出多功能协同耦合发展的重要性。

一、全球城市功能迭代升级的规律性

全球城市是现代人类文明演进的重要空间载体和标志,是在政治、经济、文化等方面足以影响全球事务的超大特大枢纽型城市,承担着引领世界现代化进程中经济引擎、资源配置、引领变革、推动创新、文化传播、国际交往等重要功能。全球城市的功能具有动态演化特征。全球城市作为现代全球化的产物,其所具备的城市功能也在不断升级迭代，内涵和外延不断变化与丰富，各种功能相互联系、相互制约，共同塑造全球城市的功能特质。[1]

现代意义上的全球城市首先是伴随着经济全球化作为全球经济管理与控制中心而出现的，其成长过程有着深刻的经济背景。20世纪70年代，随着新国际劳动分工的出现，全球产业空间发生了很大的变化，全球新的产业空间形成，城市体系和城市内部结构呈现出不同于以往的空间重组。大量公司总部特别是生产性服务公司总部向全球城市集聚，通过频繁密切的纵向（公司内部）和横向（公司之间）联系，成为全球经济体系中的网络枢纽和资源配置中心。此外，全球城市往往还是大型股票交易市场、国际航空、海运中心、全球商品交易中心等所在的城市。无论是弗里德曼的世界城市假说，还是萨森的全球城市理论，都强调全球城市的经济功能。弗里德曼强调的是总部经济集聚；萨森强调的是生产性服务业特别是金融业，它们集中分布在城市的中央商务区，金融中心是全球城市最主要的标志性功能。此阶段的全球城市为突出经济功能的1.0版全球城市。

20世纪90年代以后，全球性功能机构向全球城市的大量集聚，导致在该类机构从业的人士也不断迁向全球城市，带来了全球都市化，在全球城市形成了新的文化结构和过程。各种文化和思想在城市中相互碰撞，文化的多样性和包容性非常强，成为名副其实的"文化大熔炉"。文化功能机构类型（剧院、电影院、音乐厅、博物馆、书店、艺术画廊等）和数量众多，文化艺术活动精彩纷呈，文化及相关产业发达，具有较强的全球影响力。同时，以现代信息技术和互联网

---

[1] 周振华、张广生：《全球城市发展报告2019》，格致出版社2019年版，第5页。

为标志的新媒体的发展，在提升文化产品内容创意的同时也提高了文化产品的传播效果，促进了全球文化交流及流行文化迅速崛起，带来了全球文化的大众化和共享化。全球城市也纷纷制定相关的城市文化发展战略，如巴黎制定"大巴黎计划"助推"全球文化与创意之都"建设，伦敦努力向"文化创意之都"转型。因此，在 20 世纪末 21 世纪初，全球城市在继续巩固战略性经济功能的同时，也在致力于城市文化资产的保值增值，增强其全球性文化功能，实现经济与文化的融合发展。此阶段的全球城市为经济和文化相融合的 2.0 版全球城市。

　　以信息技术为主导的科技革命正给全球城市带来新的重大机遇。一方面，随着经济全球化深入发展和产业价值链的细化分解，科创资源越来越明显地突破组织、地域和国家的界限，在全球范围内自由流动，加速形成全球创新网络。在全球创新网络中，一些地理区位优越、产业基础较好、创新环境优良的城市能够更多更广地集聚全球创新要素，成为网络中的节点城市。节点城市利用网络通道不断吸纳外部资源，并对外输出其影响，当其集聚和辐射力超越国界并影响全球时，便成为全球科创中心。由于创新要素的高度流动性，创新资源的集聚和科创活动的空间分布，无论在全球尺度或地区尺度上，都是极度不平衡的，具有高度集聚性特征。全球城市由于拥有实力雄厚的高校、科研院所和大量的高素质科研人才，具有成为全球科创中心的天然优势。此外，基于信息技术的科创，如大数据、人工智能以及智能制造等，可以分散化嵌入全球城市的新城（园区）、街区、楼宇之中，与其城市形态特征高度吻合。在此背景下，纽约、伦敦、东京、巴黎、香港、洛杉矶等城市在经济、文化功能的基础上进一步叠加了科创功能，在制定未来发展愿景及目标过程中不约而同地开始重视全球科创中心功能的塑造，并创造了"硅巷""硅盘""硅环"等不同发展模式，助力城市吸引全球人流、物流、资金流、信息流和技术流的高度集聚，取得卓越成效。至此，全球城市升级到经济、文化、科技融合发展的 3.0 版本。

展望未来，全球城市还将继续发展演化，升级到新的版本。从今后新科技革命可能取得的重大突破，以及目前城市发展初露端倪的迹象来看，绿色智慧可能将成为全球城市发展的新趋势。

二、上海跨越式城市功能迭代升级分析

改革开放以来，上海在短时间内实现了令人瞩目的跨越式城市功能迭代升级，初步展现出与纽约、伦敦、巴黎等西方顶级全球城市相媲美的魅力与实力。

其一，经济领域的腾飞是上海城市功能迭代的坚实基础。改革开放伊始，上海凭借其优越的地理位置和工业底蕴，迅速成为中国经济发展的重要引擎。从早期的制造业蓬勃发展，到后来的金融服务业崛起，上海始终勇立潮头。上海证券交易所的建立，标志着上海金融市场的启航，吸引了大量国内外资本的汇聚。随着时间的推移，陆家嘴金融区逐渐成形，高楼大厦如林立的巨人，见证着金融创新的不断涌现。银行、证券、保险等金融机构云集，共同构建起一个庞大而活跃的金融生态系统。与此同时，上海的贸易功能也日益强大。作为中国重要的港口城市，上海港的货物吞吐量连年攀升，成为全球最繁忙的港口之一。中国国际进口博览会的成功举办，更是进一步提升了上海在国际贸易中的地位和影响力。例如，特斯拉超级工厂在上海的落地，不仅展现了上海对高端制造业的吸引力，也反映出上海在全球产

业链中的重要地位。这些经济成就使得上海在全球经济版图中占据了举足轻重的位置。

其二，文化与经济的深度融合为上海城市功能的升级增添了独特魅力。上海既传承了悠久的江南文化传统，又吸纳了西方文化的精华，形成了独具特色的海派文化。豫园的古色古香与外滩的万国建筑交相辉映，展现了历史与现代、东方与西方的交融之美。近年来，上海不断加大对文化产业的投入，各类博物馆、美术馆、剧院如雨后春笋般涌现。上海国际电影节、上海时装周等文化活动成为全球瞩目的盛事，吸引了来自世界各地的艺术家和观众。文化创意产业在上海蓬勃发展，众多创意园区成为年轻人追逐梦想的舞台。田子坊的创意小店、M50 创意园的艺术工作室，无不彰显着上海文化产业的活力与创新。这种文化与经济的相互促进，不仅丰富了市民的精神生活，也为经济发展注入了新的动力。例如，以老厂房改造而成的 1933 老场坊，如今已成为集艺术、时尚、创意于一体的文化地标，吸引了众多游客和商家，带动了周边地区的经济繁荣。

其三，科技与绿色理念的融入让上海城市功能迈向更高层次。上海高度重视科技创新，在人工智能、生物医药、新能源等领域取得了一系列突破性成果。张江高科技园区汇聚了众多顶尖科研机构和创新企业，成为科技创新的前沿阵地。同时，上海积极推动智慧城市建设，利用大数据、云计算等技术提升城市管理水平和公共服务质量。在绿色发展方面，上海大力推进生态环境保护，增加城市绿地面积，加强对环境污染的治理。垃圾分类政策的有效实施、可再生能源的广泛应用，以及绿色建筑的推广，都让上海朝着可持续发展的目标迈进。例如，崇明岛作为世界级生态岛，其建设体现了上海在绿色发展方面的坚定决心和积极探索。上海通过将科技与绿色理念融入城市发展，不断提升城市的品质和竞争力，为人民创造更加美好的生活环境。

由上可知，上海是在我国改革开放强劲推动下，在全球化与信息化交互作用的浪潮中进行现代化国际大都市建设的，并伴随着中国迅速发展和强大而崛起，具有典型的跨越式发展的特征。这不仅缩短了各个发展阶段的时间（相对于"先期发展"的顶级全球城市），而且加快了发展的迭代升级，如在原先一些功能尚未牢固之时，又叠加上新的功能。这种"超前"在某种程度上是"弯道超车"，往往会产生基石不稳、系统性不强等问题。由此，带来了"反射性"发展的路径依赖，即先构建功能框架，后充实功能内容（在此过程中，夯实基础），再实行系统集成，乃至提升功能能级。

这种"跨越式发展"路径虽然极大地加速了上海的现代化进程，但也带来了一系列结构性问题。各子系统之间的发展不平衡，尤其是子系统内部的不协调，成为制约整体功能发挥的关键因素。例如，虽然航运中心在运输箱量方面领先全球，但航运服务的滞后限制了整体效能的提升。同样，先进生产者服务业虽然门类众多，但彼此间配套不足，导致服务链条断裂，无法形成完整的产业生态系统。此外，金融中心虽然发展较快，但在金融科技、风险管理等高端服务方面仍有待加强。这些问题反映出上海在快速发展过程中，未能及时实现各子系统之间的有效联动和协同，导致整体功能的发挥受到制约。因此，亟须通过系统耦合与优化，大力补齐短板，解决结构性的发展滞后问题，以实现各子系统之间的协调发展，全面提升上海作为现代化国际大都市的整体功能和竞争力。

第四节 提升与耦合：加快"五个中心"建设的必然要求

上海"五个中心"的功能和定位是相互交融、有机统一的整体，各项规划和工作要相互配合、形成合力。十二届上海市委五次全会也强调，需要以"五个中心"建设为聚焦，更加注重系统集成。因此，推动"五个中心"能级提升与耦合发展，成为新阶段加快"五个中心"建设的必然要求。

一、当前"五个中心"建设面临的挑战

当前，上海"五个中心"建设仍面临诸多挑战，表现为"五个中心"系统集成弱、科创功能存在短板、先行先试政策不够、区域一体化效能未能充分发挥等。

（一）"五个中心"系统集成弱，协同效应有待提高

加快"五个中心"建设，需要更加注重系统集成和耦合发展。只有这样，才能避免各中心之间的割裂和孤立发展，实现资源的优化配置和协同效应的最大化。这就需要建立统一的规划和协调机制，打破部门之间的壁垒，促进信息共享和交流，确保政策的一致性和连贯性。同时，系统集成还能够更好地应对外部环境的变化和挑战。在全球化和数字化的时代背景下，经济、金融、贸易、航运和科创领域的变化迅速且相互影响。通过系统集成，上海能够更快速地作出调整和响应，提升整体的竞争力和适应性。当前，上海面向"五个中心"协

同发展能力不足，"五个中心"的内涵、联系逻辑不清楚，同时"五个中心"能级不强，各中心间的交叉协同发展不足，"孤岛现象"突出。譬如，2021年《新华·波罗的海国际航运中心发展指数报告》和"全球金融中心指数（GFCI）"的数据显示，上海"航运中心"和"金融中心"国际排名靠前，但在航运保险发展中却面临专业人才储备不足、保险公司业务单一、航运保险产品创新力缺乏、航运保险制度相对滞后等问题，经济、航运、贸易、金融、科创中心间主次关系、相互联系的逻辑不清晰。因此，我们必须在继承现有工作基础之上，更加深入地探索创新实践，充分发挥建设主动性、积极性，同时寻找各中心与其他中心的协同点，形成各中心建设的功能交叉和战略联动。

（二）科创实力相对较弱，跨国合作及面向国际的领导力不足

从全球知识流动的角度考察中国的全球科创中心发展情况，发现全球创新网络表现为清晰的"中心—外围"结构（见图1-2）。纽约、伦敦、波士顿、旧金山、华盛顿、洛杉矶、巴黎和北京被划入第一层级，这些城市作为全球的核心城市，位于图谱的中心位置。这些城市无论是论文产出还是网络中心性排名皆位居前列，不仅是知识溢出的源泉和科学前沿的引领者，更是其他城市主要的合作对象，处于全球科创城市体系的顶端。第二层级包括41个城市，上海也在其中。可见，全球知识流动视角下上海的全球实力相对较弱，尚未跻身全球科创中心核心序列。目前，全球创新网络被划分为分别以纽约、伦敦和北京为核心的3个子网，其中前两个子网跨国合作较为密切，而以北京为核心的子网涵盖的城市主要来自中国，北京与上海互为对方的第一大合作者。这意味着中国城市跨国创新合作不足，影响力高度局限在国内，呈现"本地导向"而非"全球导向"。同时，缺乏有全球影响力的科技巨头，如纽约的辉瑞制药、威瑞森电信等，东京的索尼、佳能等，伦敦的葛兰素史克、英国电信等。

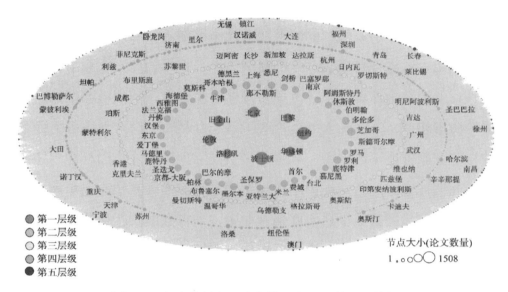

图 1-2 全球科创中心分布的"中心—外围"结构

资料来源：桂钦昌、杜德斌、刘承良、徐伟、侯纯光、焦美琪、翟晨阳、卢函：《全球城市知识流动网络的结构特征与影响因素》，《地理研究》2021年第5期。

（三）先行先试政策不够，面向国际竞争的原动力不足

从先行先试政策的角度来看，上海与一些顶级全球城市相比，政策创新的步伐还需加快。以金融领域为例，伦敦、纽约等城市在金融衍生品创新和金融监管改革方面早已先行一步，而上海在这方面的工作相对不足。这表明上海在金融创新政策的支持力度和开放程度上仍有提升空间。在科技创新方面，旧金山湾区的硅谷能够吸引全球顶尖的科技人才和创新企业，很大程度上得益于其宽松的创新创业政策和

完善的风险投资机制。相比之下，上海虽然也在加大科技投入，但在科研项目审批、知识产权保护等政策环节还不够灵活高效。在贸易政策方面，新加坡等自由贸易港在贸易便利化、税收优惠等方面的政策更加优惠。上海自由贸易试验区虽然取得了一定成果，但在跨境电商、服务贸易等新兴领域的政策突破还不够显著。面向国际竞争的原动力不足，还体现在高端人才的吸引力上。根据全球人才竞争力指数报告，上海在全球城市人才竞争力排名中尚未进入前列。与纽约、伦敦等城市相比，上海在人才落户政策、子女教育、医疗保障等方面的综合配套服务还不够完善，导致在吸引国际顶尖人才方面存在一定差距。此外，上海的企业在国际市场上的品牌影响力和核心竞争力也有待加强。在《财富》世界500强企业中，来自上海的企业数量虽然在逐年增加，但与纽约、东京等城市相比仍有差距。这反映出上海企业在技术创新、管理模式和国际化运营等方面还需要进一步提升。

（四）缺少区域一体化新动能，面向双循环的发展纵深受限

根据《上海市城市总体规划（2016—2040）》，未来上海将构建与苏州、无锡、南通、宁波、嘉兴、舟山等地区协同发展的上海大都市圈。但与此同时，苏州、宁波和杭州均规划了自己的都市圈，如苏锡常都市圈、宁波都市圈、杭州都市圈，并与上海都市圈有部分重叠。改革开放以来，经济发展是各省市的重中之重，上海与浙江、江苏不可避免地存在竞争—合作关系。就长三角各省市GDP占长三角总体比例而言，上海（16.49%）落后于江苏（43.76%）和浙江（27.53%），略高于安徽（12.22%）。珠三角则基本处于广东的统一行政辖区之下，围绕广州与深圳，佛山、东莞、惠州、中山等珠三角一体化颇为成功。2021年广东

4 座城市的 GDP 超万亿元，其中深圳破 3 万亿元，广州为 2.82 万亿元，佛山和东莞均超 1 万亿元。在粤港澳大湾区，广东 GDP 占整个湾区的 81.12%，香港占 17.65%，澳门占 1.23%，广东在整合粤港澳大湾区方面有巨大优势。而京津冀一体化起步早，国家"十二五"规划就已纳入该项战略。此外，上海土地面积较小、发展纵深有限，市域面积仅 6340.5 平方公里，小于国内其他 3 个直辖市及各省会和副省级市。

二、推动"五个中心"能级提升和耦合发展的战略意义

党的二十届三中全会为全面深化改革指明了方向，十二届上海市委五次全会通过的《中共上海市委关于贯彻落实党的二十届三中全会精神，进一步全面深化改革、在推进中国式现代化中充分发挥龙头带动和示范引领作用的决定》，更是为上海的发展明确了路径。在这样的背景下，推动上海"五个中心"能级提升和耦合联动发展具有极其重要的战略意义。

党的二十届三中全会强调要坚持和完善中国特色社会主义制度，推进国家治理体系和治理能力现代化。上海作为我国的经济中心和改革开放的前沿阵地，肩负着先行先试、探索创新的重要使命。"五个中心"建设正是上海在这一使命下的重要实践。

国际经济中心的能级提升和耦合联动，对于上海乃至全国的经济稳定和可持续发展具有关键作用。在全球经济格局不断变化的当下，上海需要进一步优化产业结构，推动制造业高端化、智能化、绿色化发展，提升服务业的品质和创新能力。例如，加快发展战略性新兴产业，培育壮大人工智能、生物医药、集成电路等先导产业，同时推动

传统产业的数字化转型。通过与金融、贸易、航运和科创中心的联动，实现资源的高效配置和创新要素的集聚，形成更具竞争力的产业生态系统。这不仅有助于提升上海经济的韧性和抗风险能力，也能为全国经济的转型升级提供示范和引领。

国际金融中心的建设是上海服务全国经济发展的重要支撑。党的二十届三中全会提出要完善金融监管体系，防控金融风险。上海在提升金融中心能级的过程中，要加强金融创新，优化金融市场体系，提高金融服务实体经济的能力。通过与经济、贸易、航运、科创中心的耦合联动，为企业提供多元化的融资渠道，支持科创和产业升级。同时，加强金融风险防控，维护金融稳定，为经济发展创造良好的金融环境。在这方面，上海可以借鉴国际先进经验，结合自身实际，探索建立更加科学、有效的金融监管体系，提升金融市场的透明度和规范性。

国际贸易中心的发展对于构建国内国际双循环相互促进的新发展格局至关重要。上海要进一步提升贸易自由化和便利化水平，拓展贸易新业态、新模式。加强与"一带一路"沿线国家和地区的贸易合作，推动跨境电商、数字贸易等领域的发展。与经济、金融、航运和科创中心协同发展，提高贸易的附加值和竞争力。例如，利用金融创新为贸易企业提供风险管理工具，依靠科创提升贸易产品的质量和技术含量，借助航运优势降低贸易成本，从而实现贸易的高质量发展。这将有助于我国在全球贸易格局中占据更有利的地位，促进国内产业的优化升级和消费升级。

国际航运中心的能级提升是上海提升全球资源配置能力的重要环节。上海要加强航运基础设施建设，提高港口的智能化水平和运营效率。发展高端航运服务，如航运金融、航运保险、航运法律等。通过与经济、金融、贸易、科技创新中心的联动，打造完整的航运产业链。党的二十届三中全会强调要推进高水平对外开放，上海国际航运中心的发展正是落实这一要求的具体体现。加强与国内外重要港口的合作，提升上海在全球航运网络中的枢纽地位，为我国的对外开放和经济发展提供有力保障。

科创中心的建设是上海实现创新驱动发展的核心动力。上海要加大科技研发投入，集聚高端创新人才，加强基础研究和关键核心技术攻关。促进科技成果转化和产业化应用，推动产学研深度融合。与经济、金融、贸易、航运中心紧密结合，为经济、金融、贸易和航运的发展提供技术支撑。例如，利用科创推动金融服务的数字化转型，提升贸易的智能化水平，优化航运的运营管理，促进产业的创新升级。这将有助于上海在全球科技竞争中占据一席之地，为我国实现科技自立自强贡献力量。

因此，推动上海"五个中心"能级提升和耦合联动发展，是贯彻落实党的二十届三中全会精神的具体行动，也是上海在推进中国式现代化中充分发挥龙头带动和示范引领作用的必然要求。该举措不仅有助于加快上海"五个中心"建设，提升其城市核心功能和综合竞争力，也将为全国推进中国式现代化提供有益经验和强大动力。

第二章
"五个中心"耦合发展理论框架

　　上海促进国际经济、金融、贸易、航运、科创"五个中心"耦合协同发展，具有重要意义。一是统筹推进"五个中心"建设，有利于形成整体优势，实现资源的优化配置和效率提升。二是"五个中心"相互促进、相互支撑，经济中心提供广阔市场，金融中心提供资本支持，贸易中心扩大国际合作，航运中心提升物流效率，科创中心驱动产业升级，从而形成发展合力。三是应对国际经济环境的不确定性，通过耦合协同发展，提升上海在全球产业链、供应链、价值链中的地位和竞争力。四是加快建设社会主义现代化国际大都市，提高上海的国际影响力和话语权，为全国高质量发展提供有力支撑。

第一节　"五个中心"相互之间的耦合关系

　　上海"五个中心"耦合发展关键在于通过协调和整合国际经济、金融、贸易、航运和科创五大领域的发展，实现"五个中心"之间的相互支持和协同效应，使其各自的优势得以充分发挥，形成一个有机统一的整体，推动城市综合竞争力提升和可持续发展，能够更有效地应对全球化挑战，提升在国际舞台上的地位和影响力。

一、耦合的基本概念

　　耦合（coupling）这一学术概念通常用于描述两个或多个系统、子系统、变量或现象之间的相互依赖和相互影响的关系。耦合的基本定义和内涵因学科不同而有所不同，但其核心思想是某些因素之间存在关联或连接，这些因素的变化会相互影响。在系统工程与控制论中，耦合指的是不同系统或子系统之间的相互影响和相互作用。例如，在复杂系统中，子系统之间的紧密耦合意味着一个子系统的变化会显著影响其他子系统。在计算机科学中，耦合用于描述模块或组件之间的依赖程度。低耦合意味着模块之间的依赖较小，各自独立性高，从而提高了系统的可维护性和可扩展性。在物理学中，耦合通常指两个或多个物理系统之间的相互作用。例如，在量子力学中，粒子之间的耦合可以导致能量和信息的交换。在社会科学中，耦合可以描述社会现象或行为之间的关联。[1] 例如，经济变量之间的耦合可能会导致市场波动和经济周期。

　　21世纪以来，城市已经演变为一个复杂大系统，城市系统由多个层次的子系统组成，包括经济系统、社会系统、交通系统、环境系

---

[1] 　Mark S. Granovetter, "The strength of weak ties", *Social Networks*, 78(6), 1973, pp.1360—1380.

统、基础设施系统等。这些子系统相互交织，共同作用于城市的发展和运作。[1] 城市中的各子系统和要素之间存在复杂的交互关系，影响是双向和多向的。因此，城市各子系统相互耦合就成为城市发挥正常职能的重要依托。对上海而言，建成社会主义现代化国际大都市是党中央赋予上海的使命，作为此项战略的重要支撑，上海明确了国际经济中心、国际金融中心、国际贸易中心、国际航运中心和国际科创中心的发展目标。本书所涉及上海"五个中心"耦合发展，是指这"五个中心"通过相互作用和资源共享，形成一个综合性的、多层次的、协同发展的整体体系。

二、全球城市功能耦合的基础逻辑

城市功能是指具有特定结构的城市系统在内部和外部的物质、信息、能量相互作用的关系或联系中，所表现出来的属性、能力和效用。城市的核心功能是指在城市诸功能中处于突出地位和起主导作用的功能，影响或左右城市其他功能的运行，甚至决定着城市的根本性质和发展方向。

对全球城市而言，它集合体现了市场的（全球范围指向）、实体的（作为地方性战略场所）、组织的（微观主体的跨国生产经营活动）、功能的（如金融中心、航运中心）和制度的（如贸易自由化、公平的营商环境）等多方面的卓越能力，全球城市的本质即是提供各

---

[1] 张勇、蒲勇健、陈立泰：《城镇化与服务业集聚——基于系统耦合互动的观点》，《中国工业经济》2013 年第 6 期。

类要素流动和配置的平台，使不同要素通过高效率的组织扩散到全球，产生集聚辐射效应。因此，全球城市相对于非全球城市的地位变化，就体现为它拥有了战略性的全球资源配置能力，或者说，通过掌握这样一种能力，全球城市的地位才得以凸显出来。目前，世界上公认的伦敦、纽约等全球城市都是全球资源要素大规模流动及配置的核心节点城市。

总体而言，全球城市的功能主要有五大方面：一是全球资源配置功能。具体指资源要素突破国界，依托全球资源要素网络、核心市场平台通行规则制度，在全球范围进行配置的过程。二是全球价值链管控功能。随着经济全球化进程的不断深化，特别是跨国公司快速发展及其向全球公司演变，资源要素全球化配置不仅日益突出和重要，而且促进各种投资、贸易、金融、产业活动的有机整合，越来越集中体现在全球价值链网络化运作上。全球城市发挥全球资源战略性配置作用，将集中体现在具有强大全球价值链管控的功能上。三是全球金融与财富管理功能。金融作为经济活动的核心，有其自成体系的独特运作方式，且不断处于升级发展过程中。在全球城市文献中，金融活动也一直被视为一个主要功能。全球金融与财富管理功能是依托国际金融中心衍生出来的新型城市功能，主要体现在全球范围内的资产管理、配置与控制，从而影响全球资本流动的方向与分布。四是全球科创策源功能。随着全球知识网络流动及对财富的巨大创造，全球科创策源日益成为卓越全球城市必备的新功能。纽约、伦敦等全球城市纷纷提出建设全球科创中心的战略目标且发展势头迅猛。五是全球文化融汇引领功能。现代社会中，城市成为文化传播的主要空间，全球城市往往是著名的国际文化大都市，在文化传播中发挥着融汇引领作用，这成为卓越一流全球城市的必备功能。这种全球文化融汇引领功能，具体表现在文化汇聚力、文化交融力、文化创造力、文化影响力等方面。

全球城市各功能之间的耦合发展是一个复杂而有机的过程，通过资源共享、协同效应、互补性、网络效应、制度和政策支持等机制，形成一个高度互联、相互促进的综合体系。全球城市通过这些耦合机制，实现了各功能的协调发展和整体提升，增强了其在全球经济、金融、贸易、交通、文化和科技等方面的竞争力和影响力。

第一，资源共享。全球城市的各功能通过资源共享实现协同发展。资源共享包括人才、资金、技术和信息等方面。例如，金融中心的资金支持可以推动科创中心的研发活动，从而促进经济中心的产业升级。全球城市通过吸引全球顶尖人才和资本，形成资源共享的高效机制，实现资源的最优配置。资源共享不仅提高了各功能的运作效率，还增强了城市整体的竞争力和吸引力。

第二，协同效应。协同效应是全球城市功能耦合发展的核心机制之一。不同功能之间通过相互协作和支持，可以产生比单独发展更大的效益。例如，经济中心的发展需要金融中心的支持，而经济增长又会促进金融服务需求的增加。贸易中心通过便捷的物流和高效的金融服务，能够提升贸易效率和竞争力。协同效应使得全球城市的各功能互相促进，形成良性循环，提升城市的整体竞争力和发展潜力。

第三，互补性。全球城市的各功能具有显著的互补性，不同功能可以弥补彼此的不足。例如，交通枢纽的便捷运输可以促进贸易中心的发展，而贸易活动的增加又会推动交通运输需求。文化中心丰富的文化活动可以吸引全球人才和游客，为经济中心和金融中心提供更多的市场机会和发展动力。互补性使得全球城市的各功能相互借鉴和支持，共同推动城市的综合发展。

第四，网络效应。全球城市通过其高度发达的网络，实现各功能的高效连接和互动。网络效应体现在交通网络、信息网络和社交网络等多个方面。发达的交通网络可以促进人员、货物和信息的快速流通，增强城市的整体功能。信息网络通过数据和信息的高效传递，支持金融交易、贸易活动和科技创新。社交网络通过人与人之间的互动和交流，促进文化活动和创意产业的发展。网络效应使得全球城市的各功能紧密相连，形成一个高度互联的综合体系。

第五，制度和政策支持。全球城市的功能耦合离不开良好的制度和政策支持。政府通过制定合理的政策，提供必要的法律保障和支持措施，促进不同功能的协调发展。例如，统一的金融监管体系可以确保金融中心的安全和稳定，贸易便利化政策可以支持贸易中心的发展。制度和政策支持为全球城市的功能耦合提供了规范和保障，确保各功能在统一的制度框架下协调运作。

三、上海"五个中心"耦合发展的关键问题

上海的国际经济中心、国际金融中心、国际贸易中心、国际航运中心和国际科创中心的发展并不是齐头并进的均衡发展。"五个中心"发展历程各不相同，发展基础存在差异，"五个中心"的耦合发展就是要注意避免相互之间的掣肘、短板制约长板的现象。因此上海在推进"五个中心"耦合发展过程中需要注意以下关键问题。

第一，资源共享与协同效应。首先是做到资源共享。上海推进

"五个中心"建设需要大量的资金、技术、人才和信息等资源。通过资源共享，各中心建设可以最大化利用这些资源，从而提升整体效能。例如，国际经济中心可以利用国际金融中心提供的金融服务和资本支持，为经济发展提供动力。国际贸易中心可以利用国际航运中心的物流和运输资源，提升贸易效率。国际科创中心的技术和创新资源可以支持其他中心的技术升级和创新发展。其次是发挥协同效应。协同效应指的是通过合作，各中心可以实现比单独发展更大的效益。例如，国际金融中心的发展可以为国际贸易中心提供更便捷的融资渠道，降低贸易成本。国际科创中心的科技创新可以推动国际经济中心的产业升级，提高整体经济竞争力。

第二，互补性与综合竞争力。首先要形成"五个中心"互补的格局。每个中心在其领域都有独特的优势，互补性使得这些优势可以互相借鉴和弥补。例如，国际航运中心的物流优势可以促进国际贸易中心的发展，使得贸易更加便捷和高效。国际科创中心的技术研发优势可以为国际金融中心提供新的金融科技解决方案，提高金融服务的效率和安全性。其次要发挥"五个中心"的综合竞争力。通过耦合发展，上海可以形成一个高度竞争的综合体系，提升在全球经济中的竞争力和影响力。例如，国际金融中心与国际经济中心的结合可以吸引更多的跨国公司和投资者，提升上海的国际经济地位。国际贸易中心与国际航运中心的结合可以使上海成为全球重要的贸易和物流枢纽。

第三，创新驱动与可持续发展。首先要注重创新驱动。创新是驱动"五个中心"发展的核心动力，尤其是国际科创中心，其技术创新可以为其他中心的发展提供强大的支撑。例如，区块链技术在国际金融中心的应用可以提升交易的透明度和安全性。智能物流技术在国际航运中心的应用可以优化物流流程，提高运输效率。其次要实行可持续发展的策略。可持续发展强调在追求经济效益的同时，注重生态环境和社会效益。例如，国际经济中心的发展需要考虑环境保护和资源节约，推动绿色经济。国际科创中心的创新应注重可持续技术的发展，如新能源技术、环保技术等。

第四，制度建设与政策支持。首先要开展与"五个中心"耦合发展相适应的制度建设。为了实现"五个中心"的耦合发展，需要建立健全的法律法规和政策体系，确保各中心在统一的制度框架下协调发展。例如，建立统一的金融监管体系，确保国际金融中心的安全和稳定。制定贸易便利化政策，支持国际贸易中心的发展。其次要给"五个中心"耦合发展足够的政策支持。政府需要提供税收优惠、资金补贴、人才引进等方面的政策支持，鼓励和引导各中心的耦合发展。例如，对国际科创中心的高科技企业给予税收优惠，激励科技创新。为国际航运中心提供港口建设资金支持，提升航运能力。

上海"五个中心"的耦合发展是一个复杂而系统的过程，需要各中心之间的相互协作和资源共享，通过创新驱动和政策支持，提升综合竞争力，实现可持续发展。"五个中心"的耦合发展不仅可以提高上海的国际地位和影响力，还可以为其他城市的发展提供有益的经验和借鉴。

第二节　全球化新格局下的"五个中心"耦合

当前，多极化趋势加剧，保护主义抬头，技术变革等推动着全球化新秩序重塑。随着"一带一路"倡议不断走深走实，我国参与全球化也在从"引进来"向"走出去"转变。中国企业开始积极开展海外投资、并购和合作，推动"一带一路"倡议，扩大国际市场布局。此外，中国在全球治理中扮演更加积极的角色，参与制定国际规则，提供公共产品，彰显负责任的大国形象。这种转变标志着中国从全球化的受益者转变为重要的推动者和领导者，促进全球经济的开放、包容和可持续发展。在全球化新格局下，上海推动"五个中心"耦合协同发展也将面临新的机遇与挑战。

一、全球城市发展路径差异：参与全球化和引领全球化

全球化是指全球范围内的经济、政治、文化和科技等各个领域相互联系和相互依赖不断加强的过程。在这一过程中，全球城市作为国际经济、文化和创新的重要节点，扮演着关键角色。崛起中的全球城市可以通过参与全球化来提升自身的国际地位，但只有少数城市能够进一步发展为引领全球化的城市。参与全球化与引领全球化在角色定位、影响力、战略目标和实施举措等方面存在显著区别。

一是角色定位的差异。参与全球化的城市主要通过融入现有的全球经济体系，积极利用全球化带来的机遇来促进自身发展。这类城市的目标是成为国际经济体系的重要组成部分，通过开放市场、吸引外资、提升基础设施和管理水平来增强其国际竞争力。它们更多地扮演跟随者的角色，利用全球化规则和平台提升自己的经济地位。引领全球化的城市不仅是全球化的参与者，更是全球化进程的塑造者和领导者。它们在全球规则制定、创新引领和文化传播等方面发挥着主导作

用。这些城市的目标是通过引领全球创新、制定国际规则和标准，以及在全球治理中发挥重要作用，来影响全球化的方向和进程。

二是影响力的差异。参与全球化的城市在全球经济体系中扮演重要角色，但其影响力主要集中在区域和部分国际层面。这些城市通过参与国际贸易、吸引外资和发展出口导向型经济，逐步提升其在全球价值链中的地位。然而，这类城市在全球规则制定和国际议程设置方面的影响力较弱，主要依赖现有的国际规则和框架。引领全球化的城市在全球范围内具有广泛的影响力。这些城市不仅是国际经济活动的核心枢纽，还在全球治理、标准制定和文化传播等多个领域发挥主导作用。它们能够在全球规则和政策制定中占据主导地位，通过创新和制度设计，引领全球化的未来走向。这些城市的影响力不仅体现在经济领域，还扩展到政治、文化和科技等多个领域。

三是战略目标的差异。参与全球化的城市的战略目标主要集中在提升经济发展水平、增强国际竞争力、吸引外资和人才，以及提升城市基础设施和管理水平。这类城市通过开放市场、吸引跨国公司投资和参与全球供应链，提升本地经济的国际化水平。其主要任务是融入全球经济体系，利用全球化带来的机遇和资源来促进自身发展。引领全球化的城市的战略目标更加宏大和多元化，包括推动全球经济规则的制定、引领全球创新和科技发展、建构全球文化和价值观，以及在国际政治舞台上发挥更大作用。这些城市不仅关注自身发展，更致力于影响全球化的未来走向。它们的目标是通过创新和制度设计，在全球范围内发挥领导作用，推动全球化进程向更加公正、可持续和包容的方向发展。

参与全球化和引领全球化是崛起中的全球城市在全球化进程中扮

演的两种不同角色。参与全球化的城市通过融入全球经济体系来提升自身发展水平；而引领全球化的城市则通过创新和制度设计，推动全球化进程的发展方向，制定新的全球标准和规范。两者在角色定位、影响力、战略目标和实施举措上存在显著区别，但都在全球化进程中发挥着重要作用。参与全球化的城市为全球经济的发展提供了新的动力，而引领全球化的城市则为全球化的未来设定了新的方向和标准。

二、崛起中的上海：从参与全球化逐步走向引领全球化

"十五五"期间，上海的发展在全球化新格局中的定位将更加明确、更具战略性。作为中国的经济中心和全球城市，上海将致力于从"全球化参与者"向"全球化引领者"转变。这一转变伴随着城市国际化发展策略的重大转变。

一是从引进外资到促进本土企业"走出去"。"全球化参与者"通过提供优惠政策和营商环境，吸引跨国公司投资。例如，新加坡、迪拜和深圳等城市通过减税、简化行政审批程序和提供各种投资激励，吸引了大量外资企业进驻，促进了当地经济的发展。对于"全球化引领者"而言，促进本土企业出海"走出去"至关重要，因为这能提升企业的国际竞争力和品牌价值，推动技术创新和产业升级，分散市场风险，实现经济多元化，增强国家的国际地位和软实力。

二是从技术引进到创新驱动。"全球化参与者"引进先进技术和管理经验，提升本地企业的竞争力。通过与国际知名企业和研究机构合作，引进和消化吸收先进技术，提升本地产业的技术水平和创新能力。"全球化引领者"则通过科技创新引领全球技术发展，推动产

业升级和新兴产业的发展。例如，纽约、伦敦和东京等城市在金融科技、人工智能、生物技术和清洁能源等领域引领全球创新潮流，推动全球技术进步和产业变革。

三是从规则标准引进到参与全球治理和制度创新。"全球化参与者"更多是在金融、贸易、科技等领域引进国际相关标准和规则。"全球化引领者"则在金融、贸易、环境等领域制定新的全球规则和标准，推动国际制度改革；同时还积极参与和主导国际组织和多边机制，推动全球议程设置和政策协调。例如，纽约作为联合国总部所在地，在国际政治和全球治理中发挥重要作用；伦敦和布鲁塞尔通过欧盟和其他国际组织的平台，积极参与全球治理和政策协调。

三、参与与引领全球化并举下的"五个中心"耦合

随着上海从"全球化参与者"逐步向"全球化引领者"转变，必然对"五个中心"相互耦合发展和能级提升提出了更高的目标。不仅体现了上海在全球经济、金融、贸易、科技和文化等领域的现有优势，还反映了其在全球治理和国际合作中的潜力和目标。

一是全球金融中心的进一步开放与升级。首先是深化金融市场开放。上海将继续深化金融市场改革和开放，吸引更多国际资本和金融机构进入。通过提高金融市场的深度和广度，推动人民币国际化进程，提升上海在全球金融体系中的地位。其次是推动金融科技创新。大力发展金融科技（FinTech），推动区块链、人工智能、大数据等新技术在金融领域的应用。通过技术创新，提高金融服务的效率和安全性，巩固上海作为全球金融科技中心的地位。

二是国际贸易和航运枢纽的能级提升。首先是提升国际贸易能力。上海将进一步优化贸易便利化措施，提升跨境电商和自由贸易区的功能，吸引更多国际贸易企业落户。通过扩大进出口规模和提升贸易服务水平，巩固和增强其作为国际贸易中心的地位。其次是发展现代化综合航运体系。上海将提升港口和物流基础设施的智能化和现代化水平，优化航运服务体系。通过提供高效、便捷的航运和物流服务，巩固其全球航运枢纽的地位。

三是强化全球科创中心建设。首先是加强科技研发投入。未来五年，上海将加大对基础研究和应用研究的投入，建设世界一流的科研机构和创新平台。通过吸引全球顶尖科技人才和企业，打造国际科创高地。其次是促进科技成果转化。建立健全科技成果转化机制，推动科创在金融、贸易、制造和服务等领域的应用。通过科技引领，推动各产业的转型升级和高质量发展，增强上海的全球科技竞争力。

四是推动国际文化和创意产业中心发展。首先是发展文化创意产业。上海将大力发展影视、音乐、艺术、设计等文化创意产业，打造具有国际影响力的文化品牌。通过丰富的文化产品和活动，提升上海的文化软实力。其次是加强国际文化交流。建立国际文化交流平台，举办国际性的文化艺术节、博览会和论坛。通过中外文化交流，促进文化融合，提升上海的国际文化影响力。

五是成为全球治理和国际合作的引领者。首先是积极参与全球治理。上海将积极参与国际组织和多边机制，如联合国、世贸组织、国际货币基金组织等。在全球经济治理、环境保护、公共卫生等领域发挥重要作用，推动全球议程设置。其次是推动区域经济合作。通过

"一带一路"倡议等平台,加强与周边国家和地区的经济合作,推动区域经济一体化。发挥上海作为区域经济合作的桥头堡作用,促进区域内的共同发展。

六是优化营商环境和制度创新。首先是优化营商环境。进一步深化市场化改革,建立更加透明、公平、高效的市场规则和法律制度。通过优化营商环境,吸引更多国际企业和投资者,增强市场活力。其次是制度创新。在金融、贸易、科技等领域推进制度创新,探索和制定新的国际规则和标准。通过制度创新,增强上海在国际规则制定中的话语权和影响力。

第三节 耦合发展理论模型

系统论中的耦合发展理论核心思想是整体观念和相互作用。它强调任何系统都是由多个子系统组成,这些子系统之间存在相互依赖和影响。耦合发展关注如何通过协调和优化子系统之间的相互作用,使系统整体效能最大化。具体而言,通过优化资源配置、信息共享和功能协调,增强系统的整体稳定性和适应能力。对于上海"五个中心"耦合发展而言,关键问题也在于如何使得"五个中心"整体效能的最大化,实现"1+1+1+1+1>5"的效果。

一、耦合发展的前提条件

上海国际经济中心、国际金融中心、国际贸易中心、国际航运中心和国际科创中心的耦合发展是实现城市全面、协调、可持续发展的关键。其耦合发展存在三大主要前提条件。

一是功能上的耦合。上海"五个中心"功能耦合关系是多层次且相互依存的。国际金融中心提供资金和金融服务，支持国际贸易和航运的发展，促进经济中心的产业升级和扩展。国际贸易中心和国际航运中心相互配合，通过高效的物流和运输体系推动贸易增长，带动经济繁荣。国际科创中心通过技术创新和研发，提升各中心的竞争力和发展潜力，推动经济转型和升级。此外，各中心在政策支持、人才交流和资源共享等方面紧密合作，共同提升上海的全球影响力和竞争力。

二是空间上的耦合。上海"五个中心"在空间上的耦合表现为各中心功能区的协调布局和互联互通，形成高效协同的城市空间结构。国际金融中心集中在陆家嘴等核心商务区，提供强大的金融服务和资本支持；国际贸易中心依托洋山深水港和外高桥保税区，形成贸易和物流集聚区；国际航运中心以洋山港和浦东国际机场为核心，构建全球航运和航空枢纽；国际经济中心通过虹桥商务区和自贸试验区等重点区域，推动产业集群和经济发展；国际科创中心聚集在张江高科技园区和临港新片区，成为科创策源地。这些功能区通过现代化交通网络和信息通信基础设施高效连接，实现资源共享和协同发展，推动上海整体空间布局的优化和一体化，形成多中心、多功能、网络化的城市空间格局。

三是政策上的耦合。上海"五个中心"在政策上的耦合表现为统一的战略规划、协同的政策措施和综合的监管体系。政府制定统一的战略规划，明确各中心的功能定位和发展目标，确保各中心在整体发展框架下协同推进。协同的政策措施包括财税优惠、金融支持、人才引进和创新激励等，促进各中心资源共享和互补发展。例如，金融政策支持科创企业融资，贸易政策优化通关和物流效率，科技政策推动技术研发和成果转化。综合的监管体系确保各中心规范有序运行，通过金融监管保障市场稳定，通过贸易和航运监管提升服务效率，通过知识产权保护激励科创。这些政策的耦合确保了各中心的高效协同和资源整合，推动上海整体竞争力和国际影响力的增强，实现多中心协调发展的目标。

二、耦合发展的基本框架

为顺应未来中国经济社会发展新趋势，结合上海创新驱动转型发展新要求，上海"五个中心"能级提升要立足于以人民为本的重要理念，在持续创新、带动长三角、服务全国、影响世界上下功夫。上海"五个中心"是一个整体，相互耦合，彼此影响。国际经济中心建设需要通过国际金融中心资金支持实现产业升级，与国际贸易中心互动以拓展国际市场，利用国际航运中心协调优化产品资源分配，结合国际科创中心推动产业技术的革新。国际金融中心建设聚焦为各中心建设提供必要的金融资本和金融服务支持。国际贸易中心建设重在依托国际经济中心的紧密产业链，利用国际金融中心提供的金融服务，凭借国际航运中心的物流优势，提升推动商品和服务交易效率。国际航运中心建设支持经济中心和贸易中心的国际物流需求，利用国际金融中心的服务，提升航运业务的全球化效率。国际科创中心建设依托国际金融中心的资金，与国际经济中心协作促进新技术在产业中应用，与国际贸易中心合作，推广创新产品和服务。通过加强整体谋划和协同推进，"五个中心"将实现高水平的耦合和联动，建设的效能将得到整体强化。

另外，上海"五个中心"还存在比较清晰的逻辑关系。国际科创中心在"五个中心"建设中起到关键引领作用，为高水平建设"五个中心"提供策源功能，引领经济、金融、航运、贸易中心建设，为将上海打造成为更加重要的经济中心奠定人才和技术的基础。因此，需要突出"科创中心引领、金融中心赋能、贸易中心链接、航运中心保障、经济中心融合"，形成共同支撑上海社会主义现代化国际大都市建设的功能框架（见图2-1）。

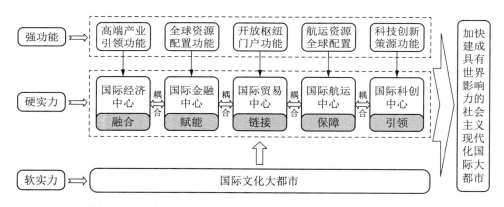

图2-1　上海"五个中心"能级提升与耦合发展分析框架

资料来源：课题组自绘。

第三章
"五个中心"耦合发展现状与面临的挑战

　　上海"五个中心"建设已经取得了重要成就。2020 年，国际经济、金融、贸易、航运中心基本建成，国际科创中心已经形成基本框架，全球影响力不断增强。上海"五个中心"的功能和定位相互交融、有机统一，在促进经济、金融、贸易、航运和科技发展等方面正在强化协同效应，对联通国内国际市场、服务双循环发挥积极作用。不可否认的是，上海"五个中心"之间发展差异显著，优势与短板并存。为此，本章将从数据分析出发，建立"五个中心"评价指标体系，科学评估"五个中心"发展的阶段性特征和耦合协同的现状。

第一节　数据来源、方法与指标体系

　　为了明确上海"五个中心"的发展程度，进行国际比较，通过构建科学的城市"五个中心"评价指标体系，以"数据说话"，呈现目前上海发展现状，描述上海"五个中心"建设中的优劣势。

一、指标体系设计

随着改革开放的深入和经济社会的发展，上海作为我国改革开放的前沿阵地和深度链接全球的国际大都市，要在更高起点上全面深化改革开放，增加发展动力和竞争力。建设"五个中心"是适应改革开放和经济社会发展趋势的必然要求，也是建立社会主义现代化国际大都市的必由之路。本指标体系基于"五个中心"的各中心维度代表，构建包含 5 个一级指标、16 个二级指标、39 个三级指标的评价指标体系（见表 3-1）。

第一个维度是经济中心。经济中心指的是在全球经济体系中具有重要影响力和辐射能力的城市或地区。这些中心在经济规模、产业结构、创新能力、开放水平和基础设施等方面具备显著优势，能够吸引大量的投资、企业、人才和技术，成为全球经济活动的重要节点和驱动力。经济中心的主要指标包括综合经济指标、经济活力指标、总部经济指标以及全球经济中心指数排名。其中综合经济指标包含 GDP、人均 GDP、第三产业占 GDP 比重；经济活力指标包括实际居住人口、外国居住人口、外国访客数量、房租；总部经济包括政府间国际组织总部数量、《财富》世界 500 强企业总部数量；全球经济中心指数评价主要通过 GaWC 的世界城市分级排名进行判断评价。经济中心通常需要判断其经济规模、产业结构、人口开放等，并从这些角度来判断经济中心的发展情况。

第二个维度是金融中心。金融中心是指在全球或地区范围内，金融市场高度发达、金融机构集中、金融服务体系完善的城市或地区。

这些中心在金融交易、金融创新、金融服务和金融监管等方面具有重要影响力和辐射能力，能够吸引大量的金融资源、机构和人才。金融中心主要指标包括金融市场规模、金融中心能级、全球金融中心指数评价。金融市场规模主要通过对证券资本市场进行分析来了解目前金融配置资源的数量，主要包括股票市场交易额、资本存量和证券交易所总市值，这3个指标能够有效反映金融市场活跃度。金融中心能级主要包括流入外商直接投资（FDI）项目数、数字支付市场的经济效益和福布斯上市公司金融总部数量，通过这3个指标能够反映金融市场创新科技发展水平以及金融服务的丰富度。全球金融中心指数排名能够综合评价当前该城市金融市场的发展情况。

第三个维度是贸易中心。贸易中心在全球贸易体系中扮演着关键角色，具有强大的贸易活动集聚能力和辐射能力。这些中心通过发展活跃的进出口贸易、完善的基础设施、健全的贸易服务体系和高度的国际化程度，成为全球商贸活动的重要平台。通过科学、系统的指标体系评估和发展，贸易中心能够为全球经济的稳定和发展提供重要支持。贸易中心主要指标包括国际贸易、营商环境、全球贸易中心指数评价。国际贸易规模是衡量贸易中心发展情况的重要指标，进出口贸易额和服务业进出口贸易额均是衡量国际贸易规模的重要指标；世界银行营商便利度指数和国际展览业协会（UFI）认可展览数量是常用于衡量营商环境的重要指标。

第四个维度是航运中心。航运中心在全球航运体系中扮演着关键角色，具有强大的货物处理能力和物流网络支持。这些中心通过发展现代化的港口设施、完善的物流网络、健全的航运服务体系和高度的国际化程度，成为全球航运活动的重要平台。通过科学、系统的指标体系评估和发展，航运中心能够为全球经济的稳定和发展提供重要支持。本维度指标主要包括航运流量、航运服务、全球航运中心指数评价。国际航空情况、机场航班及货物、港口集装箱吞吐量主要衡量航运发展及货物处理能力；全球海事仲裁员、全球海事律所合伙人分布及航运经纪公司数量主要用于衡量当前各个城市航运法律经纪的发展程度。

第五个维度是科创中心。科创中心是指在全球或地区范围内，科技创新能力突出、科研资源丰富、创新生态系统完善的城市或地区。这些中心在科学研究、技术开发、创新创业和科技成果转化等方面具有重要影响力和辐射能力，能够吸引大量的科技企业、科研机构、创新人才和资金。主要指标包括科技创新能力、教育与学术资源、全球科创中心指数评价。初创企业生态系统估值是有效反映科创企业价值的重要指标，研发支出和专利数量更是能直接反映一个地区的创新能力；国际顶尖高校数、高等教育学生在校人数、SCI 发文量、国际大会及会议协会（ICCA）认可会议数量均是衡量教育与学术资源的重要指标。

表 3-1 "五个中心"评价指标体系

一级指标	二级指标	三级指标
经济中心（1）	综合经济（1/4）	GDP（十亿美元）
		人均 GDP
		第三产业占 GDP 比重
	经济活力（1/4）	实际居住人口
		外国居住人口
		外国访客数量
		房租（美元 / 月）
	总部经济（1/4）	政府间国际组织总部数量
		《财富》世界 500 强企业总部数量
	全球经济中心指数评价（1/4）	GaWC 世界城市分级排名

（续表）

一级指标	二级指标	三级指标
金融中心（1）	金融市场规模（1/3）	股票市场交易额（百万美元）
		资本存量（百万美元）
		证券交易所总市值（亿美元）
	金融中心能级（1/3）	流入 FDI 项目数（个）
		数字支付市场的经济效益（百万美元）
		福布斯上市公司金融总部数量
	全球金融中心指数评价（1/3）	全球金融中心指数排名
贸易中心（1）	国际贸易（1/3）	进出口贸易额（亿美元）
		服务业进出口贸易额（亿美元）
	营商环境（1/3）	世界银行营商便利度指数
		UFI 认可展览数量
	全球贸易中心指数评价（1/3）	全球城市要素流量贸易流指数 GCFI 排名
航运中心（1）	航运流量（1/3）	国际航空客流量（千人次）
		国际航线直达城市数量
		机场起降航班（万架次）
		机场货物吞吐量（万吨）
		港口集装箱吞吐量（万标准箱）
	航运服务（1/3）	全球海事仲裁员分配数量
		全球海事相关律师事务所全球合伙人分配数量
		航运经纪公司数量
	全球航运中心指数评价（1/3）	新华·波罗的海航运中心发展指数
科创中心（1）	科技创新能力（1/3）	初创企业生态系统估值（十亿美元）
		研发支出（亿美元）
		专利数量
	教育与学术资源（1/3）	国际顶尖高校数
		高等教育学生在校人数
		SCI 发文量（次）
		ICCA 认可会议数量（次）
	全球科创中心指数评价（1/3）	全球科技创新中心发展指数 GSTICI 排名

资料来源：课题组整理。

二、数据来源说明

指标数据主要取自权威国际组织、知名咨询机构和各国政府机构的统计，包括但不限于世界银行《2022 年营商环境报告》、世界知识产权组织《全球创新指数报告》、世界城市文化论坛、软科世界大学 2023 排名榜、日本森纪念财团城市战略研究所《全球实力城市指数报告 2020》、《财富》世界 500 强排行榜、《新华·波罗的海航运中心发展中心报告》、英国智库 Z/Yen 集团与中国（深圳）综合开发研究院"全球金融中心指数 GFCI 排名"、福布斯全球企业 2000 强排行榜、UFI 国际展览业协会、华东师范大学创新与发展研究院"全球科技创新中心发展指数 GSTICI 排名"。针对个别城市部分指标数据缺失，通过网络抓取方法进行补充。报告以 2022 年数据为主，对于采集困难的城市，使用最新可获得的数据替代，特此说明。

三、样本城市选择

选取的样本城市为上海等 8 个具有世界影响力的城市，其中包括纽约、伦敦、巴黎、东京、新加坡 5 个外国城市，以及北京、上海、香港 3 个中国城市。选择这 8 个城市的理由有 4 点：

第一，这些城市在 GaWC 的世界城市排名、全球实力城市指数等权威国际城市排名中均居前列，具有广泛的公认性，在城市影响力方面表现卓越。

第二，这些城市长期以来备受国际社会关注，在国际政治、经济、贸易、金融、文化、治理等领域具有深远的影响。

第三，这些城市在经济、人口、社会文化等领域都具备绝对的知名度，是国际资本和人才的首选。

第四，由于这些城市共同享有广泛的国际影响力和高知名度，它们都是"全球明星城市"，拥有雄厚的发展基础和宏伟的发展目标，其经济社会数据具有公开性，可比较性较强，适合进行深入的比较研究。

第二节 "五个中心"发展现状评估

从全球范围来看，国际大都市并不是完全按照"五个中心"功能全面发展的路径来演化和成长的。即便是顶级国际大都市也很难同时做到各项功能齐头并进地发展，一些功能在历史的演化中逐步升级和替代。例如 20 世纪初，纽约曾是全球重要的港口和贸易中心，但随着纽约和美国整体的产业迭代升级，当前纽约已不是全球主要的港口和贸易中心。因此，对"五个中心"发展的评估需要同多个国际大都市来进行综合性的比较，才能挖掘出上海在各项功能上的长短板。

一、全球城市综合能级比较

本研究选取了若干全球范围内较为领先或各具特色的国际大都市作为上海"五个中心"功能的对标城市，既包含了纽约、伦敦和东京这样功能相对全面的国际大都市，也涵盖了巴黎和新加坡这样功能专业化程度较高的城市，还将北京和香港这样同是国内顶级国际大都市列为研究对象。评价指标体系见表 3-1。

（一）上海综合能级现状分析

上海在全球城市的多个能级中展现了卓越的竞争力，尤其在航运、科创和贸易领域具有显著优势（见图 3-1）。

在航运中心能级上，上海的航运流量得分最高，位居 8 个城市之首。上海港是世界上最繁忙的集装箱港口之一，连接亚洲、欧洲和北美的重要航运线路，成为国际货物转运和分销的重要枢纽。洋山港作为全球首个全自动化无人集装箱码头，通过采用无人驾驶运输车和自动化装卸设备，实现全天候高效运营，进一步巩固了上海作为全球航运枢纽的地位。因航运服务排名第四，最终使上海在全球航运中心中排名第二。

在科创中心能级上，上海科技创新能力得分为 20.89，排名第二，专利数量高使其在全球科创中心排名中位列第三。然而，教育与学术资源得分仅为 12.56，排名第七，主要是由于高等教育学生在校人数和 SCI 发文量较低。因此，上海在科创方面仍与领先城市存在一定差距。

在贸易中心能级上，上海在全球贸易中心的排名中位列第四。上海的国际贸易得分为 12.65，排名第五，而营商环境得分为 28.6，排名第三。世界银行的营商便利度指数为 77.7，表明上海拥有良好的法规环境、完善的基础设施和有效的行政管理。UFI 认证的展览数量达到 22 个，证明了上海在展会和会展经济领域的领先地位。然而，上海在进出口贸易额和服务业进出口贸易额方面表现一般，总计 8726 亿美元，远低于排名第一的伦敦的 22200 亿美元，显示出其在全球贸易总量中的占比仍有提升空间。

上海在某些能级上也存在短板。在金融中心能级上，上海的金融市场规模得分为 14.48，排名第二，显示其在全球金融市场中的重要性和影响力。然而，流入的 FDI 项目数为 46 个，略低于其他全球金融中心的标准，表明吸引国际投资的潜力尚未完全发挥。上海在数字支付市场的经济效益达到 134.48 亿美元，但相对全球领先的金融中心仍显不足。福布斯上市公司金融总部数量仅为 4 个，显示上海在吸引金融企业设立总部方面仍有提升空间。这些数据反映出上海在金融科技和创新服务方面需要进一步提升，以增强其在全球金融网络中的影响力和地位。

在经济中心能级上，上海作为全球主要经济中心之一，综合经济能级在全球范围内排名第七。上海的 GDP 达到 6596 亿美元，人均 GDP 为 2.69 万美元，其中人均 GDP 在 8 个城市中最低，这也使得综合经济的排名靠后。经济活力得分为 9.31，排名第四，展示了作为国际化都市的吸引力。然而，在总部经济方面，上海的得分仅为 2.25，表明其在吸引跨国公司总部和国际组织方面存在不足。具体数据如政府间国际组织总部数量为 3 个，非政府国际组织总部数量为 40 个，以及《财富》世界 500 强企业总部数量为 12 个，显示出上海在全球经济网络中的地位虽然重要，但与世界顶尖经济中心相比仍有差距。

（二）北京综合能级现状分析

北京在全球城市中展现显著的长短板特征。在经济、金融和贸易中心方面，北京处于中间地位；在科创领域表现出显著优势，而航运中心则是明显短板。北京经济中心能级得分 14.38，GDP 达到 6147 亿美元，人均 GDP 为 2.85 万美元，但经济结构高度依赖服务业。经济活力得分仅为 7.76，外国居住人口和访客数量较低，显示出在吸引国际人才和游客方面存在挑战。在金融中心能级方面，北京得分为 21.41，数字支付市场经济效益达 11503.3 百万美元，显示出金融科技潜力。北京拥有 13 个福布斯上市公司金融总部，但在吸引外商直接投资方面仍有提升空间。在贸易中心能级上，北京国际贸易排名第七，进出口贸易额为 5419.6 亿美元，服务业进出口贸易额为 1279 亿美元，营商环境得分为 31.17，整体贸易中心能级排名第五。科创是北京最大的优势，初创企业生态系统估值达 4450 亿美元，专利数量为 203000 个，全球科创中心排名第一。然而，教育与学术资源得分仅为 13.87，限制了进一步提升。航运中心是短板，航运流量得分仅为 8.46，缺乏港口设施，机场货物吞吐量较低，影响其在全球物流和供应链中的作用。

（三）香港综合能级现状分析

香港在全球城市中表现出显著的优势，特别是在贸易和金融领域。贸易中心方面，香港国际贸易得分为 16.41，营商环境得分为 33.16，排名第二。这得益于其开放的市场和高效的贸易基础设施，世界银行营商便利度指数高达 85.3，UFI 认证展览数量达 27 个，凸显其在会展经济中的重要性。金融方面，香港的金融市场规模得分为 12.9，股票市场交易额、资本存量和证券交易所总市值均表现出色，确认其作为全球主要金融中心的地位。尽管如此，金融中心能级得分为 11.99，排名第四，表明其竞争力仍有待进一步提升。相较而言，香港在经济和科创领域的表现相对较弱。尽管服务业对 GDP 贡献高达 93.4%，但经济活力和对外国人吸引力不足，科创方面也显示出局限性，尤其是在专利数量和研发支出上不如其他城市。此外，虽然拥有顶尖高校和高 SCI 发文量,但在教育与学术资源方面仍有提升空间。航运方面,香港的机场货物吞吐量全球排名第一,但在航运服务和客流量方面需加强,以巩固其作为全球航运和航空枢纽的地位。

(四)巴黎综合能级现状分析

巴黎在全球城市能级评估中表现不均衡,仅在经济中心能级方面突出。在经济中心能级方面,巴黎综合经济得分为 20.62,经济活力得分 7.13,排名第三。巴黎的经济实力体现在高 GDP(8210 亿美元)和人均 GDP(13.48 万美元),以及第三产业占比 87.31%,显示出服务业主导地位。巴黎吸引了 160 个政府间国际组织总部、1625 个非政府国际组织总部和 27 个《财富》世界 500 强企业总部,凸显其全球经济网络中的重要角色。然而,巴黎在其他能级上的表现较弱。金融中心能级方面,巴黎金融市场规模得分 4.94,拥有 473 个 FDI 项目和 9 个福布斯上市公司金融总部,但整体金融中心能级得分 14.86,排名第七,显示其金融市场规模不足。贸易中心能级方面,巴黎国际贸易得分 2.54,营商环境得分 22.88,总得分 25.42,国际贸易活动规模和影响力较小,受服务业主导经济结构限制。在航运中心能级方面,尽管巴黎航运流量得分 18.49,拥有最多的国际航线直达城市数量 260 个,但缺乏港口和物流基础设施,影响其作为航运枢纽的地位。科创能级方面,巴黎得分 7.3,反映科研投入和创新成果不足,尽管在教育与学术资源方面得分 15.23,拥有顶尖大学和科研机构,但专利数量和研发投入不足,限制其全球科创领域的竞争力。

（五）纽约综合能级现状分析

纽约在全球城市能级中展现出显著的竞争优势，尤其在经济、金融和航运领域表现突出。作为全球重要的经济枢纽，纽约综合经济得分为 20.32，经济活力得分 13.32，位列第二。这得益于其强大的经济基础，GDP 达 6780 亿美元，人均 GDP 为 10.69 万美元，第三产业占 GDP 比重 91.33%。纽约房租为 4614 美元每月，吸引了 153 个政府间国际组织总部、1024 个非政府国际组织总部和 18 个《财富》世界 500 强企业总部，巩固了其全球经济中心地位。在金融中心能级方面，纽约无疑是全球核心。金融市场规模得分为 25.26，证券交易所总市值达 40.3 万亿美元，吸引 354 个 FDI 项目，数字支付市场经济效益为 20473 百万美元。纽约拥有 17 个福布斯上市公司金融总部，整体金融中心能级得分 20.67，排名第一。航运中心能级方面，纽约航运流量得分 16.81，航运服务得分 9.56，总得分 26.37，排名第三。国际航空客运量达 4842 万人次，显示其作为全球航空枢纽的重要性。在科创方面，纽约表现中等，科技创新能力得分 14.56，教育与学术资源得分 15.66，尽管拥有多所顶尖大学和科研机构，但整体科创能力相对不足，全球科创中心排名第四。纽约需要在提升科创能力和增强国际贸易影响力方面进一步努力，以全面巩固其全球城市体系中的领先地位。

（六）东京综合能级现状分析

东京在全球城市能级中展现了其在金融中心方面的显著优势。东京的金融中心能级得分为 22.88，尤其体现在其金融市场的庞大规模和全球金融服务的强大影响力。东京的股票市场交易额为 3832.59 亿美元，资本存量达 1600 亿美元，东京证券交易所总市值达 63200 亿美元，巩固了其作为全球金融中心的地位。东京吸引了 236 个 FDI 项目，数字支付市场经济效益达 48923.9 百万美元，突出其在金融科技领域的领先地位。东京拥有 13 个福布斯上市公司金融总部，整体金融中心能级高居前三。然而，东京在其他能级上的表现相对较弱。贸易中心能级方面，东京的国际贸易得分为 21.9，排名第六，显示其贸易活动主要集中在区域内。营商环境得分为 16.28，总得分为 38.18，未能显著提升其全球贸易中心地位。航运中心能级方面，东京航运流量得分为 10.03，航运服务得分仅为 2.02，总得分 12.05，排名第七。尽管国际航空客运量达 737 万人次，但整体航运服务能力有待提升。科创方面，东京得分为 13.5，专利数量为 57900 项，研究支出为 370.58 亿美元，但整体创新能力不足，全球科创中心排名仅位列第五。

（七）伦敦综合能级现状分析

伦敦在全球城市能级中表现卓越，尤其在经济、贸易和航运中心方面位居前列。作为全球经济中心的领导者，伦敦综合经济得分为 17.94，经济活力得分为 18.91，这归功于其强大的经济基础和多元化产业结构。伦敦 GDP 达 5650 亿美元，人均 GDP 为 8.2 万美元，显示其全球经济重要地位。实际居住人口为 8796.63 万，庞大的外来人口和国际游客数量进一步增强了伦敦的国际化水平。伦敦拥有 113 个政府间国际组织总部、1641 个非政府国际组织总部和 19 个《财富》世界 500 强企业总部，凸显其总部经济优势。在金融中心能级方面，伦敦金融市场规模得分为 8.35，综合金融中心能级得分为 23.97，位居第二。伦敦金融服务体系完备，股票市场交易额达 3.4 万亿美元，资本存量 24700 亿美元，证券交易所总市值 28210 亿美元。伦敦拥有 801 个 FDI 项目，数字支付市场经济效益显著，巩固了其在金融科技领域的领导地位，并拥有 12 个福布斯上市公司金融总部。科技创新能力方面，伦敦得分为 15.29，研发支出为 442 亿美元，专利数量 11573 项，排名第三。伦敦拥有 218.25 万名高等教育学生，SCI 论文发文量 5110 篇，教育与学术资源指标排名第一。航运中心能级方面，伦敦排名第一，航运流量得分为 19.13，航运服务得分为 33.33，总得分为 52.46。伦敦国际航空客运量达 8838 万人次，显示其作为全球航空枢纽的重要性，国际航空客流量和机场起降航班均居首位，凸显其作为全球重要航运枢纽的地位。

（八）新加坡综合能级现状分析

新加坡在全球城市的多个能级中，尤其在贸易中心能级方面表现突出。凭借优越的地理位置和高效的物流基础设施，新加坡已成为全球主要贸易枢纽之一，国际贸易额达到 16206 亿美元，显示出其强大贸易实力。此外，新加坡在营商环境方面表现出色，世界银行营商便利度指数得分为 100，位居 8 个城市之首，这主要得益于稳定的政治环境、透明的法律制度和高效的行政服务，吸引了大量跨国公司和投资。然而，新加坡的 UFI 认证展览数量仅有 4 个，导致其营商环境整体排名不高。提升 UFI 认证展览的数量和质量，将有助于新加坡成为国际商业会议和展览的重要场所，进一步提升其全球影响力。在科创中心和金融中心能级方面，新加坡表现相对欠佳。科技创新能力得分仅为 2.36，研发支出 69 亿美元，专利申请和 SCI 论文发表量也

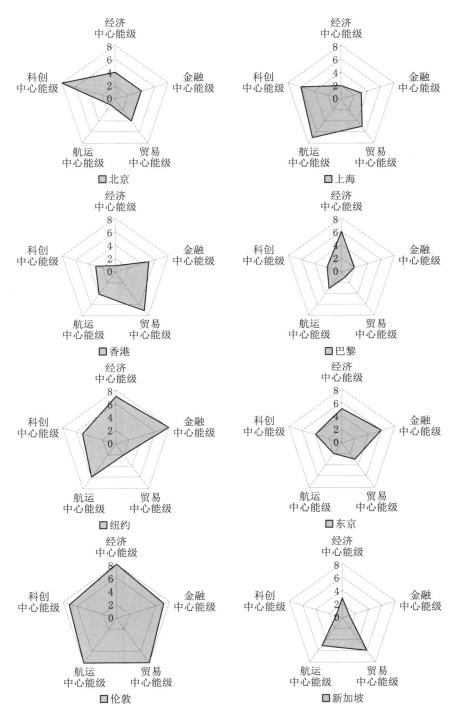

图 3-1 上海等 8 个全球城市在"五个中心"能级上的对比

资料来源：课题组自绘。

不如其他主要城市，限制了其全球竞争力。在金融中心能级上，金融市场规模得分偏低，股票市场交易额和证券交易所总市值远低于其他城市。尽管新加坡 GDP 为 4668 亿美元，人均 GDP 达 7.3 万美元，但其经济规模和多样性与纽约、伦敦等全球顶尖经济中心相比仍有显著差距。新加坡实际居住人口仅为 563.7 万，限制了其市场规模和经济活力。未来，新加坡需要加强科研投资，提升创新能力，促进经济多元化发展，以增强其全球竞争力和影响力。

二、"五个中心"维度的全球比较

除了对上海与主要全球城市在"五个中心"综合能级维度进行比较，本书还将进一步从经济、金融、贸易、航运和科创中心所蕴含的内涵出发，剖析每个中心各子维度功能发展的全球对比。

（一）经济中心建设的全球比较

在经济中心能级比较中，各城市在综合经济、经济活力和总部经济等二级指标上展现出各自的特点和优势（见表 3-2）。

首先，综合经济指标评估了城市的经济总量、产业结构和人均收入。东京和巴黎在这一指标上表现尤为突出，凭借高 GDP 和强大的第三产业基础确立了其全球金融和服务业中心的地位。纽约紧随其后，其庞大的经济规模和多元化产业结构保持了强劲竞争力。相比之下，上海尽管表现良好，但在经济总量和人均收入方面落后于上述城市，特别是在高附加值产业比例方面尚有提升空间。

其次，经济活力指标反映了城市的市场动态、创新能力和吸引外资潜力。伦敦和新加坡凭借开放的市场和强大金融创新能力在这一指标上领先。纽约的市场开放度和企业创新能力也广受认可。上海在经济活力方面表现较好,但仍面临市场准入壁垒和创新资源分配不均的问题,这些因素限制了其经济活力和创新能力的全面发挥。

最后,总部经济指标衡量城市吸引跨国公司和国际组织总部的能力。巴黎和伦敦表现突出,吸引了大量跨国公司总部和国际组织,巩固了其全球经济中心地位。纽约和北京也在吸引跨国公司方面具有强劲竞争力。上海作为中国的经济中心,在总部经济上表现优异,吸引了多个《财富》世界 500 强企业总部,但与纽约和伦敦相比,全球总部经济吸引力和影响力仍有提升空间。

表 3-2　经济中心的全球对比

		北京	上海	香港	巴黎	纽约	东京	伦敦	新加坡
经济中心	综合经济	7	8	5	2	3	1	4	6
	经济活力	5	4	6	8	3	7	1	2
	总部经济	4	7	8	1	3	5	2	6
	全球经济中心指数评价	6	5	3	7	2	8	1	4

资料来源:课题组整理。

(二)金融中心建设的全球比较

纽约和上海在金融市场规模上表现尤为突出,分别拥有全球最大和快速发展的资本市场(见表 3-3)。纽约以其多样化的金融产品和高度流动性的市场环境,巩固了其全球金融体系核心地位。上海则在债券和股票市场的显著增长下,成为中国乃至全球金融中心的重要一员。香港和伦敦也表现不俗,以高市场开放度和丰富的国际金融业务，为全球投资者提供了广泛的金融服务和投资机会。

金融中心能级反映了城市在全球金融网络中的综合地位和影响力。伦敦凭借深厚的金融历史、广泛的金融服务和金融科技领域的领先地位，长期保持在全球金融中心前列。东京也展示了其作为亚洲重要金融中心的多元化市场结构和创新能力。然而，纽约和巴黎尽管在区域内具备显著影响力，但在全球范围内的金融中心能级得分相对较低，可能是由于它们在吸引外资、金融科技创新和国际金融服务方面还有提升空间。

上海的资本市场发展迅速，金融服务种类丰富，尤其是在推动人民币国际化和金融科技创新方面取得了显著进展。然而，上海在全球金融中心能级上的得分相对较低，表明其在吸引国际资本、提高市场透明度和增强全球金融影响力方面还有改进的空间。为了在全球金融中心的竞争中占据更有利的位置，上海需要进一步提升其金融科技创新能力，优化金融监管环境，并加强与国际市场的接轨和合作。这些举措将有助于提升上海在全球金融网络中的地位和影响力，使其更好地适应全球金融市场的变化和发展。

表 3-3　金融中心的全球指标排名对比

		北京	上海	香港	巴黎	纽约	东京	伦敦	新加坡
金融中心	金融市场规模	5	2	3	7	1	6	4	8
	金融中心能级	6	8	7	4	3	2	1	5
	全球金融中心指数评价	6	5	4	7	1	8	2	3

资料来源：课题组整理。

（三）贸易中心建设的全球比较

在全球贸易中心能级的比较中，国际贸易是衡量全球商品和服务流动的重要指标，反映了城市在全球经济中的活跃程度和影响力。伦敦、新加坡和东京在这方面一直保持领先地位（见表3-4）。伦敦作为欧洲的金融和商业中心，不仅在金融服务贸易上占据主导地位，其货物贸易也因便捷的物流和海运条件保持活跃。新加坡依托其全球领先的港口设施和优越的地理位置，在亚洲与世界其他地区的贸易中扮演重要角色。香港凭借战略性地理位置和自由港政策，成为亚洲主要的贸易枢纽之一。上海作为中国最大的港口城市，其国际贸易表现不容忽视，尤其在货物吞吐量上占据全球领先地位，但其贸易结构相对集中，需进一步多元化。

营商环境是吸引跨国企业和投资的重要因素，包括政策透明度、法律保障、税收制度和基础设施建设等。香港在这方面表现出色，以自由经济体系、简化税收制度和与国际接轨的法律体系，成为许多国际企业的首选地点。北京以稳定的政治环境、高效的政府服务和低税率政策，吸引了大量企业设立地区总部和研发中心。上海凭借金融服务便利性、开放的市场政策和丰富的人才资源，吸引了大量国际资本和企业。尽管基础设施和政府支持取得进步，但上海在法律透明度和市场开放度上仍有提升空间，进一步优化这些方面的政策将有助于增强其对国际企业和投资的吸引力。

上海在国际贸易方面的突出表现主要体现在其作为全球货物吞吐量最大的港口城市之一，提供高效的物流和运输服务。然而，贸易结构集中在特定产业和地区，缺乏多样化的商品和服务贸易，限制了其在全球市场的全面发展。在营商环境方面，尽管政府在基础设施建设和政策支持上提供便利，但法律透明度和市场准入仍需改善，影响了外资企业的经营信心。

表3-4　贸易中心的全球对比

		北京	上海	香港	巴黎	纽约	东京	伦敦	新加坡
贸易中心	国际贸易	7	5	4	8	6	3	1	2
	营商环境	2	3	1	4	7	8	5	6
	全球贸易中心指数评价	8	2	1	7	4	5	6	3

资料来源：课题组整理。

（四）航运中心建设的全球比较

在全球航运中心的能级比较中，航运流量作为衡量城市在全球物流网络中作用的重要指标，主要反映了货物和乘客的进出量。如表3-5所示，上海在这方面处于领先地位，其港口是世界上最繁忙的集装箱港口之一，年货物吞吐量巨大，这得益于其战略性地理位置和广泛的国际航运网络。伦敦紧随其后，凭借全球金融中心的地位和良好的港口设施，在高附加值商品和服务的国际物流中占据重要位置，尤其是贵金属和高科技产品的运输。纽约位居第三，其地理位置使其成为美洲与其他大陆间的重要物流枢纽，处理大量国际贸易货物，特别是在金融和科技领域表现突出。香港和新加坡则以自由港和转运港的地位在亚洲保持较高的航运流量，尽管规模不及上海和伦敦，但在特定领域和区域市场中仍具有显著的竞争力。

航运服务的质量和效率是航运中心竞争力的重要体现，包括港口设施、物流效率、海运服务和相关的法律保障。伦敦在航运法律服务和保险方面的专业性无可争议，成为全球航运保险和海事法律服务的中心。新加坡在航运服务方面表现出色，港口设施先进，物流系统高效，并拥有完善的法律和保险服务，支持全球航运业务的顺利进行。香港以高效的港口管理和综合性的航运服务体系在航运服务质量上表现优异。相比之下，上海虽然在港口自动化和物流效率上取得进展，但在法律服务和国际标准应用上仍有提升空间。东京和巴黎在航运服务方面表现较为平衡，主要服务于区域内的物流需求。

上海在全球航运中心的比较中展现显著优势，其庞大的航运流量和逐步提升的航运服务质量是其竞争力的关键。然而，上海在法律服务和国际标准应用上仍有改进空间。进一步提升港口服务质量和物流效率，并加强国际法律和保险服务的建设，将有助于上海巩固其全球航运中心地位。

表3-5 航运中心的全球对比

		北京	上海	香港	巴黎	纽约	东京	伦敦	新加坡
航运中心	航运流量	8	1	5	3	4	7	2	6
	航运服务	—	4	5	—	3	6	1	2
	全球航运中心指数评价	—	3	4	—	5	6	2	1

资料来源：课题组整理。

（五）科技创新中心建设的全球比较

如表3-6所示，在科技创新能力方面，北京和上海处于领先地位。北京凭借强大的研发投入和政策支持，吸引了大量科技企业和研究机构，专利数量和科研项目表现出色。上海在高新技术和创新生态系统的建设方面取得显著进展，成为中国科技创新的重要中心。相比之下，伦敦和纽约尽管具备一定实力，但在专利产出和高新技术企业集中度方面稍显逊色。

在教育与学术资源方面，伦敦和香港表现突出。伦敦拥有世界一流的大学和研究机构，吸引大量国际学术人才和学生，形成丰富的教育和科研资源网络。香港则是亚洲重要学术中心。纽约和巴黎紧随其后，拥有广泛的学术资源和科研设施。上海和北京虽然在高等教育领域有显著投入和发展，但在国际学术影响力和顶尖人才吸引力方面仍需提升。

上海在全球科创中心的表现显示了其不断发掘的潜力，但也存在一些挑战。尽管上海在科技基础设施和创新生态系统建设上取得显著进步，但在原创性科技创新和国际科研合作方面仍需加强。上海需要进一步加大科研投入，推动国际合作，吸引和培养更多国际化科技人才，以提升其在全球科创网络中的地位和影响力。通过这些努力，上海有望在未来成为全球科创的核心枢纽之一。

表 3-6　科创中心的全球对比

		北京	上海	香港	巴黎	纽约	东京	伦敦	新加坡
科创中心	科技创新能力	1	2	8	6	4	5	3	7
	教育与学术资源	5	7	2	4	3	6	1	8
	全球科创中心指数评价	4	6	8	5	1	2	3	7

资料来源：课题组整理。

第三节　"五个中心"耦合发展面临的挑战

上海的人均 GDP 达到 26905 美元，表明其经济发展水平较高。然而，外籍居住人口仅为 163954 人，外国游客数量为 922995 人，这些数据反映了上海在吸引国际人才和游客方面的潜在不足。外籍居住人口占比仅为 7.87%，显著低于国际大都市的标准，这一比例通常应远高于此。这可能与上海在国际化环境营造、生活质量提升及外籍人员适应性等方面的挑战有关。此外，外国游客数量相对较低，这可能受限于航班恢复滞后和国际游客对上海的了解不足。当前全球旅行限制逐步放松，上海需要加强国际推广力度，提供更全面的城市信息和旅游资源，包括加强与国际旅行社的合作，优化旅游服务，提升游客体验。此外，国外网站和媒体对上海的实际发展可能存在误解或错误解读，影响了潜在游客和外籍人士的决策。为此，上海应加强国际媒体的宣传和公关，纠正误导性信息，展示其真实的发展成果和独特魅力，吸引更多国际游客和外籍人才。

在总部经济方面，上海也存在显著差距。尽管拥有 12 个《财富》世界 500 强企业总部，但在政府间国际组织和非政府国际组织总部数量上，分别只有 3 个和 40 个，远低于其他全球顶尖城市。这显示出上海在吸引国际组织和跨国公司总部方面的不足，可能源于其国际政策影响力和全球经济网络地位不够显著，以及提供跨国企业总部所需服务和基础设施的不足。

在金融市场方面，上海的股票市场交易额达到 13262.68 亿美元，资本存量为 3800602 亿美元。虽然在国内和区域内表现出色，但在全球金融市场中仍显不足。特别是，尽管上海的股票市场交易额排名第二，但与排名第一的纽约证券交易所相比，差距仍然显著。此外，上海在吸引外资方面的表现也有待提升。流入的 FDI 项目数仅为 46 个，低于其他全球主要金融中心的水平。这种差距可能反映了上海在金融市场开放度、投资环境和法规透明度方面的不足。对于全球投资者而言，透明的法规和稳定的投资环境是吸引投资的重要因素。因此，上海需要进一步优化其金融监管框架，加强与国际金融市场的对接，以吸引更多的国际资本。上海的数字支付市场经济效益为 134 亿美元，展示了其在金融科技领域的潜力。然而，与全球领先水平相比，上海在这一领域仍有相当的提升空间。数字支付的快速发展在推动经济效率和便利性方面起到了积极作用，但要达到全球领先的金融科技中心地位，上海需要在技术创新、市场推广和法规支持等方面作出更大努力。通过提升技术标准，扩大市场覆盖面，并增强消费者和企业对数字支付的信心。

在贸易中心方面，上海在特定商品的进出口中取得了显著成绩，但其贸易多样性和自由度有待进一步增强，以提升其在国际市场中的综合影响力。尽管在某些领域具有竞争优势，上海的整体贸易格局仍显单一，限制了其作为全球贸易枢纽的角色发挥。为增强国际贸易竞争力，上海需要扩大商品种类及市场范围，同时优化贸易政策，提升自由贸易水平。航运流量方面，上海的港口集装箱吞吐量达到 4730 万标准箱，展现了其作为全球重要货运港口的地位。然而，尽管这一数据具有全球领先水平，上海在整体航运枢纽的排名和影响力方面还有提升空间。特别是机场货物吞吐量和国际航线直达城市数量的不足，限制了上海在全球航空运输网络中的覆盖范围和连通性。相比其他全球领先的航空货运枢纽，上海的机场货物吞吐量仍有提升空间，这对提升其国际货运枢纽地位至关重要。此外，国际航空客流量的不足也是上海面临的一个挑战。尽管上海拥有先进的机场设施和广泛的航线网络，但吸引国际乘客和游客的力度仍需加强。上海在文旅方面的资源丰富，然而其国际知名度和吸引力尚未充分发挥，导致外国游客的到访数量相对较少。为提升上海的国际旅游市场竞争力，有必要进一步开发和推广文旅资源，提升国际旅游宣传力度，同时改善外国游客在上海的旅游体验和服务。全球海事仲裁员的分配数量不足也是影响上海在全球贸易和航运中心地位的因素之一。作为全球贸易和航运中心，仲裁服务的专业性和公正性是吸引国际航运和贸易企业的重要保障。上海在这方面的不足可能影响其在处理国际贸易纠纷和提供法律支持方面的能力。因此，上海需要加强在海事仲裁领域的建设，提高仲裁服务的国际标准和专业水平，吸引更多的国际仲裁员和法律专业人士参与其中。

在科技创新领域，上海的研发支出达到294亿美元，专利数量为175000项，但与北京和伦敦等城市相比，上海在科研成果的产出和创新生态系统的建设方面还有较大提升空间。此外，上海的SCI论文发文量为4420篇，尽管显示出一定的科研实力，但在全球顶尖学术机构中的影响力仍需进一步增强。高等教育学生在校人数方面，上海拥有超过55万人的学生群体，这不仅为上海的科研和创新提供了丰富的人才储备，还为城市的长期发展打下了坚实基础。然而，与其他全球科技中心相比，上海在吸引国际顶尖学术人才和学生方面仍有较大提升空间，这一问题部分归因于国际学术合作和交流的机会有限，也反映出上海在国际化教育资源的配置和吸引力方面存在不足。为了增强其在全球学术界的影响力，上海需要进一步优化高等教育体系，增强与国际顶尖学术机构的合作，并为国际学生提供更多的支持和机会。

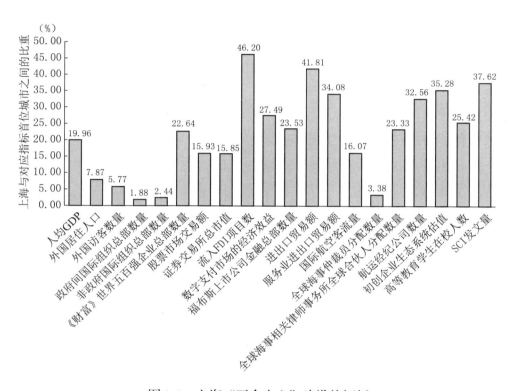

图 3-2 上海"五个中心"建设的短板

资料来源：课题组自绘。

第四章
全球城市中心功能的建设经验

　　本章将深入探讨典型全球城市各个中心功能的建设经验，从国际经济中心、金融中心、贸易中心、航运中心、科创中心等不同维度，分析其形成的关键因素和可借鉴的发展模式。通过聚焦纽约、伦敦、新加坡等国际大都市，了解不同城市功能有机融合、相互促进的潜在发展模式。

第一节　国际经济中心建设经验

　　自工业革命以来，全球经济格局经历了深刻的变革，形成了若干具有全球影响力的国际经济中心城市。这些城市以其先进的产业结构、强大的创新能力、完善的基础设施和高效的公共服务，成为全球资本、人才、信息的集聚地，引领着世界经济的发展方向。纽约、伦敦和东京，作为国际经济中心的代表，其顺应经济发展规律、优化调整产业结构，以及强化区域协同、深化产业分工的实践，为其他城市提供了宝贵的经验。

一、产业结构的优化与升级

国际经济中心的建设并非一蹴而就，而是一个不断顺应甚至引领经济发展潮流的过程。在此过程中，产业结构的优化与升级显得尤为关键。只有积极应对世界格局的变化和技术的发展，城市才能在新形势下成为国际经济中心或巩固其国际经济中心的地位。

（一）纽约：从制造业中心到服务业主导

纽约是美国经济发展的核心城市，也是全球发展较为完备的经济中心。纽约的产业发展经历了从制造业中心到全球金融与服务业中心的转变，其转型升级可分为 3 个阶段：

第一阶段为制造业时代。19 世纪，纽约凭借其天然港口和发达的交通运输网络，成为美国制造业中心。这一时期，纽约集中了全美制造业 11% 的工人，制造业成为城市经济的支柱。

第二阶段为服务业兴起。进入 20 世纪，随着第一次工业革命的深入，纽约逐渐成为国际贸易和技术创新的重要枢纽，制造业的繁荣带动了相关服务业的发展。20 世纪中叶，随着信息技术革命的到来，纽约开始经历产业结构的重大转型，在制造业衰退的同时，金融服务、广告、媒体等现代服务业迅速崛起，逐渐取代传统制造业成为新的经济增长点，尤其是华尔街的金融服务业成为全球资本流动的中心。

第三阶段为创新驱动的现代产业体系。21 世纪以来，纽约进一步推动产业结构的高端化。一方面继续发展以金融、科技、教育、医疗等为代表的知识密集型服务业；另一方面，将高新技术融入制造业，促进制造业转型升级，形成以创新为驱动的现代产业体系。

（二）伦敦：服务业与创意产业的双轮驱动

伦敦在 19 世纪初便已成为国际经济中心，伴随全球经济格局的变革，伦敦也通过产业转型维持其经济中心地位，实现经济复兴。第二次世界大战后，伦敦的产业发展也可分为 3 个阶段：

第一阶段为制造业的衰落与金融服务业的快速发展。20 世纪 50—80 年代，伴随英国大规模工业改造，伦敦制造业迅速衰退，产值年均下降 10%，尤其是附加值较低的传统部门。与此同时，伦敦通过金融改革，大力发展国内外金融业市场化，推动经济的快速发展。

第二阶段为创意产业的兴起。20 世纪 90 年代以来，伦敦政府通过设立创意基金，鼓励和支持创意产业的发展，使伦敦成为全球创意产业的重要中心。

第三阶段为制造业高端化和服务化发展。21 世纪初至今，伦敦进一步推动制造业的高端化和服务化，通过资金扶持等措施促进制造业"回流"，发展高附加值、知识密集型、具有创新性和设计主导的制造业活动，并进一步向生产性服务业延伸发展。

（三）东京：技术创新引领产业升级

东京的产业发展是日本经济现代化的缩影，其可大致分为 3 个阶段：

第一阶段为轻工业主导。19世纪后期至第二次世界大战前，日本的纺织业和食品业等轻工业为主导产业，在该时段，轻工业对东京经济发展的贡献超过50%。

第二阶段为重工业兴起与衰落。第二次世界大战后，随着战后重建，钢铁、化工、机械等战略部门成为东京制造业的支柱。然而，本土劳动力成本上升和国际原材料价格波动，促使东京政府加快推动钢铁和化工等高能耗产业的外迁，制造业产值比重持续下滑。

第三阶段为结构调整与服务业繁荣。进入21世纪后，东京政府大力扶持电气机械和运输机械行业，通过技术创新提高产品附加值。同时进一步向服务业转型，金融、信息、通信等生产性服务业成为新的经济增长点，推动了产业结构的高端化和服务化。

二、产业分工与区域一体化

产业分工与区域一体化是释放全球城市潜力、增强其国际地位的关键策略。通过与周边地区的紧密合作和产业分工，全球城市能够充分利用各自的比较优势，促进资源的高效配置和产业的集群发展，在更大范围内形成协同效应，提升城市整体国际竞争力。

（一）纽约：都市圈一体化与产业集聚

纽约的区域产业分工和一体化策略体现在其都市圈的合理规划和功能布局上。纽约大都市圈包括纽约、新泽西和长岛等地区，形成了以金融服务为核心，辐射周边地区的产业分工体系。其中，核心区曼哈顿面积仅60平方公里，却集中了纽约超过50%的金融和商务服务机构，金融业增加值占全市 90% 以上；内环区域如布鲁克林、皇后区等则发展了与核心区相配套的制造业和物流业；外环和郊区则更多地承担了居住、教育和部分高新技术产业的功能。纽约都市圈的区域布局体现了产业分工的特点，核心区、内环、外环和远郊各具特色，共同形成了一个高度协同和功能互补的区域产业生态系统。

（二）伦敦：创意产业与区域经济的融合

大伦敦都市圈总面积约 4.5 万平方公里，以伦敦到利物浦为轴线，包括伦敦、伯明翰、曼彻斯特等多个大中小城市，形成了以金融服务业和创意产业为核心，辐射周边地区的产业分工体系。作为核心区域的伦敦市中心集中了大量金融服务和创意产业机构，而周边城市如曼彻斯特以新兴工业和多元化经济活动为发展重点，伯明翰转型为电子工程和汽车制造中心，利物浦以服务业和旅游业为支柱，而谢菲尔德则从钢铁业成功转型为体育和创意产业城市。这种互补和合作的产业布局，不仅促进了要素流动和产业链的完善，而且也推动了整个区域经济的共同繁荣，巩固了伦敦作为国际经济中心的地位。

（三）东京：核心区与都市圈的协同发展

东京都面积约 2000 平方公里，人口约 1300 万，而东京都市圈的半径则超过 50 公里，覆盖日本 30 多个市。东京都市圈的产业结构和产业分工格局呈现鲜明的圈层构造。最内层是东京都核心三区——千代田区、中央区和港区，作为东京的 CBD，集中了大量的金融和商务服务机构。内环地区包括东京的其余 20 个区，是东京经济发展的中坚力量，制造业和服务业并重，形成了与核心区相配套的产业布局。外环地区则包括东京都的其余地区以及埼玉县、千叶县和神奈川县，更多地承担了居住和部分高新技术产业的功能，与内环和核心区形成了有序的产业梯度和功能互补。东京都市圈的一体化发展，不仅促进了产业的集聚和优化，也为整个区域的经济增长提供了强大的动力。

第二节　国际金融中心建设经验

国际金融中心作为全球经济网络的关键节点，对促进全球资本流动、资源配置和经济增长发挥着至关重要的作用。国际金融中心的形成并非一蹴而就，而是与金融市场的培育发展、金融机构的集聚、金融人才的培养、金融监管的完善以及金融开放政策的实施等多个方面息息相关。

一、金融市场的开放与监管

金融市场的开放与监管是国际金融中心建设的基石。开放的金融市场能够吸引全球资本和金融机构，而有效的监管则确保市场的稳定性和透明度，为金融中心的长期繁荣提供保障。

（一）伦敦：金融城的国际化与监管

伦敦金融城作为全球金融中心之一，对外具有强大的辐射功能，与全球主要经济大国和地区保持密切的金融服务贸易关系。通过拓展国别和地区市场，伦敦不断扩大其金融对外开放水平、提高金融业务交易量，已经成为全球最大的外汇市场，市场份额超过 40%。同时，伦敦也是全球最大的利率衍生品市场和全球最大国际（离岸）债券发行市场。伦敦证券交易所是欧洲最大的证券交易所，在保险服务业方面，伦敦也包揽了 60% 的全球航空保险业务、50% 的全球能源保险业务和 33% 的海运保险业务。

在监管方面，伦敦金融城拥有成熟的金融市场和监管体系，提供了包括银行业务、保险、外汇交易等全方位的金融服务。伦敦建立了以金融行为监管局（FCA）为核心的成熟监管体系，该机构负责监管金融市场的行为，保护消费者权益，并促进市场的健康发展。FCA 与审慎监管局（PRA）共同工作，确保金融机构的安全性和稳健性。英国政府通过监管改革，引入更严格的资本要求和流动性标准，提高金融机构的韧性，并通过金融服务与市场法案等立法确立了监管框架。

（二）新加坡：亚洲金融枢纽的崛起

根据 2023—2024 年的全球金融中心指数，新加坡已经位列亚太地区金融中心首位，成为排在纽约、伦敦后的全球第三的顶级金融中心，在全球金融包容性方面则名列第一。在地处马六甲海峡的咽喉地带的地理优势基础上，新加坡通过高水平对外开放叠加制度优势成功吸引了大量国际金融机构和资本。自 20 世纪 60 年代起，新加坡先后实施了银行牌照分类管理，推动亚洲美元市场的发展。随后，进一步放宽外汇管制，建立证券交易所和金融交易所，促进金融市场的多元化。亚洲金融危机之后，新加坡通过制定《证券与期货法》《存款法》《征信局法案》等一系列金融法律，加强金融监管和司法体系建设，优化税收政策，成功吸引了金融资本和高净值人才。在 2014 年后的金融转型阶段，新加坡积极响应"智慧国家2025"计划，推动科技金融和绿色金融的发展，吸引了全球科技公司和金融机构在新加坡设立创新实验室，促进了金融基础设施的数字化。

在金融监管上，新加坡金融管理局（MAS）对不同规模和特点的银行实施差异化监管，包括全面执照、限制执照及离岸银行执照，确保了监管的适应性和有效性。通过细分银行资产负债表管理，强化了跨境资金流动的监控。同时，MAS采用统一监管框架，结合技术风险管理指南，推动金融机构采用新兴技术保护数据安全，并通过监管沙盒机制促进金融科技创新，完善授权、执法等职能，提升金融系统的稳健性与竞争力。

二、金融机构与人才的集聚

金融机构与人才的集聚是国际金融中心的核心竞争力。金融机构提供多样化的金融服务，推动市场创新和发展；而人才则是金融创新和专业服务的源泉，二者共同助力城市提升全球金融资源的配置能力。这在当前几大国际金融中心中均有所体现。

以纽约为例，其作为全球性的开放式国际金融中心，金融市场活跃度极高。纽约外汇交易量约占全球的16%，衍生金融工具成交量约占全球的14%，外国债券发行量的市场份额约占34%。仅华尔街就集中了纽约证券交易所、联邦储备银行等金融机构和美国洛克菲勒、摩根、杜邦等大财团开设的银行、保险、铁路、航运等大公司的总管理处，以及各公用事业和保险公司的总部和棉花、咖啡、糖、可可等商品交易所。活跃的金融市场也源源不断地吸引全球金融机构落地，花旗银行、摩根公司等跨国银行，以及美林、J.P. 摩根、摩根士丹利等全世界最具影响的投资银行，都选择在纽约集聚，形成了一个全球性金融机构的产业集群。与此同时，庞大的金融市场也吸引了大量国际人才。2020 年曼哈顿岛的人口约为 161 万，其中约 20% 为金融从业人员，金融业态高度集中。

伦敦也表现出相似的特征，2019 年，伦敦城就业人数达到 54.2 万人，其中金融服务（Financial Services）、专业服务（Professional Services）和商业服务（Business Services）的就业人员达 38.6 万人。更进一步地，在不足 3 平方公里的伦敦金融城内，更是聚集了大量银行、证券交易所、黄金市场等金融机构，集中了近 20 万名金融从业人员。人才的集聚不仅提升了伦敦金融服务业的劳动生产率，也为金融城带来了多元化的视角和创新思维。

与纽约、伦敦相比，新加坡以其战略区位优势和开放的金融政策吸引国际金融机构，同时主动采取一系列政策引进和培养国际化金融人才，如设立金融业发展基金和技能发展基金、成立高级金融人才培训网络、建立完善的金融人才自主培养机制、推出金融人才发展计划、与金融机构和研究所合作培养等，通过多种方式集聚和培养高素质专业金融人才。截至 2022 年底，新加坡金融业从业人数已经超过 20 万人，专业人员和技术人员占比超过 60%。

第三节　国际贸易中心建设经验

在全球化的浪潮中，国际贸易中心作为全球经济活动的关键枢纽，不仅促进了商品和服务的跨国流通，还加速了资本、技术和信息等要素的全球配置。早期的国际贸易中心如纽约、伦敦等大多是经数十年乃至上百年自发形成的。自 20 世纪末开始，香港、新加坡等城市探索出国际贸易中心的各种新型发展模式，通过集中力量创造后发优势跳跃发展，对于当前上海提升全球贸易中心功能更具有借鉴意义。

一、离岸贸易与全球资源配置

离岸贸易是指投资者在离岸法区（如自贸区、自贸港）注册设立公司，但在注册地之外进行商品和服务贸易，不进入公司注册地所在市场的贸易模式，是国际转口贸易业务的延伸和发展。其关键特征是订单流、货物流、资金流的"三流"分离，贸易的商品和服务不经过离岸法区，但结算由离岸公司负责。

因此，离岸贸易的本质是海外货物运输和国内资本结算。这种模式允许企业利用全球不同地区的税收优惠政策、法律法规和市场环境等因素，降低贸易成本，增加企业利润。对于离岸公司所在地而言，离岸贸易的发展可以吸引资本、信息和高端贸易人才流入，增加国际贸易结算规模，加强国际贸易中心职能。作为世界上重要的自由贸易港口形式，离岸业务的成熟度也体现该地区的国际经济市场竞争力和全球资本市场信息资源的配置能力。

香港在 20 世纪 50 年代之前，主要依托其天然港口区位优势，定位于国际贸易转运中心，随后发挥其生产成本优势，逐渐发展成为加工贸易中心。随着我国内地改革开放的持续推进，香港与华南地区形成"前店后厂"的分工模式，发展成转口贸易中心。进入 21 世纪，香港的出口贸易结构发生了重要变化，地理位置、港口设施、清关便利等传统要素禀赋优势逐渐弱化，香港定位于全球贸易运营中心，依托其通信、物流、咨询等全球贸易网络优势发展离岸贸易。如今依托我国内地腹地经济崛起和香港本地基础设施、税收制度和贸易便利化优势，香港的离岸贸易的繁荣发展，离岸贸易额从 1988 年的 1377 亿港元增至 2021 年的 51090 亿港元，年均增长率超过 10%。

离岸贸易的发展与香港健全的金融体系密切相关。一方面，香港金融市场的全球开放程度较高，投融资汇兑自由，市场准入、外资持股比例限制少，同时也为资金跨境自由流动提供保障，提升开展离岸贸易资金结算的便利性。另一方面，香港建立了较为完善的离岸金融业务监管制度，采取"小政府、大市场"的监管模式，遵循"发挥市场规律，谨慎考虑干预"的监管原则，为企业开展离岸贸易提供了有效的风险防范制度保障。

离岸贸易的发展强化了香港国际贸易中心的全球城市功能，充分利用全球贸易网络增强了香港对全球贸易的控制力，同时也吸引了大量跨国公司在港设立地区总部，尤其是美、日、英和我国内地的跨国公司。不仅如此，离岸贸易还促进了香港服务贸易结构的升级，推动了贸易信息资讯服务、贸易融资、国际电子商务服务和国际维修服务等相关服务部门发展，进一步提升香港国际贸易中心的软实力。

二、物流与供应链管理创新

物流与供应链管理的创新是提升国际贸易中心地位的另一关键因

素。高效的物流系统能够确保货物的快速流转和配送，降低运输成本，提高贸易效率。迪拜作为中东地区的重要交通枢纽和经济中心，虽然综合实力不如纽约、伦敦等顶级全球城市，但其在构建高效物流系统方面取得显著成就，尤其是在物流与供应链管理方面的创新实践，可为全球城市提供重要参考。

迪拜地处亚洲、欧洲和非洲三大洲的交会之处，具有天然的区位优势。自 20 世纪 60 年代以来，迪拜通过大力建设基础设施、完善接轨市场化和国际化的内外政策标准，逐步成长为具有全球影响力的物流中心、贸易中心和商业中心，摆脱了对单一石油资源的依赖。当前经迪拜转运的货物占中东地区总进口 60% 以上，且仍保持较快增速。

迪拜的物流与供应链管理创新体现在多个方面。一是物流中枢基础设施的建设。迪拜充分利用当地地理和区位优势，通过建设拉希德港（Port Rashid）和杰贝阿里港（Port Jebel Ali）双港体系，打造海湾地区的海运枢纽。此外，迪拜实施"开放天空"政策，推动空港建设，通过建设迪拜国际机场、开放全球航空公司，进一步强化了海湾地区的航空枢纽竞争力。当前杰贝阿里港已是中东地区第一大港，迪拜国际机场也是全球重要的航空货运枢纽。

二是积极打造自贸区，建设多个物流和贸易中心。迪拜的自贸区为企业提供了一系列政策优惠，如免税、投资优惠、物流成本优惠等，吸引了全球企业加盟。此外，迪拜还大力吸引国际物流航运区域总部，带动供应链上下游企业集聚，如马士基、联邦快递等国际物流巨头的入驻，进一步提升了迪拜在全球物流和供应链管理中的地位。

三是利用科技手段推动供应链整合。2018 年迪拜提出发展企业对企业（B2B）智能商务平台"迪拜眨眼"，利用人工智能、区块链技术，推动供应链内的创新，改变全球供应链的未来。同时，迪拜充分探索供应链的数字化转型，利用元宇宙技术构建物流中枢的数字孪生体，对仓储、检查、培训等过程进行数字模拟，提升效率和安全性。

第四节　国际航运中心建设经验

国际航运中心的形成与国际经济、贸易中心的发展密切相关。早期伦敦凭借优越的港口条件、航海业发展和殖民经济，成为国际航运中心的领军者。此后，国际航运中心呈现多元化发展模式，相继出现以纽约、鹿特丹为代表的内陆型国际航运中心和以新加坡、香港为代表的中转型国际航运中心。进入 21 世纪后，服务化、智能化和绿色化现代综合型国际航运中心已成为当前各航运中心发展的新趋势。

一、港口设施的现代化与功能扩张

港口设施的现代化与功能扩张是当前建设国际航运中心的必然趋势。高效的港口设施能够提高货物吞吐效率，降低物流成本，吸引更多的航运业务，从而推动航运中心的形成和发展。

根据《新华·波罗的海国际航运中心发展指数报告》，新加坡近年来一直位于全球航运中心之首，超过了老牌航运中心伦敦。与伦敦相比，新加坡由小岛变为全球航运枢纽仅用了 50 余年。20 世纪 60 年代，新加坡政府为了充分发挥其得天独厚的地理位置优势，将区域主导产业定位于国际航运及相关产业，投入大量财政收入用于港口等基础设施建设，并将其大部分收入投入于港口扩大再生产。与此同时，新加坡政府推行港口集装箱中转运输发展模式，吸引船舶公司把新加坡作为其集装箱管理和调配基地，成功地将新加坡打造成为东南亚国际集装箱中转中心。

随着信息化技术发展，20世纪90年代起，落后的管理与组织方式与快速增长的新加坡港吞吐量形成矛盾。在此背景下，新加坡政府斥巨资打造"单一窗口"（TradeNet）和"港口社区系统"（PortNet）两个电子信息系统，前者帮助实现政府各主管部门的横向联合和信息共享，后者则纵向整合相关政府职能部门、海关、港务集团、港口用户等航运相关组织，形成全国范围的电子商务系统，极大提升了新加坡的港口服务效率。新加坡对外承诺一般集装箱船舶装卸时间不超过10个小时，其港口的规模化经营效率也是世界第一。

此外，新加坡还具有灵活的自由港政策，其与世界许多国家签订了自由贸易协定，大约95%的国外货物可以自由进入新加坡。新加坡允许境外货物、资金自由进出，对大部分货物免征关税，这些政策极大地便利了货物的流通，降低了贸易成本，同时也带动新加坡的集装箱国际中转业务发展。除了自由港政策外，新加坡也对外不断推出各类优惠政策，吸引企业落户新加坡，尤其加大吸引航运企业的优惠政策力度，如核准国际船务企业计划、核准船务物流企业计划、海事金融优惠计划等，进一步巩固了新加坡作为国际航运中心的地位。

二、航运服务高端化发展

航运服务是国际航运中心的核心竞争力。除了传统的物流服务外，国际航运中心也集聚了航运金融、保险法律、信息咨询等高端航运服务，形成高效且综合的服务体系。

伦敦作为老牌国际航运中心，拥有得天独厚的人文历史条件，如悠久的贸易和航海传统、丰富的海事人才资源，等等，早已形成了规模庞大、功能完善、体系健全的航运服务业集群。尽管当前伦敦港已不再是全球级的港口，但其在航运交易市场、保险服务、航运信息服务等方面的强大功能，仍使其保持着国际航运中心的地位。世界 20% 的船级管理机构常驻伦敦，世界 50% 的油轮租船业务、40% 的散货船业务、18% 的船舶融资规模和 20% 的航运保险总额，都在伦敦进行。伦敦还是国际海事组织（IMO）、国际海运联合会（ISF）、国际航运公会（ICS）等海洋领域国际组织总部所在地。

在传统航运业出现衰退的状况下，伦敦依托原有的船舶市场、丰富的航运服务、领先的商务服务业等优势，大力推动相关产业向高端航运服务业转型。伦敦的航运服务业高度发达，每年创造的价值达 20 亿英镑。在海事仲裁方面，伦敦海事仲裁员协会是全球公认的海事仲裁第一机构，每年承担全球 75% 以上的国际海事仲裁工作。在海洋金融方面，依托伦敦证券交易所，每年伦敦航运融资总额高达 200 亿英镑，约占全球的五分之一。海洋保险方面，依托伦敦劳埃德保险行，伦敦航运保险业全球领先。

在向高端航运服务业转型的过程中，伦敦港也经历了港城分离和产业转型。20 世纪 40 年代起，伦敦陆续关闭了临近市区的两个大港区，开始了港城分离发展模式。1967 年，伦敦在费利克斯托开设专用集装箱港，1990 年又在泰晤士河口兴建了泰晤士港。原先关闭的老码头区域转化为非海运的商业和娱乐功能，而以波罗的海航运交易所为基础，在伦敦金融城内建设航运服务软环境，发展航运融资、海事仲裁、海事保险等高附加值产业。

第五节　国际科创中心建设经验

在全球化和信息化时代背景下，科技创新已成为推动城市发展的核心动力。国际科创中心作为科技创新的高地，不仅引领科技潮流，也是全球经济竞争的重要"战场"。

一、创新政策与产业集群

创新政策与产业集群的发展是形成国际科创中心的关键因素。通过创新政策的引导，逐步构建产业集群，有利于吸引和培育高科技企业，促进科技人才的集聚，推动科技创新和产业升级。

纽约作为传统的金融中心，自 2008 年全球金融危机以来，也大力发展科技创新，积极打造"全球科技创新领袖城市"以实现城市复兴。2009 年，纽约市政府发布了《多元化城市：纽约经济多样化项目》，随后启动"东部硅谷"发展计划。2015 年，纽约市政府发布了《一个新的纽约市：2014—2025》，再次明确了"全球创新之都"的城市发展定位。

纽约市科技生态系统的蓬勃发展，得益于其丰富的初创企业资源、强大的科技初创企业孵化能力，以及完善的资本市场支撑。2024

年，纽约市拥有9000多家初创企业，科技初创生态系统价值高达710亿美元，成为全球第二大最有价值的生态系统。此外，纽约市还拥有100多家初创企业孵化器，超过20万家小型科技初创企业，为城市创造了超过60万个就业机会。全美500家最大的公司中，约有30%的研发总部与纽约的金融服务相联系。

政府的支持可以体现在多个方面。在科技园区建设上，纽约市政府通过实施"应用科学计划"和建设"康奈尔科技园"，积极引进知名大学和投资建设大学园区，培育科技企业。同时，纽约市政府还通过颁布"纽约人才草案"和实施人才培养计划，为企业提供土地、人才等要素保障。在资金保障上，纽约市政府与华尔街金融资本合作，实施小微企业贷款担保计划，设立创业投资基金，为企业提供金融支持。此外，政府还通过主动减税降费等优惠政策，如实施房地产税特别减征等，对企业的创新环境进行优化。

二、产、学、研良好互动

产、学、研良好互动是国际科创中心建设的另一关键要素。通过促进产业界、学术界和研究机构之间的合作，有利于激发创新潜力，加速科技成果转化，推动科技创新和产业发展。

日本东京都是国际科创中心之一，拥有全国30%的高等教育机构、40%的高端人才和50%的国家科研机构，具备强大的科创能力和良好的创新生态环境。其发展模式为典型的政府主导模式，通过集聚高端人才和科研机构，推动政、产、学、研协同合作，倡导科技改善民生，将东京打造为集多功能于一体的科创中心。

东京都政府在推动产、学、研合作方面采取了一系列措施。比如，政府通过支持大学教师在企业担任学术和技术顾问，为企业提供科技指导和技术咨询，增强知识溢出程度。同时，政府也鼓励企业和大学定期召开科技知识交流活动，一方面让企业能够及时了解学术界的前沿研究，另一方面也为研究人员充分了解产业界的实际需求提供渠道，在提高知识转移效率的同时也有利于促进科研成果的快速转化。此外，第三方机构和企业也形成良好互动，比如，以政府拨款为主要经费来源的日本科学技术振兴机构（JST），也会向政府重点培育的战略性科研项目提供资金支持，或是直接资助企业的研究人员，促进科技成果产业化。

筑波科学城位于茨城县，是东京都市圈的重要组成部分，也是日本最具国际化特色的科技新城。在政府主导下，东京都内众多国家级科研机构搬迁至筑波科学城，包括49家日本国家实验室和数以百计的民营科研机构和企业科研机构，形成研究机构和高端人才的规模效应。20世纪末至今，通过实施产业集群计划和创业支援项目等政策，筑波科学城内科学技术、产业竞争力和人才之间的联系得到强化，创业支援项目每年支持件数超过200件，由日本政策投资银行与民间出资设立筑波研究支撑中心，也为风险企业提供了培育和实验室租借服务，进一步促进了产业化创新和创业活动的发展。

第六节　多中心耦合的城市发展策略

在全球化的今天，城市发展已不再局限于单一功能的强化，而是趋向于多功能联动的综合性发展。纽约、伦敦、新加坡等全球城市，产业、金融、贸易等城市功能并非彼此独立，而是有机融合、协同发展，共同提升城市的国际竞争力。

一、经济、金融与文化：纽约的多中心耦合策略

纽约是当之无愧的全球性国际经济中心、金融中心和文化之都。作为国际经济中心，纽约吸引了大量跨国公司总部入驻，汇聚了全球范围的高端人才。纽约在全球经济网络中的强大辐射力和资源配置能力能够促进金融、文化等城市功能的发展，而后者的繁荣也将继续巩固纽约作为国际经济中心的地位。

在金融方面，纽约是全球最为重要的金融中心，金融市场活跃度极高。大量海外企业在纽约股票交易所上市，跨国银行和国际人才在纽约集聚，形成了一个全球性金融机构的产业集群。依托发达的资本市场，纽约可以利用其资金配置和高质量的生产性服务能力助力发展本地科创、文化相关产业。比如，除了政府直接资金支持，纽约市政府也与华尔街金融资本、风投公司等合作实施"小微企业贷款担保计划"，共同设立"纽约创业投资基金"，成立纽约战略投资集团，为企业提供个性化金融解决方案。

不仅如此，作为国际文化之都，纽约的媒体、娱乐、时尚等产业也极具世界影响力。纽约各类影剧院、音乐厅、歌剧院超过400个，电影与娱乐行业连续16年在全球文化创意产业中排名第一。多元文化的碰撞是文化产业繁荣的重要原因，约有三分之一的纽约常住人口在国外出生，纽约市民使用的语言多达121种，文化的多样性成为纽

约文化融合和文化创新的不竭动力和源泉。

文化艺术的繁荣一方面促进了相关产业的发展，如纽约艺术博览会的多样性和国际化，为艺术家和观众提供了展示和交流的平台，促进了艺术作品的销售和跨文化交流；纽约湾区的文化创意产业上市公司在营业收入水平上也具有显著优势。另一方面也增强了城市本身对人才和资金的吸引力，强化了纽约的国际经济中心地位。

二、金融、科创与全球服务：伦敦的多中心耦合模式

作为世界上最早形成的全球金融中心、航运中心和贸易中心，伦敦在深刻世界经济变局中仍保持稳固地位，始终在国际舞台发挥巨大影响力，与其紧跟世界技术进步、顺应经济发展规律，不断调整和完善其产业结构和服务质量息息相关。

进入 21 世纪后，伦敦着力于促进科技与金融的协同发展，打造多元化国际创新中心。伦敦高度集聚和完整的金融服务体系为其科技创新提供了坚实的基础。金融城内银行、证券交易所和各类金融机构的集中，为科技创新提供了资金支持和风险管理工具，同时也推动了金融产品的创新和服务的多样化，形成了金融服务与科技创新相互促进的良性循环。

在政府支持方面，伦敦政府于 2010 年推出伦敦东区科技城"Tech City"计划，通过发展一批初创科技公司打造科技聚集地，打造金融和科技互补驱动的全球科创中心。伦敦东区曾是传统工业的集中地，建筑密集，综合开发成本较低。为了利用伦敦东区的区位优势，以闲置资源推动科技创新，政府颁布"迷你硅谷"的发展计划，

投入 4 亿英镑支持科技城的发展。伦敦金融科技城下设金融控制管理局，专门管理伦敦的科创中心建设和金融科技环境，通过出台研发税收抵免、新设备税收减免等一系列税收优惠政策，助力创新企业的成长。在此过程中，政府主要起到引导作用，不干预企业自主性，通过设立母基金间接支持创新项目，在降低直接投资风险的同时，激发市场的活力。如今，伦敦科技城成功吸引了包括思科、英特尔、亚马逊、推特、高通、脸书、谷歌等大型科技公司的进驻。这些公司的集聚不仅为科技城带来了活力，也为金融行业提供了新的服务对象和市场。

灵活和高效的监管体制也助力伦敦金融与科技的协同发展。与以法律为基础的规范性监管不同，伦敦采取原则性监管，不直接规定具体的适用条件和被监管者具体行为，仅对行为结果进行评判。这种方式在保障金融市场的稳定性的基础上，也为科技创新提供了必要的自由度。

三、经济、贸易与航运：新加坡的多中心耦合实践

新加坡作为迅速崛起的全球城市，以其独特的地理位置、前瞻性的城市发展策略，成为全球经济、贸易与航运的重要枢纽。

新加坡城市的发展首先得益于得天独厚的地理位置，其地处马六甲海峡东南端，坐拥全世界最繁忙的黄金航线，新加坡港口为其贸易与航运的联动发展提供了天然条件，连续多年保持全球综合实力最强的国际航运中心的地位。在"政府主导、企业化运营"的国家资本主义经济模式下，新加坡在裕廊工业区划设 7 个自由贸易区（1 个以空运货物为主，6 个以海运货物为主），成立裕廊集团等机构，负责工

业园区的开发和管理。

新加坡贸易与航运的协同发展与当地开放的贸易市场、先进的基础设施、完善的产业配套以及高效便捷的服务息息相关。在贸易政策上，新加坡施行完全自由港政策，绝大多数货物免征关税，吸引了全球贸易商和航运公司，形成高度一体化的贸易和航运市场。在基础设施建设上，新加坡自贸港拥有完善的码头设备和高效的货物处理能力，能够处理世界上超过90%的货物流通。不仅如此，发达的空运、海运和陆运交通网络，也确保了货物可以在全球范围内迅速流通，进一步增强了新加坡作为国际货物转运枢纽站的地位。在产业和相关服务配套上，新加坡政府构建了一个覆盖全产业链的海事服务体系，包括保税燃油加注、船舶修造及海洋工程、物料供应、海事金融、海事法律与仲裁等，以推动海事服务产业链的集群化发展。同时在保险金融、船舶经纪、海事法律等多个领域提供高质量的服务。在信息技术应用上，新加坡政府通过投资建立的"TradeNet"和"PortNet"等信息共享平台，实现了政府部门之间以及与国际贸易相关机构之间的信息共享和高度整合。这种信息技术的应用极大地提升了新加坡口岸的通关效率，实现了货物中转的"一站式"服务。新加坡还在开发支持人工智能的下一代船舶交通管理系统，以及推动贸易数据交换试点共享倡议。通过以上方式，新加坡进一步巩固了其作为国际航运中心的地位，同时也提高了国际贸易的规模和能级。

四、金融、科技与贸易：深圳的多中心耦合路径

除了纽约、伦敦等全球城市，作为中国改革开放的前沿阵地，深

圳以其独特的地理优势、创新精神和政策环境，在中国乃至世界经济中也扮演着日益重要的角色。深圳的城市多功能耦合发展，特别是在金融、科技与贸易领域的融合，也为其他城市提供了宝贵的经验。

在贸易领域，深圳已经连续 31 年居于国内出口首位，2024 年进出口总额也首次超过上海。深圳国际贸易规模扩张，一是在于庞大且活跃的民营经济，二是得益于跨境电商等新贸易方式的迅猛发展。当前传统行业外贸出口逐渐放缓，电动载人汽车、锂电池、太阳能设备"新三样"等科技含量更高的产品更显现出口优势，这离不开地方的产业支持和更加市场化的营商环境。

在科技创新方面，深圳是首个国家创新型城市试点，技术创新全球策源力排名全球第五、国内第一；PCT 国际申请量全球第二，拥有基础研究机构 12 家、诺奖实验室 11 家、省级新型研发机构 42 家，累计建成国家重点实验室、国家工程实验室等各级各类创新载体超过 3140 家。不仅如此，深圳拥有超过 10 万家科技型中小企业，机制活、负担轻，更能有效促进科技成果转化，加速创新资源的集聚，成为深圳科技创新的主要贡献者。

深圳的高水平金融服务同时为贸易和科创保驾护航。在支持贸易稳规模优结构方面，2023 年印发的《深圳金融支持外贸稳规模优结构的指导意见》围绕进出口信贷、跨境资金结算和外贸综合金融服务等方面提出 24 条具体举措，包括积极满足民营、中小微企业外贸融资需求、发展外贸供应链金融、扩大人民币在跨境贸易融资中的使用，等等。实际上，依托"前海合作区"和"河套合作区"两大战略平台，深圳的跨境金融创新已经在跨境支付、跨境贸易结算便利化等方面形成全国典型案例。

在金融支持科技创新上，一方面体现在其对重点行业的支持，如支持新能源汽车产业链高质量发展等；另一方面也促进"基础研究＋技术攻关＋成果产业化＋科技金融＋人才支撑"全过程创新生态链的构建。深圳市政府出台的《深圳市扶持金融科技发展若干措施》提出了20条工作举措，旨在完善金融支持科技创新体系，加大对科技型企业融资的支持力度，促进金融与科技的深度融合。2022年末，深圳科技型中小企业贷款户数5.5万余家，已覆盖全市现有科技型企业总数的55%；科技保险承保金额超过3000亿元，其中为高新技术研究、首台／套设备、新材料首批次应用等提供保险保障超过百亿元，贷款增速和服务体系也在不断完善。

第五章
重要项目和重大活动对"五个中心"耦合发展的推动作用

近年来,上海作为中国经济发展的前沿城市,通过实施一系列重要项目和举办重大活动,积极推动"五个中心"的耦合发展。"五个中心"定位不仅反映了上海在全球经济版图中的重要地位,也为城市的综合竞争力提供了坚实的支撑。重要项目和重大活动作为上海推动"五个中心"耦合发展的重要着力点,通过基础设施建设、政策引导和国际交流等多方面的努力,显著提升了上海的国际竞争力和影响力,为实现"五个中心"的战略目标奠定了坚实基础。

第一节　经济中心与贸易中心的耦合促进

随着全球化的加剧和经济发展的快速推进,城市经济中心与贸易中心的紧密耦合关系变得愈发重要。这种耦合不仅推动了城市经济的繁荣发展，也为国际间的合作与交流提供了更广阔的平台。本节将探讨上海在1984年开放汽车行业国际合作与合资、举办世博会、举办进博会，以及自由贸易试验区的扩展与影响等方面，探讨这些重大项目对城市经济中心与贸易中心耦合的推动作用。

一、1984年上海开放汽车行业国际合作与合资

1984年，上海作为中国改革开放的先锋城市，率先在汽车行业展开国际合作。这一年，上海市政府与德国大众汽车公司签署了合资协议，成立了上海大众汽车有限公司。通过这一合作，上海不仅引进了先进的汽车制造技术和管理经验，还带动了本地汽车产业的快速发展。通过与国际企业的合作，上海不仅加速了经济现代化进程，还提升了自身在全球经济中的地位。此举表明了上海在国际经济合作中的重要角色，为其成为经济中心和贸易中心奠定了坚实基础。随着汽车行业的成功合作模式被其他行业效仿，上海逐步成为国际投资的重要目的地，进一步促进了经济与贸易的深度融合。在合作过程中，上海不仅学习到了德国先进的生产工艺和质量控制方法，还培养了一批具备国际视野和技术能力的本土汽车技术人才。这些汽车技术人才在随后的发展中，成为上海汽车工业和服务业的重要支柱。此外，合资企业的成功也带动了上海本地上下游汽车相关产业的发展，包括零部件供应、物流运输和售后服务等，形成了一个完整的产业链条。在这一过程中，上海逐步积累了丰富的汽车产业管理经验和技术储备，为未来的新能源汽车产业跨越式发展奠定了坚实的

基础。

二、上海世博会的会前、会中及会后效应

2002 年，上海成功取得 2010 年世界博览会（以下简称世博会）举办权，成为中国首个举办世博会的城市。申办过程中，上海进行了广泛的国际宣传，提升了国际知名度。世博会举办前，上海进行了大规模的基础设施建设，包括世博园区、交通系统和城市环境的改善。第一次以城市为主题的上海世博会，吸引了 190 个国家、56 个国际组织参展，这是我国继北京奥运会后举办的又一国际盛会，也是第一次在发展中国家举办的注册类世界博览会。世博会期间，上海展示了其经济和文化实力，引起了全球的关注。会后，世博园区转型为商业和文化中心，持续推动城市的经济发展和国际贸易的增长。世博会不仅带来了短期的经济收益，更为重要的是其长期效应，巩固了上海作为全球经济和贸易中心的地位，推动了区域经济的高质量发展。

此外，世博会期间上海推行的"城市，让生活更美好"主题，不仅展示了科技创新和可持续发展的理念，也为全球城市提供了发展范例。世博会吸引了来自世界各地的游客和参展商，带动了经济贸易、旅游、餐饮、零售等相关行业的繁荣。世博会结束后，上海对世博园区进行了改造和再利用，将其转变为商业、文化和科技创新的集聚地，有效利用场馆资源，避免了"后世博效应"的负面影响。这一系列举措，不仅提升了城市的国际形象，也为未来的经济和贸易发展提供了新的动力。

三、进博会对上海经济与贸易中心耦合的促进

2018 年，首届中国国际进口博览会（以下简称进博会）在上海举行，这是全球首个以进口为主题的国家级展会。进博会为世界各国的企业提供了一个展示产品和服务的平台，促进了国际贸易的交流与合作。通过进博会，上海不仅吸引了大量国际客商和投资，还促进了本地企业与国际市场的对接。进博会的成功举办，进一步提升了上海在全球贸易中的影响力，增强了其作为经济和贸易中心的耦合效应，推动了区域经济的高质量发展。进博会成为上海深化国际合作、提升贸易服务水平的重要平台，显著增强了城市的国际竞争力。

进博会在上海的连续举办，为全球供应商和采购商提供了一个高效的交流和贸易平台，推动了全球商品和服务的自由流动。与此同时，上海通过进博会展示了其高效的组织能力和优质的营商环境，吸引了更多国际企业在上海设立区域总部和研发中心。进博会还促进了上海本地企业与国际市场的深度融合，提高了本地产业的国际化水平。此外，进博会期间举办的各类论坛和会议，为国际经济合作和政策对话提供了重要平台，进一步提升了上海在全球经济治理中的话语权和影响力。

四、自由贸易试验区的扩展与影响

2013 年，中国（上海）自由贸易试验区设立，这是中国首个自由贸易试验区，涵盖外高桥、洋山保税港区和浦东机场综合保税区。自贸试验区的设立，标志着上海在推动贸易自由化和投资便利化方面

迈出了重要一步。随着自贸试验区的不断扩展，涵盖面积和政策优惠范围逐渐扩大，吸引了大量外资企业入驻。自贸试验区内实行的金融创新、贸易便利化措施和政府职能转变，为全国其他地区提供了可复制、可推广的经验，显著提升了上海的国际竞争力和经济辐射力。通过自贸试验区的建设，上海在全球经济体系中的地位进一步巩固，成为国际贸易和投资的重要枢纽。

自贸试验区的设立，极大地促进了上海的经济开放和制度创新。通过放宽市场准入、简化行政审批流程和实施税收优惠政策，自贸试验区吸引了大量外资企业入驻，涵盖金融、物流、制造等多个领域。此外，自贸试验区内的金融创新如跨境人民币业务和自由贸易账户，为国际资本的流动提供了便利，提升了上海的金融服务能力。自贸试验区还积极探索政府职能转变，通过简政放权和优化营商环境，提升了行政效率和服务质量。自贸试验区的成功经验，为中国其他地区提供了有益借鉴，推动了全国范围内的改革开放进程。

五、国际消费城市建设项目的推动

近年来，上海致力于建设国际消费城市，推动消费升级和服务业发展。通过实施一系列政策措施，促进高端消费、品牌集聚和消费环境优化，上海吸引了全球知名品牌和商业机构入驻。国际消费城市建设项目不仅提升了上海的城市形象和消费水平，还带动了旅游、商业和文化产业的繁荣。上海正在着力扩大有效需求，推动消费提质升级，不断增强国际消费中心城市能级。上海通过持续丰富消费供给，增加新场景、新业态、新品牌，推出更多高品质、数字化、绿色化服务消费。持续提升商圈能级，优化商业空间布局，推动商业资源集聚，打造彰显"全球风、东方韵"的消费展示窗、潮流风向标。持续改善消费环境，完善商业配套设施，提升商业数字化水平，让消费服务更加友好便利。通过建设高品质的消费场所和提供优质的服务，上海正在逐步成为全球消费者的理想目的地，这一过程进一步强化了其作为经济中心和贸易中心的地位。

为实现这一目标，上海积极引进国际知名品牌和高端消费品，打造了一系列标志性的商业街区和购物中心，如南京西路、淮海中路和陆家嘴。上海还大力发展夜间经济和文化消费，通过丰富多样的娱乐活动和文化体验，提升城市的吸引力。为了优化消费环境，上海不断完善城市基础设施建设，提高公共服务水平，打造宜居宜游的城市氛围。此外，上海还积极推动数字消费和智慧零售的发展，通过新技术应用提升消费体验。国际消费城市建设项目的成功，不仅提升了上海的国际形象，也为城市的经济和社会发展注入了新的活力。

第二节　金融中心与科创中心的耦合促进

金融中心与科创中心的相互促进关系在当今快速发展的经济环境中显得尤为重要。金融支持科技创新，科技推动金融创新，两者之间的耦合促进城市在全球舞台上的竞争力和创新能力。本节将探讨科创板对金融中心与科创中心耦合的推动作用，以及科创金融改革试验区政策实施对这种耦合关系的影响。

一、科创板对金融中心与科创中心耦合的推动

2019 年，上海证券交易所推出了科创板，这是中国资本市场的一项重大改革创新，旨在支持科创企业的融资和发展。科创板的设立，为那些具有高成长性、高科技含量的企业提供了一个更加便捷和高效的融资渠道。这一举措，不仅提升了科创企业的融资能力，还促进了金融资本与科技创新的深度融合。科创板采用了更加市场化的发行、定价和交易机制，如允许未盈利企业上市、引入注册制和增加涨跌幅限制等。这些创新措施，使得更多科技企业能够在早期阶段获得资本市场的支持，推动了科技成果的快速转化和产业化。科创板的推出，吸引了大量投资者的关注和参与，促进了资本市场的活跃度和流动性。通过科创板，金融资源得以更加高效地配置到科创领域，推动了一批具有核心竞争力的科技企业迅速崛起。与此同时，科创板的成功运作，也提升了上海证券市场的国际影响力，吸引了更多国际资本和优质科技企业的关注和参与。科创板不仅成为科创企业的重要融资平台，还为中国资本市场的改革和开放提供了宝贵经验，进一步巩固了上海作为国际金融中心和科创中心的地位。资本市场对科创的支持也在持续深入。科创板作为"硬科技"企业上市的首选地，截至2023 年 8 月底，累计上市企业已达 557 家，首发募资额约 8917.6 亿元，总市值约 6.3 万亿元。

二、科创金融改革试验区的政策实施

2023 年 9 月，上海市发布了《建设科创金融改革试验区的实施方

案》，设立了科创金融改革工作组，明确了相关部门的职责和任务，统筹推进试验区建设。这一举措旨在加强上海作为国际金融中心和科创中心的地位。2022年底，中国人民银行等八部委联合印发《上海市、南京市、杭州市、合肥市、嘉兴市建设科创金融改革试验区总体方案》（以下简称《总体方案》）。该方案旨在通过金融支持长三角地区的协同创新，构建广渠道、多层次、全覆盖、可持续的科创金融服务体系，推动上海国际金融中心和科创中心的核心功能再上新台阶。《总体方案》印发以来，上海充分利用完善的金融市场和集聚的金融机构优势，围绕科创企业全生命周期发展，出台了《上海银行业保险业支持上海科创中心建设的行动方案（2022—2025年）》和新一轮科技型中小企业信贷风险补偿方案等政策，取得了显著成效，完善了股权、贷款、债券、保险联动发展的科创金融生态体系。在股权投资方面，截至2023年6月底，上海创投引导基金和天使引导基金已支持2300多家中小创新企业，吸引了近200个专业投资团队。私募投资基金方面，上海的在投项目数、在投企业数和在投本金均居全国前列。科技信贷融资服务也在持续优化，科技型企业贷款存量和余额不断增长，政策性融资担保支持力度加大。截至2023年6月底，上海科技型企业贷款余额达到8824亿元，存量户数为2.6万户，较年初增幅均超过28%。研发贷、人才贷等市场化科技信贷产品不断推出，高企贷、科创助力贷等政府支持的科技专属产品持续完善。通过举办陆家嘴论坛、外滩大会、浦江创新论坛等科技金融系列活动，上海营造了金融和科创联动发展的良好氛围。未来上海将继续发挥国际金融中心和科创中心的联动优势，支持天使投资、创业投资和股权投资，鼓励长期资本投向早期、小型和硬科技企业，以更大力度的金融支持推动创新突破和产业升级。

第三节　航运中心与贸易中心的耦合促进

航运中心与贸易中心的协同发展在全球贸易格局中扮演着关键角色，特别是在全球化背景下，海上运输成为联系各大贸易中心的重要纽带。本节将探讨洋山深水港对航运中心与贸易中心耦合的提升效果，以及长三角一体化发展战略在促进航运中心与贸易中心密切联系方面的作用。

一、洋山深水港对航运中心与贸易中心耦合的提升

洋山深水港作为全球最繁忙的集装箱港口之一，其建成和运营对上海航运中心和贸易中心的耦合提升起到了至关重要的作用。首先，洋山深水港具备极为优越的地理位置和深水港优势，能够满足超大型船舶的停靠需求，大幅提升了上海港的综合服务能力和国际竞争力。其次，洋山深水港的高效集疏运系统和现代化码头设备，显著提高了货物装卸和转运效率，使得贸易物流成本大幅降低，吸引了大量国际航运公司和货主选择上海作为主要港口。再次，洋山深水港的建设促进了港口与城市功能的深度融合。港口周边地区的开发和配套设施的完善，不仅增强了港口的服务能力，还带动了区域经济的发展。港口与自贸试验区政策的结合，使得洋山深水港成为自贸试验区的重要组成部分，进一步促进了贸易便利化和物流效率的提升，吸引了更多国际贸易企业在此落户。最后，洋山深水港对航运产业链的带动作用也尤为显著。港口的高效运营和服务能力，吸引了大量航运相关企业在周边设立办公和经营机构，从而形成了航运产业集群，提升了上

海作为国际航运中心的地位。同时，港口的运营数据和物流信息化建设，为贸易企业提供了精准高效的服务，进一步促进了贸易中心的功能提升和发展。洋山深水港通过提升港口服务能力、促进港城融合、带动航运产业链发展等多方面的作用，有力推动了上海航运中心与贸易中心的耦合提升，成为上海建设国际航运中心和贸易中心的重要支撑。

二、长三角一体化发展战略

长三角一体化发展战略是推动上海航运中心和贸易中心耦合的重要举措。该战略通过区域协同发展，提升了长三角地区的整体竞争力和综合实力。首先，长三角一体化促进了区域交通基础设施的互联互通。通过建设高速铁路、高速公路和港口群，长三角形成了便捷高效的交通网络，为航运和贸易提供了坚实的基础保障。区域内各大港口和物流中心的协同合作，提升了货物运输和转运效率，降低了物流成本。其次，长三角一体化发展战略促进了区域产业链和供应链的整合。通过加强区域内企业的合作与交流，长三角形成了完整的产业链和供应链体系，提升了区域内生产和服务的协同效应。例如，上海作为长三角的核心城市，与周边城市在航运、贸易、制造业等领域开展深入合作，共享资源和市场，提升了区域整体的竞争力。此外，长三角一体化还推动了区域创新能力的提升。通过建立科创中心和研发机构，长三角形成了以创新驱动发展的格局。区域内各城市在科技研发和创新成果转化方面加强合作，共同推动技术进步和产业升级，提升了区域在全球创新网络中的地位。长三角一体化发展战略还促进了区域内的政策协调和制度创新。通过建立区域合作机制，长三角各城市在政策制定和实施方面加强协调，形成了统一和高效的政策环境。例如，在贸易和投资领域，长三角一体化促进了区域内市场的统一开放，吸引了大量国内外投资，提升了区域的经济活力和发展潜力。最后，长三角一体化发展战略还加强了区域内的人才交流和培养。通过建立人才交流平台和合作机制，长三角各城市在人才引进、培养和使用方面加强合作，共同提升区域的人才竞争力。区域内的高校和科研机构也通过合作，提升了教育和科研水平，为区域的发展提供了坚实的人才保障。综上所述，长三角一体化发展战略通过交通基础设施建设、产业链和供应链整合、创新能力提升、政策协调和人才交流等多方面的举措，推动了上海航运中心与贸易中心的耦合发展，提升了长三角区域的整体竞争力和综合实力。

第四节　经济中心与金融中心的耦合促进

经济中心与金融中心的相互联系和协同发展对城市的整体繁荣至关重要。金融中心的发展不仅为经济中心提供了资金支持，还为实体经济注入了活力和创新动力。特别是在金融服务实体经济方面的创新举措和国际金融中心建设项目的推动下，经济和金融领域的耦合关系变得更加紧密。本节将探讨这些举措如何促进经济和金融中心间的合作与发展，进一步推动城市的经济繁荣和金融创新。

一、上海国际金融中心建设项目

上海国际金融中心建设项目是提升上海经济中心与金融中心耦合的重要举措。首先，上海积极推进金融市场的开放与创新，吸引了大量国际金融机构和资金进入。通过设立上海自贸试验区陆家嘴金融片区，上海成为跨国金融机构的首选地，提升了其国际金融中心的地位。其次，上海国际金融中心建设项目通过优化金融基础设施，提升了金融服务效率。上海证券交易所、上海期货交易所等金融机构的现代化和智能化建设，为金融交易和服务提供了坚实的保障。2023年底，习近平总书记考察上海期货交易所，进一步为新时代新征程上增强上海国际金融中心的竞争力和影响力指明方向、增强信心。此外，上海国际金融中心建设还注重金融科技的发展。通过引入大数据、人工智能等先进技术，上海提升了金融服务的智能化和精准化水平，增强了金融中心的创新能力。金融科技企业的集聚，使得上海成为全球金融科技中心，推动了金融服务的升级和创新。最后，上海国际金融中心建设项目还通过举办各类国际金融论坛和会议，提升了上海在全球金融界的影响力。陆家嘴论坛、金融博览会等活动的举办，为国际金融机构和专家提供了交流与合作的平台，促进了全球金融资源的集聚和流动。综上所述，上海国际金融中心建设项目通过市场开放、基础设施优化、金融科技发展和国际交流等多方面的举措，推动了上海经济中心与金融中心的耦合发展。

二、金融服务实体经济的创新举措

金融服务实体经济是提升上海经济中心与金融中心耦合的重要内

容。首先，上海通过推出多项金融创新产品和服务，提升了金融对实体经济的支持力度。例如，上海银行业推出了供应链金融、绿色金融等创新产品，有效解决了中小企业融资难题，推动了实体经济的发展。其次，上海积极推进金融服务模式的创新。通过发展互联网金融和移动支付，上海提升了金融服务的便捷性和覆盖面，为实体经济提供了更加高效的金融支持。再次，上海金融服务实体经济的创新举措还包括金融政策的优化和扶持。通过出台金融支持实体经济的政策措施，上海鼓励金融机构加大对实体经济的信贷投放，降低融资成本，提升企业的竞争力。金融监管部门的政策引导和支持，为金融服务实体经济提供了良好的政策环境。最后，上海金融服务实体经济的创新举措还注重金融与产业的深度融合。通过建立金融与产业的合作机制，上海推动金融机构与企业在资金、信息和技术等方面的合作，提升了产业链和供应链的协同效应。2024 年 7 月 4 日，《上海市推进国际金融中心建设条例（修订草案）》公开征求意见，为上海更好服务金融强国建设提供坚实有力的法治保障。此次征求意见的重点包括：对进一步做好科技金融、绿色金融、普惠金融、养老金融、数字金融相关工作的意见建议；对进一步发挥金融服务实体经济作用的意见建议等。金融服务实体经济的创新举措，有力地推动了上海经济中心与金融中心的耦合发展，提升了上海的综合竞争力。

第五节　经济中心与科创中心的耦合促进

当经济中心与科创中心密切耦合时，城市将迎来前所未有的发展机遇。科技创新不仅推动着经济的增长和转型，也为城市注入了创新活力和竞争力。在这一背景下，张江科学城的建设成果和科技企业上市与经济增长的互动关系备受关注。本节将探讨这些方面如何促进经济中心与科创中心的耦合发展，以及它们对城市未来发展的重要意义和影响。

一. 张江科学城的建设与成果

张江科学城作为上海科技创新的重要基地，其建设和发展对上海经济中心与科创中心的耦合促进起到了关键作用。张江科学城通过引进和集聚高端科技企业和科研机构，形成了强大的创新资源集群。大量国内外知名科技企业和研究机构在张江落户，推动了区域科创能力的提升。张江科学城注重科技基础设施和配套设施的建设。现代化的实验室、研发中心和创新平台为科技企业和科研人员提供了良好的研发和创新环境。张江科学城的建设还推动了产学研合作和科技成果转化。通过建立企业、大学和科研机构的合作机制，张江科学城促进了科技成果的产业化和市场化，提升了科技对经济发展的贡献率。通过政策支持和激励，张江科学城吸引了大量高层次人才和创新团队，增强了区域的创新活力和竞争力。张江科学城的建设还注重国际合作与交流。通过与国际知名科技园区和研究机构合作，张江科学城提升了国际化水平和全球影响力，推动了科技创新的全球化发展。综上所述，张江科学城通过创新资源集聚、基础设施建设、产学研合作和国际化发展等多方面的举措，推动了上海经济中心与科创中心的耦合促进，提升了区域的综合竞争力和创新能力。

二、科技企业上市与经济增长的互动

科技企业上市是提升上海经济中心与科创中心耦合的重要体现。科技企业通过上市募集到大量资金，为企业的发展和创新提供了充足的资金支持。上海的高科技企业通过在科创板上市，募集到发展所需的资金，推动了新产品的研发和市场拓展。上市提升了企业的知名度和市场影响力。上市企业在资本市场中获得认可，这为其赢得了更多的市场机会和合作伙伴，推动了企业的快速发展。科技企业上市对经济增长的促进作用显著。上市企业的发展和壮大，带动了相关产业链和供应链的发展，提升了区域的经济活力和竞争力。例如，上海的生物医药企业通过上市，推动了区域生物医药产业的发展，带动了上下游企业的成长，提升了区域的经济贡献率。上市企业加大了研发投入和技术创新，提升了技术水平和产品竞争力。上海的人工智能企业通过上市募集资金，加大了人工智能技术的研发和应用，推动了技术进步和产业升级。上市提升了区域的国际化水平和全球影响力。通过国际资本市场的融资和合作，企业提升了国际化水平和全球竞争力，推动了区域的国际化发展。例如上海的互联网企业通过在国际市场上市，吸引了大量国际资本和合作伙伴，提升了企业的全球影响力和市场份额。综上所述，科技企业上市通过资金募集、市场影响力提升、经济增长促进和国际化发展等多方面的作用，推动了上海经济中心与科创中心的耦合，提升了区域的综合竞争力和创新能力。

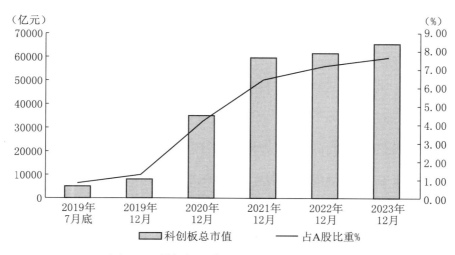

图 5-1 科创板总市值占 A 股总市值比重

数据来源：万得（Wind）数据库。

第六节   金融中心与贸易中心的耦合促进

金融中心与贸易中心之间的密切耦合是推动城市经济繁荣和国际交流的关键因素。金融支持贸易，贸易带动金融创新，这种相互促进的关系为城市创造了独特的竞争优势。本节将探讨大宗商品交易市场的建设与运营、金融开放政策对贸易的促进、跨境电子商务的发展与金融支持如何推动金融中心与贸易中心之间的耦合发展，助力城市在全球舞台上更进一步发展。

一、大宗商品交易市场的建设与运营

大宗商品交易市场是金融中心与贸易中心耦合的重要平台，其建设与运营对区域经济发展具有重要意义。大宗商品交易市场的建设包括基础设施的完善和交易平台的搭建，如上海期货交易所的发展，为大宗商品的交易提供了高效、公平的市场环境。市场运营需要完善的市场规则和监管机制，通过建立严格的市场准入制度和交易规则，确保市场的公平和透明。金融机构通过提供融资、风险管理和投资服务，支持大宗商品交易市场的健康发展。大宗商品交易市场的国际化发展需要加强与国际市场的合作与交流，通过与国际知名交易所合作，提升市场的国际影响力和竞争力。综上所述，大宗商品交易市场的建设与运营，通过完善的基础设施、严格的市场规则、金融支持和国际合作，推动了金融中心与贸易中心的耦合发展，提升了区域的经济活力和竞争力。

二、金融开放政策对贸易的促进

金融开放政策是提升金融中心与贸易中心耦合的重要举措，对贸易的发展具有重要促进作用。金融开放政策通过放宽市场准入，吸引了大量国际金融机构和资本进入，为贸易企业提供了更多的金融服务选择和融资渠道，提升了贸易的活力和竞争力。上海推出的金融开放政策鼓励金融产品和服务的创新，如跨境贸易融资、外汇风险管理和国际结算等创新金融产品，为贸易企业提供了便捷和高效的金融支持。金融开放政策通过简化外汇管理和资本流动的限制，提升了国际贸易的便利性，降低了贸易成本和资金风险。金融开放政策通过政策支持和监管优化，营造了良好的金融生态环境，如上海自贸试验区陆家嘴金融片区的政策创新和监管优化，为国际贸易和投资提供了良好的制度保障，推动了贸易的快速发展。综上所述，金融开放政策通过放宽市场准入、金融产品创新、资本流动便利化和政策支持等多方面的举措，促进了金融中心与贸易中心的耦合发展，提升了区域的贸易活力和国际竞争力。

三、跨境电子商务的发展与金融支持

　　跨境电子商务是现代贸易的重要形式，其发展离不开金融支持，金融中心与贸易中心的耦合在其中发挥了重要作用。跨境电子商务的发展需要高效、便捷的支付与结算服务，金融机构通过提供跨境支付、外汇结算和金融科技支持，提升了跨境电子商务的交易效率和安全性。跨境电子商务企业的发展需要充足的资金支持，金融机构通过提供贸易融资、供应链金融和风险投资，支持跨境电子商务企业的成长和发展。跨境电子商务面临着汇率风险、信用风险和物流风险等多种风险，金融机构通过提供外汇风险管理、信用保险和物流金融等服务，帮助企业有效控制和管理风险。上海市政府通过政策支持和监管优化，营造了良好的跨境电子商务发展环境，如上海自贸试验区的政策创新和试点，为跨境电商的发展提供了良好的制度保障和政策支持，推动了跨境电商的快速发展。综上所述，跨境电子商务的发展与金融支持，通过支付与结算服务、融资支持、风险管理和政策支持等多方面的举措，促进了金融中心与贸易中心的耦合发展，提升了区域的贸易活力和国际竞争力。

第七节　航运中心与经济中心的耦合促进

　　航运中心与经济中心的互动关系对于城市的发展至关重要，尤其在全球贸易和物流日益密切的情况下。国际航运服务业集群的发展、航运金融的创新以及航运物流与经济产业链的融合，都是推动城市航运与经济耦合发展的重要因素。本节将探讨这些方面如何促进航运中心与经济中心之间的合作与发展，进一步提升城市的国际竞争力和综合实力。

一、国际航运服务业集群的发展

国际航运服务业集群的发展是航运中心与经济中心耦合的重要体现。通过集聚航运相关的企业和服务机构，如航运公司、港口运营商、物流企业和海事服务公司，形成了强大的航运服务业集群。这种集群效应不仅提升了航运服务的效率和质量，还带动了相关产业的发展。例如，上海国际航运中心的发展吸引了众多国际航运公司和服务机构入驻，提升了区域的国际航运地位。完善的航运基础设施和配套服务，如现代化的港口设施、高效的物流系统和专业的海事服务，为航运企业提供了全面的支持。一个具体的例子是上海国际航运中心的洋山深水港项目。洋山深水港是世界上最大的自动化集装箱码头，其建设和运营极大地提升了上海作为国际航运中心的地位。洋山深水港通过采用先进的自动化技术和智能化管理系统，实现了高效的装卸作业和物流管理，显著提升了港口的运营效率和服务能力。同时，洋山深水港的建设还带动了周边区域的经济发展，吸引了大量物流企业和相关服务机构入驻，形成了完善的航运服务业集群。通过政策支持和国际合作，洋山深水港进一步提升了国际化水平和竞争力，推动了区域经济的快速发展。综上所述，国际航运服务业集群的发展，通过企业集聚、基础设施完善和政策支持，推动了航运中心与经济中心的耦合发展，提升了区域的经济活力和国际影响力。洋山深水港作为其中的重要项目，充分体现了航运服务业集群发展的成果和对区域经济的推动作用。

二、航运金融的创新与经济效益

航运金融的创新是航运中心与经济中心耦合的重要驱动力，对经济效益的提升具有重要作用。例如，上海自贸试验区推出了"航运保险创新试验区"项目，这是航运金融创新的重要举措。该项目通过政策创新和金融服务创新，提升了航运保险的服务能力和国际竞争力。航运保险创新试验区通过引入国际保险机构和专业服务机构，提升了航运保险市场的国际化水平和服务质量。同时，试验区内的企业可以享受政策优惠和便利措施，如简化外汇管理、放宽市场准入等，提升了企业的运营效率和市场竞争力。航运保险创新试验区的建设不仅提升了航运企业的风险管理能力，也带动了金融服务业的发展，提升了区域的经济效益。通过政策支持和国际合作，航运金融的创新与发展进一步提升了区域的国际化水平和金融服务能力。

三、航运物流与经济产业链的融合

航运物流与经济产业链的融合是航运中心与经济中心耦合的重要体现，对区域经济发展具有重要促进作用。航运物流作为连接生产和消费的重要环节，通过高效的物流服务提升了产业链的运作效率和效益。现代化的物流设施和信息系统，如自动化仓储、智能运输和物流追踪系统，为企业提供了高效、便捷的物流服务。航运物流企业通过与制造业、贸易业和零售业的紧密合作，形成了完整的产业链服务体系，提升了整个产业链的竞争力和经济效益。例如，上海港的物流服务与长三角地区制造业紧密合作，形成了强大的产业链集群，推动了区域经济的快速发展。政策支持和国际合作进一步提升了航运物流的国际化水平和服务能力，推动了区域经济的全球化发展。综上所述，航运物流与经济产业链的融合，通过高效的物流服务和产业链协同，促进了航运中心与经济中心的耦合发展，提升了区域的经济活力和国际竞争力。

第六章
科创引领"五个中心"耦合发展

　　当前，全球化趋势呈现几点显著特征：其一，全球经济增长进入低水平区间。在地缘政治冲突和自然灾害等非经济因素冲击下，2024年世界银行预测全球经济增速为 2.6%，这远低于 2010—2019 年的平均增速，全球经济增长进入低水平的增长区域。其二，大国间"负和博弈"加剧。大国之间的博弈由之前的"多赢"到"零和"，再到目前的"负和"，普遍采取不惜损害自身利益消耗对手的策略，推动全球供应链重构，增加全球化的碎片化和冗余化风险。其三，技术革命的深远影响。以人工智能、物联网、机器人、智能制造为核心的第四次工业革命正在影响全球化的发展走势，推动产业从劳动密集型向资本和知识密集型转变。同时，气候变化、国家的集团化、人口结构等，与上述特征从不同侧面勾勒出当前全球化的"肖像"，并相互构织加速"百年未有之大变局"的演进。即使国际局势复杂多变，全球城市（区域）仍是当今全球经济增长的引擎，并依托知识和技术策源地、创新概念试验场的地位在复杂局势下重构世界图景。

第一节　全球城市：科创的最佳实践地

全球城市诞生以来，其功能一直处于嬗变之中，即从航运中心到制造业中心，再到金融中心与高端服务业。当前，科创策源成为主要国际大都市功能演变发展的愿景。

一、全球城市功能从金融资本转向科创策源

随着全球化和信息化的深入推进，国家或区域间的经济与合作越来越体现为跨国公司总部集聚的全球城市之间的竞合。21 世纪区域或城市在发展的各个方面都扮演着重要角色。[1] 以创新为焦点的竞争战略逐步成为主要国家和地区的重点，[2] 城市成为研究竞争力和竞争优势时的最佳划分单元。[3] 城市尤其是国际大都市，作为国际信息、技术、知识、人才等交流的节点，日益成为全球创新活动集聚的主要平台。英国学者霍尔提出"具有创新品质的城市"，认为创新型城市在经济和社会的发展中不断地吸收、创造，将在未来进化出新形态。霍斯珀斯则认为，在全球化进程中，城市依靠自身独特的个性形成创意城市，是解决"全球化与地方化的矛盾"的重要途径。[4] 兰

［1］ Malmberg, Anders, and P. Krugman, "Development, geography, and economic theory", *Geografiska Annaler Series B-Human Geography*, 78, 2(1996), p.117.

［2］ Peter Geoffrey Hall, *Cities in Civilization: Culture, Innovation, and Urban Order*, London: Weidenfeld & Nicolson, 1998.

［3］ 汤培源、顾朝林：《创意城市综述》，《城市规划学刊》2007 年第 3 期。

［4］ Gert-Jan Hospers, "Creative cities in Europe", *Intereconomics: Review of European Economic Policy*, 38, 5(2003), pp.260—269.

德里认为，以知识经济为基础的创意经济时代即将来临，而创意城市则是未来城市发展的必然趋势。[1]

2008年世界金融危机之后，世界上的主要城市的经济实力、对外影响力、社会结构等方面都遭遇严重冲击。地方财政与经济发展受到巨大影响，赤字水平和失业率居高不下，相应带来城市发展速度停滞不前，而经济结构过度"高端化""虚拟化""外向化"的弊端也显露无遗。[2]全球城市所遭遇的发展困境，引发了人们对主要靠资本驱动的全球城市发展模式是否仍能无往不利的深入反思。事实证明，建立在全球金融市场之上的城市经济平台的根基并不牢靠，全球城市过多依靠资本驱动的增长路径需要新的调整与创新。[3]

在此背景下，世界主要城市纷纷将经济走出低谷寄希望于科创与产业化，不约而同地开始重视科创中心功能的创造，将"科创"定位为城市核心功能或核心竞争力的主张得到越来越广泛的认同。纽约于2009年发布《多元化城市：纽约经济多样化项目》，随后又启动"东部硅谷"发展计划，并在2015年发布的新十年发展规划《一个新的纽约市：2014—2025》中，再次明确了"全球创新之都"（Global Capital of Innovation）的城市发展定位。伦敦早在2003年发布的《伦敦创新战略与行动计划（2003—2006）》中提出建成"世界领先的知识经济"，并于2010年着手实施"迷你硅谷"计划，试图成为世界一流创新中心。此外，新加坡、东京、巴黎、首尔等也相继提出建设全

[1]　C. Landry, "The creative city in Britain and Germany", Earthscan Publication Ltd., 1996.
[2]　苏宁：《未来30年世界城市体系及全球城市发展趋势与上海的地位作用》，《科学发展》2015年第12期。
[3]　张庭伟：《全球化2.0时期的城市发展——2008年后西方城市的转型及对中国城市的影响》，《城市规划学刊》2012年第4期。

球或区域创新中心的目标，并出台了相应的战略规划。[1]传统国际大都市加紧谋划和建设全球科创中心的举措表明，在全球城市体系中，科创正成为全球城市的重要标志性功能，以科创推动全球城市转型将是世界城市发展的普遍趋势。

二、全球城市是科创策源的最佳实践地

现实中的区域空间是非均质的，加之历史与制度等因素的综合作用，经济发展、要素流动在区域空间中亦呈现非均质特征，禀赋优越、要素集中的区域往往率先实现发展。大数据、云计算、人力资本等新型要素资源往往集聚于少数区域，并在这些区域率先形成科创中心。因而，科创中心的出现遵循着经济社会发展的非均质性规律，而非"遍地开花"。正如习近平总书记所强调，"各地要坚持从实际出发、先立后破、因地制宜、分类指导，根据本地的资源禀赋、产业基础、科研条件等，有选择地推动新产业、新模式、新动能发展，用新技术改造提升传统产业，积极促进产业高端化、智能化、绿色化"。"要防止一哄而上、泡沫化，也不要搞一种模式。"科创中心可通过科技上的"溢出效应"与空间上的"辐射效应"引领新质生产力的形成与发展。

那么，科创中心的空间载体是什么？以全球城市为核心的全球城市区域则是科创中心引领新质生产力发展的最佳实践地。尽管当前全

---

[1]　黄苏萍、朱咏：《全球城市 2030 产业规划导向、发展举措及对上海的战略启示》，《城市规划学刊》2011 年第 5 期。

球化受国际地缘政治的严重影响，全球化进程遭遇波折，但全球化趋势仍是主流，全球城市（区域）作为全球化的重要参与主体越来越成为体现国家竞争力的重要平台载体。

以全球城市（区域）为平台载体建设科创中心引领新质生产力是由其自身特征和内在发展需求所决定的。从全球城市（区域）自身特征来看，全球城市（区域）集聚了丰富的金融资本、大量的高校和科研机构、高素质的国际化人才、高密度的跨国公司总部、高端的生产性服务业，以及面向国内和国际的广阔市场，这为科创中心建设提供了充足的创新要素和广泛的应用场景。从全球城市（区域）的内在发展需求来看，外部方面全球城市（区域）面临恐怖暴力、非对称战争、气候变化等挑战，内部方面全球城市（区域）存在严峻的资源环境承载力约束、日益严重的交通拥堵、复杂的城市治理等问题。全球城市（区域）是全球化网络中连接地方和国际的"时空路口"，是诸多"大城市病"的肇始地，也是价值规范的权威引领者。如何破解上述内外挑战和问题，是全球城市（区域）实现可持续发展的关键所在。大力发展科创、建设科创中心，向科创要"发展红利"和"发展空间"是全球城市（区域）实现可持续发展的必然选择。正如习近平同志在上海工作时作出的论断，"上海是自然资源短缺、环境承载能力有限的城市，发展到 GDP 超万亿元的今天，靠粗放式扩张难以为继，必须进一步发挥科教和人才优势，走创新驱动发展道路"。

就中国而言，党的十八大以来我国先后布局建设了北京、上海、粤港澳大湾区 3 个"国际科技创新中心"，成渝、武汉、西安 3 个"国家科技创新中心"，以及若干综合性国际科学中心，初步形成"3+3"的不同层级的区域科创中心的空间分布格局。上述城市或区域是典型的全球城市（区域），一方面这些城市具有丰富的科创资源要素，如北京、西安集聚了数量庞大的高校与科研机构；另一方面这些城市凭借其自身经济实力成为全球城市网络中的重要节点，具有显著的全球城市的属性特征，连接着国内与国际两个市场，如依托国际航运的上海、粤港澳地区，依托中欧班列的成都、西安和武汉。[1]

三、科创引领耦合发展的内涵逻辑

全球城市功能迭代升级的必然。科创中心的形成与科技革命紧密相关，世界性科创中心的形成与转移主要发生在历次重大技术革命的机遇期。近现代以来，一些国家抓住了重大技术革命及产业革命所带来的历史性机遇，先后形成了科创中心，占据了世界经济主导地位和科创领先地位。17 世纪后期，英国伦敦地区在人类进入蒸汽动力时代成为全球科创中心并保持至今；18 世纪后期，法国巴黎大力推动重工业发展，成长为全球科创中心；19 世纪中后期至 20 世纪前半叶，德国柏林和美国波士顿地区相继抓住第二次技术革命的机遇成为新的科创中心；20 世纪中后期，美国领衔了第三次技术革命，加州湾区一跃成为首屈一指的全球科创中心。从历史维度看，国际上科创中心的形成及其转移取决于经济长周期内各种相关要素的综合作用。重大技术革命和制度创新会促成新的增长极，激发新市场、新产业，从而推动经济在"新轨道"上转型增长；在区域层面上，体现为全球性的科创中心也会相应地从某个区域或国家转移到新的区域或

[1]　周振华、杨朝远：《以科创中心引领新质生产力发展》，《文汇报》2024 年 3 月 27 日。

国家。[1]

科技与产业变革的历史机遇。当前，全球新技术革命与产业变革加速推进，为国际大都市科创策源地建设提供了契机。以新一代信息技术、新能源、新材料为代表的新一轮技术革命不断向前推动，促使经济领域新产业、新业态、新模式加速涌现。基础科学研究不断向纵深发展，有望催生重大科学思想和科学理论，为新一轮科技革命奠定知识基础；以新一代信息技术为主导的前沿技术呈现群体性突破之势；正在催生多技术交叉融合、齐头并进的链式变革；新知识新技术的颠覆性应用持续爆发，颠覆性技术创新正在重塑新的产业体系，催生新的工业革命；数据驱动的科学研究成为科研新范式，科创组织模式体系化、开放性的特征更加明显；科创急速加剧全球化的深度和广度，跨国界、跨地域合作共享的新态势日趋显现。世界主要国际化大都市依托国家经济实力为抢占未来产业发展制高点，都积极谋篇布局，这对全球经济发展形成巨大的推力。

第二节　引领耦合发展的核心要件：集聚、创造、发展、枢纽、辐射与开放

科创资源聚集能力、创造能力、发展能力、枢纽能力、辐射能力、开放能力是上海科创引领耦合发展的六大核心要件。

---

[1] 孙福全：《上海科技创新中心的核心功能及其突破口》，《科学发展》2020年第7期。

一、集聚能力：全球高端创新资源聚集高地

集聚能力就是对资源的集聚、积累、优化、整合、利用能力，打造集聚能力就是让上海成为全球高端创新资源的集聚地。一是创新主体的集聚，科创活动的行为主体包括企业、科研院所和高等院校。通过密切的相互协同作用，这些科研机构共同构成一个创新生态系统。其中，企业是技术创新需求、研发投入、创新活动及成果应用最重要的主体。二是人才、知识等要素集聚。人才处于国际科创中心最核心的位置，是知识和科技的生产、分配、传播、应用的核心要素。国际科创中心往往既是人才的聚焦地，又不断从全球吸引科技人才流入，形成对人才的虹吸效应。三是全球风险投资等金融资本集聚地，金融是资源配置的主要力量，在每一次技术革命发生过程中，金融资本发挥着关键性的作用，在国际科创中心，往往拥有大量来自政府和企业的研究开发经费和商业化资金，尤其是比较活跃的风险投资基金。

二、创造能力：全球科创的策源地

作为科创中心，必须具备与强大研发投入相匹配的研发产出能力，拥有原创性特征。研发活动的产出形式通常有专利、科研论文和技术诀窍等。专利特别是发明专利和技术转化能够充分说明一个城市在应用研究和实验发展领域内的研发产出水平。而科研论文则能较好地反映出城市在基础研究领域内的研究能力。科创中心必须拥有较强的研发实力，在专利申请与授权、科研论文

发表、技术转化等指标的区域横向对比中处于领先地位，是区域乃至全球新概念、新技术、新工艺以及新产品最为重要的创新策源地。

三、发展能力：全球新经济新产业的引领者

从历史看，国际科创中心都成为世界重要的经济中心。其代表着新的经济增长方式，代表着新的生产力，因此必然引领全球科技进步和产业升级。国际科创中心通常是以知识和人才为依托，以科技和创新为主要驱动力，以发展拥有自主知识产权的新技术和新产品为着力点，以原创新兴产业为区域经济发展的标志。在科创中心，科技创新与产业创新互动融合，知识创新主体与技术创新主体紧密合作，带动全球新经济的发展繁荣。

四、枢纽能力：全球创新网络的重要节点

上海科创中心的创新能力不仅依赖于本地创新，而且也依赖于对全球范围内创新要素的吸纳，依赖于对全球市场的有效链接。这种链接主要是在本地形成与全球资源对接的平台和枢纽，撬动全国乃至全球的资源，以及联系到更广泛的市场。全球—地方联结的机制包括人力资本流动、知识网络融入、融资渠道建立和销售市场联系，这些都要求在创新创业中心内形成与全球要素对接的平台与政策。

五、辐射能力：全球城市区域创新的发展极

上海科创中心建设，必须发挥对所在城市群、周边区域和其他地区的辐射和带动作用，包括长三角、长江经济带等。对这些地区的辐射带动作用，也会反过来对上海本地的发展产生有利反馈、形成促进作用。上海的辐射能力将体现在以下方面：一是对外技术合同数量。与沪外地区签订的技术合同越多，说明辐射能力越强。二是在沪外布局开展的业务，即在沪外地区设立分支机构，这种机构数量越多、质量越高，说明对外辐射能力越强。三是跨区域共建。即与其他地区共建科技园区、发起设立产业联盟等，实现多主体协同发展。

六、开放能力：国际创新资源的流动港

在开放创新范式下，创新不再以传统自给自足的方式进行，而是发展成为一种网络化、全局性的活动。一是研发资源和成果国际化。全球科创中心集聚的研发要素资源既包括世界知名的研究型大学与高质量的政府实验室，还包括数量众多的跨国公司研发机构，充当不同国家间技术交流的通道和载体，赋予城市外向度与国际化特征。在研发产出方面，全球科创中心是全球研发活动最活跃、研发成果产出最强劲的区域，其源源不断的研发创新成果经由技术交易、高技术产品出口等扩散方式实现国际层面的流通与传播，进而对世界技术革命与科技进步产生深远影响。二是具有与世界接轨的硬环境和软环境。硬环境包括现代化的基础设施、生产服务配套设施，特别是拥有连接全

球的方便快捷的路网或信息交换等基础设施；软环境包括介质环境、机构环境和调控环境。全球科创中心具有开放性特点，需要遵守国际通用的游戏规则和构建普适性的政策环境，同时也要体现城市自身的特点。

第三节　引领科创与经济耦合发展的路径分析

2024年全国两会期间，"新质生产力"是重要聚焦点。习近平总书记3次到团组，均谈及"新质生产力"，并进一步阐释了发展新质生产力的方法论。科创可激活发展的新动能，是新质生产力发展和形成的源泉，新质生产力则对经济高质量发展有着强劲推动力、支撑力。

一、"科创＋经济"耦合发展的逻辑

科创是驱动经济社会发展变迁的源动力，是实现经济社会高质量发展的核心要素。正如习近平总书记所指出的，抓住了创新，就抓住了牵动经济社会发展全局的"牛鼻子"。科创能加速现代化经济体系的构建，推动新发展格局的形成，进而高效、高速助推我国经济社会的高质量发展。

科创是构建现代化经济体系的现实需求。构建现代化经济体系不仅是重大的经济命题，对增强经济社会发展动力，促进经济社会的效率变革、质量变革和效益变革，具有重要的现实意义。现代化经济体系是社会经济活动各领域、各环节、各层面相互联系的有机整体，是经济社会高质量发展最强有力的支撑。现代化经济体系在经济开放格局下，推动实体经济、现代产业、人力资源协同发展，提高经济社会发展速度、质量与效益。加快科创是构建现代化经济体系的现实需求。科创能促进数字技术、航天技术、基因技术和人工智能技术等科学技术的升级更迭，推动新产品的研发、新产业的激活、新技术的开发，强化战略科技力量，破除生产要素驱动增长"脱实向虚""短平快"等弊端，有力提高经济发展全要素生产率。同时，推动生产力和生产关系有机协调，促使科学技术和经济发展深度融合，促进实体经济和虚拟经济统筹发展，加速传统产业优化和先进制造业成长，不断增强产业的实力和核心竞争力，逐步推动产业从产业链低端走向中高端，实现经济发展方式的转变，从而增强经济增长动能，加快现代化经济体系的构建，使经济社会获得高质量、有效率、可持续的发展。

科创是加快发展方式转变的内在诉求。粗放型经济模式主要来源于生产要素的大量投入与生产规模的大幅度扩张。如通过大量使用低价的劳动力、大量开发自然资源、大量扩张生产场地、大量投入生产机器，进而增加产品数量，刺激 GDP 增长。总体上这种经济生产方式的投入和能耗居于高位，但产出效能和产品质量并不出色。经济社会进入中低速发展期，也就到达了转变发展方式的关键时期，此时要在继续推动发展的同时，保持供给侧结构性改革的主基调，将发展方式由速度型转变为提质增效型。科创能提升要素供给质量，大力增加有效供给，减少无效、低效供给，有效实现供需高水平的动态平衡。改进传统产业结构，有效化解实体经济供需失衡、金融失衡、房地产产能过剩等问题，推动产业生产优化重组，降低企业生产成本，培育现代化技术产业、现代服务业等先进制造业集群。[1] 运用现代化的科学技术，推动生产、营销和管理等经济模式变革，重塑经济供应链、产业链和价值链，提升传统经济发展动能，促使旧动能焕发新生机。进而促进集约型经济发展，降低能耗，减轻环境污染，增大资金、原材料和设备的利用率，提升产品质量和生产加工效能，优化产品生产、销售、经营结构，增强经济的发展动力。

二、"科创+经济"耦合发展的案例

伦敦和纽约是全球科创与经济融合发展的典范，它们通过一系列战略规划和政策实施，成功地将科创转化为经济增长的新引擎。在全球化和信息化的背景下，科创成为推动经济转型和产业升级的关键力量。伦敦和纽约作为全球重要的金融、文化和科创中心，拥有得天独厚的资源和优势，包括丰富的科研机构、高等院校、风险投资和多元文化环境。这些因素共同构成了科创与经济互动的基础。

（一）战略指导下的科创与经济互动融合：伦敦

一是政策引导与战略规划。伦敦市政府通过制定一系列政策和

---

[1] 郑曦:《科技创新赋能经济社会高质量发展的理路逻辑探要》,《政治经济学研究》2022年第3期。

规划，如《伦敦规划》和《伦敦科技战略》，明确了科创在城市发展中的核心地位。这些政策旨在促进科技企业的发展，吸引全球人才，提升城市的创新能力和竞争力。二是科创生态建设。伦敦拥有世界顶尖的科研机构和大学，如帝国理工学院和伦敦大学学院，它们在基础研究和应用研究方面具有强大的实力。此外，伦敦还建立了一系列科技园区和孵化器，为初创企业提供资金、技术和市场支持。三是科创赋能经济。科创不仅推动了伦敦高新技术产业的发展，还为传统产业提供了转型升级的机遇。例如，数字技术的应用提高了服务业的效率和质量，生物技术的发展促进了医疗健康产业的创新。

（二）多元化战略催生科创与产业的融合：纽约

一是经济多元化战略。纽约市政府在金融危机后意识到经济多元化的重要性，开始大力推动科创，减少对金融业的依赖。通过《多元化城市：纽约经济多样化项目》等政策，纽约市政府积极布局新兴产业，如生物技术、绿色科技和先进制造业。二是"硅巷"的兴起。纽约的"硅巷"是科创与经济融合的象征，这里聚集了大量的科技企业和创业公司。纽约市政府通过"应用科学"计划等措施，支持科技园区的建设和科技人才的培养。三是科创政策支持。纽约市政府推出了一系列科创政策，包括税收优惠、资金扶持和研发资助等，以降低企业的创新成本，激发创新活力。四是科创与产业融合。纽约的科创不仅推动了新兴产业的发展，还促进了传统产业的转型升级。例如，时尚和设计产业通过科技的应用，提高了设计效率和市场响应速度。

伦敦和纽约的案例分析表明，科创与经济的融合发展是一个系统工程，需要政府、企业、学术界和社会各界的共同努力。通过政策引导、生态建设、金融支持和文化培养等多方面的措施，科创可以有效地赋能经济，推动城市的可持续发展。

三、上海"科创＋经济"耦合发展的政策建议

城市经济高质量发展，科创是引擎，是提升城市能级和核心竞争力的关键驱动力，是构筑城市竞争新优势的必然选择。[1]

第一，发挥战略科技力量创新策源作用，为产业发展提供高质量科技供给。（1）突出使命导向、产业导向，以"一个产业方向布局一家国家实验室"为导向，建设张江、浦江、临港三大国家实验室。三大国家实验室联合行业龙头企业共同梳理"卡脖子"问题攻关任务清单，解决上海三大产业发展的技术需求并落实国家科技自立自强要求。（2）突出共建共享、开放共享，通过设施优先使用权、享受直接投资收益等方式，推动社会资本与政府、高校院所共同建设重大创新平台。（3）通过出台促进大型科学仪器设施共享的政策、对大型科研仪器开放共享情况进行年度考核等措施，推动科研仪器设施向全社会开放。

第二，精准布局研发与转化功能型平台，加速科技成果向产业链高效转化。（1）坚持精准聚焦产业发展需求，联合多部门充分论

---

［1］　丁小斌：《加快实施创新驱动发展战略　支撑引领城市高质量发展——上海科技创新推动高质量发展的经验启示》，《先锋》2023 年第 3 期。

证"建设什么平台、在哪些领域建"等关键问题，建设覆盖多个产业的创新平台。（2）坚持创新平台建设运行机制，以区级政府为主导、引入社会力量共同建设；由市、区两级财政共同安排，以区级财政为主，实施财政资金"退坡机制"；规定平台可根据科研活动实际需要，自主决定将财政经费用于人员、设备、试验等方面；允许平台建立人才引进和股权激励机制，面向全球引进顶级人才及团队；关注平台服务创新、服务产业的能力与成效，考评结果也与财政拨款、后续财政资金支持力度挂钩。

　　第三，"一以贯之"培育发展高科技产业，加快形成核心产业集群发展优势。（1）在产业领域选择上始终保持战略定力。在产业门类上，以先进制造业高质量发展为重中之重，通过率先发布制造业高质量发展或品牌发展计划等方式，推进产业链价值链高端跃升。（2）在产业领域上，锚定三大核心产业配置资源，通过设立战略性新兴产业专项资金、三大产业专项投资基金等方式，推动产业高质量发展。（3）在产业发展服务上，始终追求精细服务，不断优化营商环境。在全国首创发布产业地图，推动重大项目与产业地图精准匹配、快速落地。在全国首创建设电子政商综合服务平台——"上海市企业服务云"，提供一站式政策服务、一门式诉求服务、一网式专业服务。

　　第四，推动精细化智慧化城市治理，助力城市创新生态数智化跃升。（1）强调打造整体协同、高效运行的数字政府，数字化升级政务系统，打通市城市运行管理中心、市级专业指挥中心、区运行管理中心"大动脉"，构建高效完备的"一网统管"运行机制，实现所有面向企业、市民的线上一次登录、全网通办。

（2）强调智慧化应用场景牵引，注重智慧城市建设要"真解决问题、解决真问题"，针对性地开发贴近现实需求的智慧化管理应用场景。

第四节　引领科创与金融耦合发展的路径分析

上海已基本完成"四大功能""五个中心"的框架建设，目前处于"提能级"的发展阶段。科创在提高生产效率、创新产品和服务、促进产业升级、推动经济发展等方面有着多维度的引领作用，因而，以科创引领经济、金融、贸易、航运耦合发展是提升上海"四大功能"能级的重要路径。金融是实体经济的血液，也是全球城市的基本功能。对上海而言，国际金融中心的建设服务实体经济和高质量发展、推动绿色金融和低碳转型、优化营商环境，对国家乃至全球的经济发展具有重要意义。因此，接下来我们将围绕科创引领金融中心建设开展讨论分析。

一、"科创＋金融"耦合发展的逻辑

国际金融中心与科创中心之间存在"同源伴生、趋同演化、交互反馈、双向奔赴、耦合共振"的关联性。科技、资金与实体经济的循环融通是实现技术变革的必要条件，以股权投资为代表的金融机构至关重要。以美国为例，纽约从金融中心转向科创中心，主要依靠以资本市场为主导的科创金融体系对科创的支撑。2008年以来，纽交所和纳斯达克先后调整上市标准、降低盈利要求、丰富市场层次，便利科创企业直接融资。纽约是美国过去十年风险投资增长最快的城市，2022 年风投交易数量达 2280 笔，交易金额达 303 亿美元。金融支持是科创中心建设的核心要素之一，同时科创中心又会对金融中心的发展提供显性助力。二者之间存在着正向反馈的作用关系，进而协同共振，极大促进区域的经济结构转型升级和产业能级显著跃迁（见图 6-1）。

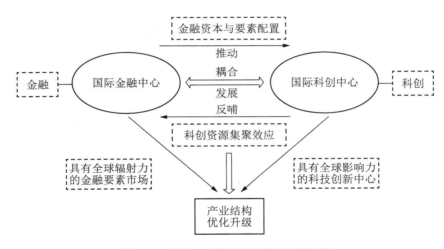

图 6-1　金融—科创耦合发展的机制

资料来源：课题组自绘。

　　金融投资对科创有着显著的赋能效应和支持效应，以投资关注核心科创、关注绿色发展与双碳、关注产业链供应链安全，尤其创投公司在服务科创中心建设方面已经呈现了良好积极性和主动性。在"投早、投小、投科技"的趋势之下，金融投资与科创，尤其是早期科创的深度结合还需拓宽渠道，是否有更加合理合规的制度保障和业务模式，实现早期风投、孵化转化、成长投资相结合的协同联动，成为各类创新主体的共同关切。在创新产业当前的发展形势下，需要投资机构对科技发展大趋势和相关产业的发展变化有深刻理解和把握能力，能够遴选出具有发展前景的优秀项目，给予估值公允的资金支持，满足科创主体不同发展阶段的金融需求，提供企业全生命周期的金融产品和金融服务，建立风险分担、商业可持续的长效机制，并取得与风险对应的收益回报，与创新主体共同成长。

国际金融中心助力科创中心建设，核心关键在于投资的牵引作用，且能够通过"投贷联动、投债联动、投保联动"进一步放大作用效果。坚持科创中心和金融中心联动发展，必须培育更多长期资本、耐心资本，引导科技投资投早、投小、投硬科技，推动形成多层次资本市场接续联动的多元化科技金融体系。

二、"科创 + 金融"耦合发展的案例

从地理区位视角出发，国际金融中心普遍是港口条件优越、处于节点位置的沿海城市，这与金融中心最初的主要职能是为国际贸易服务密切相关。其产业结构通常会沿着"港口贸易—临港制造—高端产业"链条演进，同时金融资本不断集聚、配置和流动。但纵观全球顶尖金融中心，金融与科技并不必然协同发展：部分城市金融与科创实现了同步发展，如纽约、伦敦、旧金山等，金融中心和科创中心排名均靠前；但同时，亦有部分城市的金融发展在一定程度上挤占了科创资源，进而影响科创产出水平，形成了金融强、科创弱的发展格局，科创中心排名相对金融中心排名靠后（见表 6-1）。

表 6-1　代表性国际大都市金融与科创排名比较

城市	金融中心排名	科创中心排名	排名差绝对值
纽约	1	2	1
伦敦	2	4	2
新加坡	3	28	25
香港	4	47	43
旧金山	5	1	4
洛杉矶	6	9	3
上海	7	10	3
华盛顿	8	11	3
芝加哥	9	13	4
日内瓦	10	35	25

资料来源：金融中心排名来自英国智库 Z/Yen 发布的《2023 年全球金融中心指数报告》；科创中心排名来自世界地理大会发布的《全球科技创新中心发展指数 2022》。

（一）金融与科创耦合的天然优势：纽约

风险资本金融"活水"支持科技企业发展。美国资本市场为支持企业科创和推动纽约国际科创中心建设提供了源源不断的资金支持。同时，依托多层次的场外交易市场和风投资本市场，针对科创企业生命周期成长特征及不同阶段的风险管理需求，提供丰富而有差异化的金融工具。例如，硅谷的发展壮大在很大程度上受到金融资本聚集地——华尔街的推动。华尔街的资本实力和对全球资本的吸引力，为硅谷科技成果的落地提供源源不断的金融资本，打造了具有全球竞争力的美国科技产业。

科技发展是金融发展形态变迁的重要推动力。以科创提升金融市场效率与交易平台服务能力，促进金融业态繁荣。金融科技的发展，如数字货币、大数据、区块链在金融领域的应用，使得金融市场服务效率不断提高，金融市场层次、产品层次及价格发现功能不断提升，交易成本不断降低。此外，纽约将金融科技产业作为重点发展的产业之一，且将"全球科创领袖"作为未来发展的重要战略，以科技与金融的融合主导未来金融领域创新趋势。纽约金融与科创的耦合发展催生新兴产业。金融与科创的耦合发展促进消费产业、金融科技产业和数字资产行业的蓬勃发展，推动美国前沿产业的繁荣，成为美国获取全球产业链价值链高附加值的重要原因。

（二）包容开放的耦合生态：伦敦

完善科创的顶层设计和战略规划。近年来英国出台了一系列扶持科创企业战略发展和融资需求的规划和方案，例如：2020 年发布《英国研发路线图》，强化研发投入和支持企业科创；2021 年制定了《英国创新战略：创造未来，引领未来》具体方案。依托伦敦国际金融中心，支持科创中心建设。以发达的金融业和多层次、结构化的金融市场服务，为科创提供充足的资本和应用场景支持，创设了金融与科技融合发展、汇聚境内外两种资源的典型范式。借助发达的风险投资市场，为处于不同发展阶段的创投企业注入资本，形成了"独角兽"企业聚集的创新生态系统。致力于打造"全球最智慧城市"，将绿色可持续发展作为城市建设的重要主题，通过创新金融市场工具，为科创、绿色企业提供多样化的融资工具。

金融科技耦合发展是伦敦塑造城市功能的焦点领域。一方面，加强与国际金融监管组织在金融科技创新方面的合作，借助国际合作平台吸引国际资源与金融业人才；另一方面，构建开放的金融科技服务体系与包容的金融科技行业治理结构。将伦敦发展成为机遇、人才与资源的集聚地，打造金融科技领域的专业化创投方案、国际化与透明化的金融生态系统，以及繁荣的金融业态。

三、上海"科创＋金融"耦合发展的政策建议

第一，发挥金融市场资源配置功能，加强国际金融中心对科创中心建设的促进作用。借助金融市场和资本市场赋能科技创新和科技红利释放，推动科创资源有效集聚、转化和融合，助力上海科创中心建设。（1）形成科创型综合金融服务体系，有效推进科技金融产品和服务创新。（2）以科创板为"科技＋金融"的集合载体，积极推动政府引导基金对科创的引领和带动作用，丰富科创金融的载体形式。（3）探索建立多层次资本市场联动机制，接力服务科创企业。

第二，强化科创资源集聚作用，实现科创中心对国际金融中心建设反哺增效。（1）科技进步赋能服务贸易高质量发展，助推上海国际金融中心建设。通过提升我国自主科创能力和科技服务水平，可有效实现以服务贸易创新作为连接国内与国际的关键节点。（2）科创推动金融能级突破提升，实现科技资源与金融资源高效对接，以科创推动金融供给侧结构性改革，助力金融业高质量发展。（3）搭建上海绿色金融服务平台，进行绿色信息归集、统一加工处理，在此基础上构建具有广泛认可度的绿色评价指标体系，并强化绿色技术指标的推广与应用。

第三，加速推进金融科技与金融创新的融合，提升上海国际金融中心的科技"含金量"。（1）深化科创与金融创新的融合发展，为上

海国际金融中心建设提供高科技支撑。（2）实现数据治理创新，加快推动金融机构数字化转型。数据治理创新是科创的重要内容。（3）依托社会信用服务基础设施，创新符合科创金融服务模式的征信产品和服务。（4）推动金融服务和科创需求紧密结合，为科技型中小企业提供一站式综合金融服务。（5）顺应长三角征信一体化，推进长三角科创金融协同创新。

第四，以金融科技筑牢"防火墙"，优化科创金融风控机制。（1）优化完善科创风险分担与支持保障，积极发挥风险补偿作用，拓宽风险分散渠道，为科创金融积极提供专属风险池分担机制。（2）借助金融科技完善科创金融的风险识别和评估，实现对市场主体的精准画像，减少信息"孤岛"和信息不对称导致的风险。（3）建立与科创企业发展特征相匹配的风险管理体系，优化科创金融风险监测、预警和处置流程，有效减少科创企业高人力成本、高研发投入、轻资产、成果转化周期长等带来的投融资风险。

第七章
金融赋能"五个中心"耦合发展

　　近年来，上海在建设国际金融中心的过程中，通过金融赋能的方式，成功促进了金融中心与科创中心、航运中心、贸易中心的深度耦合，显著提升了城市的综合竞争力和国际地位。首先，金融赋能在金融中心与科创中心的耦合中起到了重要作用。上海通过一系列金融创新政策和举措，积极支持科技企业的发展。金融机构与科技企业的深度合作，不仅促进了科技成果的转化和应用，也推动了科技金融的创新发展。上海自贸试验区内的金融开放政策和科创板的成功设立，为科技企业提供了多元化的融资渠道和便利的金融服务。例如，科创板自推出以来，吸引了众多高科技企业上市，通过资本市场的力量，助力这些企业实现快速发展。金融赋能为科创中心注入了强大的资本动能，推动了技术创新和产业升级。其次，金融赋能在航运中心与金融中心的耦合中发挥了关键作用。上海作为国际航运中心，通过金融服务的支持，提升了航运业的竞争力和服务水平。金融机构为航运企业提供了广泛的金融产品和服务，包括航运保险、船舶融资、航运衍生品等，有效分散航运企业的风险，提升其运营效率。例如，洋山深水港在建设和运营过程中，得到了金融机构的大力支持，确保了项目的顺利推进和高效运营。通过金融赋能，上海航运中心与金融中心实现了深度融合，共同提升了城市的国际物流枢纽地位。再次，金融赋能在金融中心与贸易中心的耦合中起到了重要推动作用。上海通过金融服务的创新和升级，支持国际贸易的发展，提升了贸易中心的综合实力。金融机构为贸易企业提供了丰富的金融工具和服务，如贸易融资、国际结算、风险管理等，帮助企业解决资金周转问题，降低了贸易风险，提升了交易效率。例如，中国国际进口博览会期间，金融机构为参展企业提供了全方位的金融服务，促进了国际贸易的顺利进行和繁荣发展。金融赋能为贸易中心提供了强有力的支持，推动了上海在国际贸易领域的深耕与拓展。上海通过金融赋能，成功实现了金融中心与科创中心、航运中心、贸易中心的深度耦合，为城市的高质量发展提供了坚实的基础和强大的动力。这种多中心融合发展的模式，不仅提升了上海的国际竞争力和影响力，也为其他城市的金融赋能发展提供了宝贵的经验和借鉴。

第一节　金融赋能金融中心与科创中心的耦合

金融赋能金融中心与科创中心的耦合是推动城市创新与发展的重要动力。上海金融科技中心的建设成效以及上海证券交易所科创板的设立影响深远。落实党的二十届三中全会精神，积极发展科技金融，不仅推动科技企业融资模式创新，也促进产业基金与科技创新的互动。这些举措将为金融中心与科创中心的密切合作奠定坚实基础，助力城市在科创和金融领域取得更大突破。

一、上海金融科技中心建设与成效

金融科技（FinTech）是指利用现代信息技术（如大数据、云计算、区块链、人工智能等）来改进和创新金融服务和产品的一种新兴领域。金融科技的核心在于通过技术手段提升金融服务的效率、降低成本、优化用户体验，并提供传统金融无法实现的新型服务。近年来，金融科技迅速发展，覆盖了支付清算、网络借贷、智能投顾、保险科技等多个方面，对传统金融行业产生了深远影响。

当前，金融科技的发展呈现以下几个特点：一是技术驱动。现代信息技术的进步是金融科技发展的重要推动力。大数据分析提高了金融服务的精准度和个性化，云计算提供了强大的计算能力和存储空间，区块链技术增强了交易的透明度和安全性，人工智能则在智能投顾、风险控制等方面展现了巨大潜力。二是用户体验提升。金融科技公司通过移动互联网和智能设备，提供了更加便捷和个性化的服务。例如，移动支付应用使得用户可以随时随地进行支付，智能投顾平台根据用户的风险偏好和投资目标提供定制化的投资建议，极大地提升了用户体验。三是商业模式创新。金融科技改变了传统金融机构的商业模式。众筹平台让创业者能够直接向公众融资；区块链技术的应用推动了去中心化金融（DeFi）的发展，使金融服务更加开放和透明。四是监管逐步完善。金融科技的快速发展带来了新的风险和挑战，监管机构也在不断适应和调整，以确保金融稳定和消费者保护。各国纷纷出台相关法律法规，建立监管沙盒机制，鼓励金融科技创新，同时防范潜在风险。五是全球化趋势。金融科技的发展具有全球化特征，不同国家和地区的金融科技公司通过跨境合作和市场拓展，推动了全球金融科技生态系统的形成。特别是在"一带一路"倡议下，中国的金融科技企业积极"走出去"，在国际市场上展示了强大的竞争力。金融科技的发展不仅改变了金融服务的供给方式，也为金融中心和科创中心的耦合发展提供了新的动力。通过金融科技的赋能，传统金融中心可以提升其服务能力和竞争力，而科创中心则可以借助金融科技实现技术和市场的双重突破。

建设上海金融科技中心作为新时代深入推进上海国际金融中心建设的新内涵，是贯彻落实国家战略、推动上海国际金融中心和科创中心耦合联动发展的重要着力点。2020年1月，上海市印发《加快推进上海金融科技中心建设实施方案》，明确了上海建设具有全球竞争力的金融科技中心的发展目标和重点任务。2020年底，上海市委、市政府提出全面推进城市数字化转型的战略部署，为金融领域加快金融科技应用，深入推进数字化转型升级提供了更为宏观的战略指引和更加有利的经济社会环境。2021年8月，《上海国际金融中心建设"十四五"规划》正式发布，提出了包含金融科技中心在内的"两中心"建设目标。科研力量方面，上海大力推动金融机构、科技企业、高校院所在沪设立金融科技研发中心、创新实验室等。如复旦大学、上海交通大学、上海财经大学、上海立信金融学院等均设立了金融科技相关研究院所，交通银行成立了金融科技创新研究院。近年来，上海通过良好的营商环境和金融资源优势，集聚了一批优质的金融科技企业和相关前沿技术领域头部企业，已成为国内最主要的金融科技头部企业集聚地之一。在国家金融管理部门指导支持下，上海有序实施金融科技领域重大试点例如数字人民币试点，资本市场金融科技创新试点如上交所"上证链"、保交所"保交链"、期交所"智能风控平台"等行业性平台，推动上海金融科技研发应用水平走在全国前列。

二、上海证券交易所科创板的设立与影响

上海证券交易所科创板于 2019 年设立，是中国资本市场的一项重大创新举措，旨在支持科创企业的发展，促进科技与金融的深度融合。科创板的设立不仅为科创企业提供了新的融资渠道，还对中国资本市场和经济结构产生了深远影响。

首先，科创板为科创企业提供了更加便捷的融资渠道。传统的主板市场对企业的盈利要求较高，许多处于早期和成长期的科技企业难以满足这些条件，导致融资困难。而科创板在上市条件上进行了重大改革，降低了企业上市的门槛，更加注重企业的成长性和创新能力。这使得一大批具有高成长潜力的科技企业得以在科创板上市，获得了宝贵的资金支持。其次，科创板的设立提升了资本市场的活力和创新能力。科创板引入了注册制改革，大幅度简化了企业上市的审批流程，增强了市场的包容性。同时，科创板在交易机制上也进行了创新，例如引入了更为灵活的交易制度和信息披露要求，增强了市场的流动性和透明度。这些改革措施引起了大量优质科技企业和投资者的关注，提升了资本市场的活力。再次，科创板的推出增强了上海作为国际金融中心的竞争力。作为中国最大的金融中心，上海在全球金融体系中占据重要地位。科创板的设立不仅提升了上海证券交易所的国际影响力，也增强了上海在全球资本市场的竞争力。科创板吸引了

大量境内外投资者的参与，推动了上海金融市场的国际化进程。此外，科创板还促进了科技创新与资本市场的深度融合。通过科创板的融资渠道，科创企业得以获得更多的资金支持，投入研发和市场拓展中，提升了企业的创新能力和市场竞争力。同时，资本市场也通过科创板的上市企业分享了科技创新的红利，实现了资本和创新的双赢。

科创板的设立推动了中国资本市场的改革和发展，为科创企业提供了强有力的支持，促进了科技与金融的耦合发展。未来，随着科创板的不断完善和发展，必将为中国经济的高质量发展和产业结构的优化升级注入新的动力。

三、落实二十届三中全会精神，大力发展科技金融

为深入贯彻中央金融工作会议的部署，2024 年 6 月底，中国人民银行、科技部、国家发展改革委、工业和信息化部、金融监管总局、中国证监会、国家外汇局七部门联合印发《关于扎实做好科技金融大文章的工作方案》。党的二十届三中全会通过的《关于进一步全面深化改革　推进中国式现代化的决定》中，多次提到了发展科技金融的战略目标。例如，"构建同科技创新相适应的科技金融体制，加强对国家重大科技任务和科技型中小企业的金融支持，完善长期资本投早、投小、投长期、投硬科技的支持政策"；"积极发展科技金融、绿色金融、普惠金融、养老金融、数字金融，加强对重大战略、重点领域、薄弱环节的优质金融服务"。

上海以习近平新时代中国特色社会主义思想为指导，未来要加强

基础制度建设，健全激励约束机制，推动金融机构和金融市场全面提升科技金融服务能力、强度和水平。为各类创新主体的科创活动提供全链条全生命周期的金融服务，精准支持国家重大科技任务、科技型企业培育发展、战略性新兴产业发展和未来产业布局、传统产业技术改造和基础再造，以及国家和长三角科创高地建设等重点领域。

为了落实好党的二十届三中全会精神，扎实做好科技金融这篇大文章，上海必须紧紧围绕培育支持科技创新的金融市场生态，提出一系列有针对性的举措。全面加强金融服务专业能力建设，支持银行业金融机构构建科技金融专属组织架构和风控机制，完善绩效考核、尽职免责等内部制度。建立科技型企业债券发行绿色通道，从融资对接、增信、评级等方面促进科技型企业发债融资。强化股票、新三板、区域性股权市场等服务科创功能，加强对科技型企业跨境融资的政策支持。将中小科技企业作为支持重点，完善适应初创期、成长期科技型企业特点的信贷、保险产品，深入推进区域性股权市场创新试点，丰富创业投资基金资金来源和退出渠道。打造科技金融生态圈，鼓励组建科技金融联盟，支持各类金融机构、科技中介服务组织等交流合作，为科技型企业提供"天使投资—创业投资—私募股权投资—银行贷款—资本市场融资"的多元化接力式金融服务。

针对科技金融运行全过程，上海需强化相关基础制度和机制建设。优化激励引导政策体系，完善科技创新和技术改造再贷款、支小再贷款、科技创新专项金融债券等政策工具，建立科技金融服务效果评估机制，充分调动金融机构的积极性。建立健全科技金融标准体系和统计制度，完善常态化投融资对接、信息共享、创新试点、风险分担和防控等配套机制，增强金融支持的精准性和可持续性。

四、科技企业融资模式的创新

科技企业的融资模式正在不断创新，以满足其高成长性和高风险性的特征。这些创新的融资模式不仅为科技企业提供了多样化的资金渠道，也推动了科技创新和产业升级。

首先，风险投资是科技企业融资的重要方式。风险投资机构通过对科技企业进行股权投资，提供资金支持和战略指导。风险投资不仅为企业提供所需的资金，还带来了丰富的行业经验和资源，帮助企业提升管理水平和市场竞争力。例如，成立于上海的蔚来汽车（NIO）在早期就获得了多家风险投资机构的支持，迅速崛起为国内领先的电动汽车制造商。风险投资的进入不仅提升了企业的市场认可度，也为其后续融资提供了有力的背书。

其次，债权融资也是科技企业的重要融资渠道。科技企业可以通过发行公司债券、银行贷款等方式获得资金，满足其短期资金需求。债权融资的优势在于企业无需稀释股权，可以保留对企业的控制权。例如，哔哩哔哩在2020年初进行了一次大规模的债券融资，发行规模为8亿美元，主要用于内容采购、技术研发以及平台生态建设。随着用户数和业务量的快速增长，哔哩哔哩在2021年又发行了12亿美元的债券，用于技术创新、内容生态建设和国际市场拓展。通过债券融资，哔哩哔哩得以加大在视频技术、人工智能和大数据分析等前沿技术领域的研发投入，提升了用户体验和平台竞争力。银行贷款也是科技企业常用的融资方式，但由于科技企业的高风险性，银行通常要求企业提供抵押或担保，增加了融资难度。

再次，产业基金是支持科技企业融资的重要力量。产业基金由政府或社会资本设立，旨在支持产业升级和科技创新。通过产业基金的投资，科技企业可以获得长期稳定的资金支持，促进其研发和市场拓展。例如，上海市政府设立的上海科技创新专项基金，专门支持本地科技企业的发展。这些基金不仅提供资金支持，还通过政策引导和资源整合，帮助企业提升竞争力。

此外，科技企业还积极探索新的融资模式，如知识产权质押融资和供应链金融。知识产权质押融资是指企业以其拥有的专利、商标等知识产权作为质押，向银行或其他金融机构申请贷款。这种融资模式为拥有大量知识产权的科技企业提供了新的融资渠道。例如，上海联影医疗科技是一家专注于高端医疗影像设备研发和生产的高科技企业，联影医疗通过知识产权质押，成功从银行获得了融资，用于扩大生产规模和升级技术。供应链金融则是通过整合供应链上下游的资源和资金，帮助企业解决资金周转问题。例如，上海商汤科技是全球领先的人工智能平台公司。商汤科技通过供应链金融，为其供应链上的硬件供应商和服务提供商提供融资支持，确保供应链的稳定和运营效率。

科技企业的融资模式正在不断创新，这些创新的融资模式不仅为企业提供了多样化的资金渠道，也推动了科技创新和产业升级。未来，随着金融科技的发展和资本市场的完善，科技企业的融资环境将进一步优化，为科技创新和经济高质量发展提供有力的支持。

五、产业基金与科技创新的互动

产业基金是由政府或社会资本设立的基金，旨在支持产业升级和科技创新。通过资本的引导和资源的整合，产业基金推动了科创企业的发展，并促进了产业结构的优化和升级。这种互动主要体现在资金支持、资源整合和政策引导等方面。

产业基金与上海本地科技企业可以开展多种形式的互动：一是资金支持。产业基金为科创企业提供了长期稳定的资金支持。科创企业由于其高风险性和高成长性，往往面临融资难的问题。产业基金通过股权投资、债权投资等多种方式，为科创企业提供所需的资金，支持其研发和市场拓展。例如，上海市政府设立的上海科技创新专项基金，专门支持本地科技企业的发展，为其提供了重要的资金保障。通过产业基金的支持，上海本地 AI 企业如商汤科技可以更加专注于技术研发和产品创新，提升其市场竞争力。二是资源整合。产业基金通过资本的运作，整合了上下游产业链资源，提升了企业的竞争力。产业基金的投资不仅提供了资金支持，还通过资本的纽带，连接了产业链上下游的企业，促进了资源的整合和协同发展。例如，张江高科技园区内的产业基金通过投资芯片制造商和人工智能企业，推动了上下游企业的合作，提升了整体产业链的竞争力。通过资源的整合，产业基金帮助上海本地 AI 芯片科技企业如寒武纪科技降低了成本，提升了效率，实现了互利共赢。三是政策引导。产业基金的设立往往伴随着政府的政策引导，推动了科技创新的方向和重点领域的发展。政府通过产业基金的设立，支持重点行业和领域的发展，推动产业结构的优化和升级。例如，上海市政府设立的集成电路产业基金，重点支持集成电路和半导体企业的发展，通过政策引导和资金支持，推动了相关产业的快速成长。产业基金的政策引导作用，不仅提升了企业如中芯国际（SMIC）的创新能力，也推动了地区经济的高质量发展。四是多种支持方式。产业基金还通过多种方式支持科创企业的发展。例如，产业基金可以通过设立孵化器、加速器等，提供创业指导、资源对接和市场推广等服务，帮助初创企业快速成长。上海的张江孵化器就是一个成功的例子，通过孵化和加速支持，帮助众多初创企业如百济神州的快速成长。百济神州是一家全球化的生物制药公司，致力于抗癌药物的研发和商业化。公司总部位于北京，但其早期发展和技术创新得到了张江高科技园区的大力支持。张江高科技园区为百济神州提供了先进的研发设施和实验室，帮助其在早期阶段进行关键技术的研发和创新。园区的生物医药产业集群效应，使百济神州能够与其他生物医药公司、研究机构和高校进行紧密合作，促进技术交流和合作研发。百济神州在张江高科技园区的孵化期间，得到了上海市政府和园区管理机构的多种政策支持，包括税收优惠、科研补贴和创业扶持资金。园区还帮助百济神州对接了多家风险投资机构，确保其在早期发展阶段获得充足的资金支持。百济神州在纳斯达克和香港联交所双重上市，成为中国生物医药企业国际化发展的典范。产业基金还可以通过与金融机构的合作，为企业提供多样化的金融服务和支持，提升其融资能力和运营效率。

产业基金与科技创新的互动，不仅为科创企业提供了强有力的资金支持，也通过资本的引导和资源的整合，推动了产业结构的优化和升级。未来，随着产业基金的不断发展和完善，将为科技创新和经济高质量发展提供更加坚实的支撑，推动金融与科创的深度融合和协同发展。

第二节　金融赋能航运中心与金融中心的耦合

金融赋能航运中心与金融中心的耦合是城市发展中不可或缺的重要环节。航运金融产品的创新以及航运金融服务平台的建设，为航运业注入了新的活力与动力。同时，航运业的资本市场运作和航运金融服务实体经济的案例分析，展示了金融在航运领域发挥的关键作用。这些举措将进一步加强航运中心与金融中心之间的紧密联系，推动城市在航运业和金融领域的发展取得更大成就。

一、航运金融产品的创新

航运金融产品的创新是推动航运中心与金融中心耦合的关键所在。航运行业本身具有高风险、高投入、周期性强等特点，因此需要各种创新金融产品来支撑其发展。首先，航运保险是最早期的航运金融产品之一。现代航运保险不仅包含传统的船舶保险和货物保险，还扩展到责任保险、战争险及各种特殊险种。通过这些创新的保险产品，航运企业可以有效地分散和转移风险，保障运营的连续性和稳定性。

其次，航运贷款提供了专门针对航运企业的融资方案。这类贷款不仅涵盖了船舶采购贷款，还包括运营资金贷款和项目融资。银行和金融机构根据船舶的市场价值、航运企业的信用评级及运营状况，制定相应的贷款条件和利率，帮助航运企业解决资金短缺问题。航运租赁是另一种重要的融资方式。通过融资租赁和经营租赁，航运企业可以在不占用大量自有资金的情况下，使用先进的船舶和设备，从而提升运营效率和竞争力。租赁公司作为金融中介，通过购买船舶出租给航运公司，既实现了资产配置的优化，也为航运企业提供了灵活的融资手段。

再次，航运衍生品如运费期货和期权等，帮助航运企业锁定未来的运费价格，规避市场波动带来的不确定性。这些衍生品工具的应用，使得航运企业能够更好地预测和管理成本，从而提高财务管理的精确度和稳定性。

最后，航运金融产品的创新还包括绿色金融产品，如绿色债券和可持续发展贷款。这些产品旨在支持环保和可持续发展项目，帮助航运企业进行环保型船舶的采购和绿色技术的应用，提升企业的社会责任形象和市场竞争力。

通过以上多种创新金融产品的应用，航运企业的融资渠道得以拓宽，风险管理能力得到增强，为航运中心与金融中心的耦合提供了坚实的基础。

二、航运金融服务平台的建设

建设航运金融服务平台是实现航运中心与金融中心深度融合的重要举措。一个高效的航运金融服务平台不仅能够整合各种金融资源，还能提供全面的服务，满足航运企业多样化的需求。首先，信息共享功能是平台的核心之一。该功能通过收集、整理和发布航运市场的实时数据和信息，帮助企业及时了解市场动态，作出科学决策。例如，平台可以提供船舶航行数据、港口信息、运费指数及市场预测等，这些信息对于航运企业的运营和战略规划至关重要。

其次，在线交易功能提高了业务处理的效率。通过平台，航运企业可以在线进行保险购买、贷款申请、租赁合同签订以及衍生品交易等操作。在线交易不仅缩短了交易时间，还减少了人工操作的失误，提高了交易的透明度和安全性。

风险管理服务也是航运金融服务平台的重要组成部分。平台可以通过大数据分析和智能算法，提供专业的风险评估和管理方案。例如，针对航运企业的运营风险、市场风险和财务风险，平台可以给出针对性的解决方案，帮助企业提前预防和应对可能的风险。一站式服务是航运金融服务平台的另一大优势。通过整合银行、保险公司、租赁公司及其他金融服务机构的资源，平台可以为航运企业提供从融资、保险到投资的一站式解决方案，简化了企业的金融服务流程，提升了服务效率和用户体验。

此外，平台还可以提供定制化服务，根据不同航运企业的规模、业务性质和发展阶段，量身定制金融服务方案。例如，对于中小航运企业，平台可以提供低成本的贷款和灵活的租赁方案；对于大型航运企业，平台可以提供复杂的金融衍生品和综合的风险管理服务。总之，航运金融服务平台的建设，不仅为航运企业提供了全面、高效的金融服务，还促进了航运中心与金融中心的深度耦合，提高了整个行业的竞争力和发展潜力。

三、航运业的资本市场运作

航运业通过资本市场运作，促进了航运中心与金融中心的深度融合，为企业提供了更多融资渠道和投资机会，从而提升了整体竞争力和市场地位。首先，股票市场为航运企业提供了直接融资的途径。航运企业可以通过首次公开募股（IPO）或增发股票，募集大量资金，用于船舶采购、技术改造和市场拓展。例如，中远海运集团在香港和上海证券交易所的上市，不仅增强了其资本实力，也提升了企业的国际知名度和市场影响力。

其次，债券市场是航运企业获取长期资金的重要渠道。航运企业可以通过发行公司债券、船舶债券等方式，满足其长期资金需求。例如，上海的上港集团通过发行绿色债券，筹集资金用于购买环保型船舶和建设绿色港口设施，从而实现其可持续发展目标。债券融资不仅可以获得较低的融资成本，还可以吸引更多的长期投资者。

私募股权投资也是航运业资本市场运作的重要组成部分。私募基金可以为航运企业提供股权投资，支持其业务扩展和技术创新。例如，上海的东方海外国际有限公司通过引入私募股权投资，成功进行了业务重组和技术升级，提升了企业的市场竞争力和运营效率。

并购重组是航运业实现资源整合和规模扩张的重要手段。通过并购重组，航运企业可以实现资源共享、优势互补，提升整体运营效率和市场竞争力。例如，上海的中远海运集团通过收购中外运长航集团，不仅扩大了市场份额，还整合了航线资源和客户资源，提升了企业的综合竞争力。

此外，航运企业还可以通过资产证券化等创新金融工具，实现资产的流动性和资金的高效配置。例如，上海的中远海运集装箱运输有限公司通过将船舶资产证券化，发行资产支持证券（ABS），成功募集了大量资金，用于业务扩展和技术升级。通过上述多种资本市场运作方式，航运企业不仅拓宽了融资渠道，增强了资金实力，还提升了整体市场竞争力和可持续发展能力。这为航运中心与金融中心的耦合提供了强有力的支持。

四、航运金融服务实体经济的案例分析

航运金融服务实体经济的成功案例可以为行业提供宝贵的经验和借鉴。以下是几个典型案例，展示了金融赋能在促进航运中心与金融中心耦合中的重要作用。

案例一：某大型航运公司通过发行绿色债券融资，用于购买环保型船舶。该公司在国际资本市场上发行了总额为5亿美元的绿色债券，吸引了众多关注环境保护的投资者。通过这笔融资，公司购买了多艘低排放、节能型船舶，不仅提升了航运效率，还减少了碳排放，获得了较低的融资成本和良好的社会形象。

案例二：某中型航运企业利用运费期货锁定未来运费价格，成功规避了市场波动带来的风险。该企业在运费市场波动较大的时期，通过交易运费期货合约，锁定了未来几个月的运费价格，确保了稳定的收入来源。由于提前锁定了运费价格，企业能够更好地进行财务规划和成本控制，保证了盈利的稳定性。

案例三：某航运金融服务平台通过大数据分析和智能风控系统，帮助中小航运企业获得了更优质的贷款条件，促进了企业发展。平台利用先进的风控技术，对中小航运企业的运营数据进行分析，评估其

信用状况和风险水平，从而为其提供更有竞争力的贷款利率和灵活的还款方案。通过这种方式，许多中小航运企业得以顺利融资，扩大了业务规模，提升了市场竞争力。

案例四：某私募基金投资了一家新兴航运企业，支持其技术创新和市场扩展。该私募基金注入了一笔 5000 万美元的股权投资，帮助该航运企业进行船舶改造和新航线开辟。借助这笔资金，企业成功引进了先进的航运技术，提升了运营效率，开辟了多条新的国际航线，迅速提升了市场份额和品牌影响力。

通过这些案例，可以看出航运金融服务在促进实体经济发展中的重要作用。金融赋能不仅为航运企业提供了多元化的融资渠道和风险管理工具，还通过资本市场运作和创新金融产品，提升了企业的市场竞争力和可持续发展能力。这些成功案例为其他航运企业提供了宝贵的经验和参考，进一步推动了航运中心与金融中心的深度耦合和协同发展。

第三节　金融赋能金融中心与贸易中心的耦合

金融赋能金融中心与贸易中心的耦合是城市经济发展的关键支撑。大宗商品交易市场的金融支持和金融开放政策对贸易的促进，为贸易活动提供了稳定的金融保障与推动力。同时，跨境电子商务的金融服务和金融创新在贸易中的应用案例，进一步拓展了贸易领域的金融应用边界。这些举措将深化金融中心与贸易中心之间的合作，推动城市在国际贸易和金融领域的繁荣发展。

一、大宗商品交易市场的金融支持

　　大宗商品交易市场是全球贸易的重要组成部分，涵盖了能源、金属、农产品等多种商品。金融支持在大宗商品交易市场中扮演着至关重要的角色，主要体现在以下几个方面：首先，贸易融资是大宗商品交易中不可或缺的金融服务。大宗商品交易通常涉及大额资金，贸易融资能够帮助企业解决资金周转问题，确保交易的顺利进行。银行和金融机构提供的信用证、保函、票据贴现等金融工具，能够有效降低交易风险，保障买卖双方的利益。以浦发银行的贸易融资为例，浦发银行通过提供信用证、保函和票据贴现服务，帮助上海的贸易企业如上海钢联电子商务股份有限公司解决了大宗商品交易中的资金周转问题，确保了交易的顺利进行，降低了交易风险。

　　其次，商品期货和期权等衍生品工具为大宗商品交易市场提供了风险管理的手段。通过期货和期权交易，企业可以锁定未来的商品价格，规避市场价格波动带来的风险。例如，石油公司可以通过石油期货合约锁定未来几个月的油价，从而确保盈利的稳定性。期货市场的活跃交易也为现货市场提供了价格参考，提升了市场的透明度和效率。例如国投安信期货有限公司帮助上海的能源企业如上海石化利用上海期货交易所的石油期货合约，成功锁定了未来几个月的油价，规避了市场价格波动的风险，确保了盈利的稳定性。商品交易所作为大宗商品交易的核心平台，也依赖于金融支持来维持其正常运作。交易所需要金融机构提供结算、清算、仓储和物流服务，以确保交易的安全和高效。例如上海期货交易所通过与多家银行和清算机构合作，包括中国银行和工商银行，提供完善的结算和清算服务，确保了大宗商品交易的安全和高效运行。

此外，金融科技（FinTech）的应用为大宗商品交易市场带来了新的机遇。区块链技术在大宗商品交易中的应用，能够提高交易的透明度和可追溯性，降低交易成本和风险。例如，某些大宗商品交易平台已经开始利用区块链技术进行交易记录和合同管理，提升了交易的安全性和效率。上海钢联电子商务股份有限公司利用区块链技术进行大宗商品交易记录和合同管理，提高了交易的透明度和可追溯性，降低了交易的成本和风险，提升了交易的安全性和效率。大宗商品交易市场的金融支持不仅体现在传统的融资和风险管理工具上，还包括金融技术的创新应用。金融支持为大宗商品交易市场提供了资金保障和风险管理手段，提升了市场的透明度和效率，为金融中心与贸易中心的耦合提供了坚实的基础。这些成功案例展示了上海金融、贸易企业在金融支持下的卓越表现，为其他企业提供了宝贵的经验和参考。

二、金融开放政策对贸易的促进

金融开放政策是促进金融中心与贸易中心耦合的重要手段。通过放宽外资准入、开放资本项目、开放金融市场和提升金融监管水平，金融开放政策为国际贸易的发展提供了有力的支持。这些政策不仅提升了金融服务的多样性和质量，还促进了金融中心与贸易中心的深度耦合，推动了全球贸易的发展。

放宽外资准入是金融开放政策的重要内容之一。通过放宽外资银行、保险公司和证券公司的准入限制，可以引入更多的国际金融机构，提升国内金融市场的竞争力和服务水平。近年来，上海逐步放宽了外资金融机构的准入限制，吸引了大量国际银行和保险公司进入上海市场。例如，摩根大通在上海设立了全资控股的证券公司，汇丰银行和渣打银行也在上海扩展业务，提升了金融服务的多样性和质量。资本项目开放包括放宽外汇管制、允许资本自由流动等措施，能够吸引更多的国际资本进入国内市场，支持贸易企业的融资需求。上海自贸试验区通过一系列资本项目开放政策，如放宽外汇管制和允许资本自由流动，吸引了大量国际资本进入。例如，中远海运公司在自贸试验区内通过开放的资本项目，获得了充足的国际融资支持，促进了其国际贸易业务的发展。金融市场的对外开放也是金融开放政策的重要组成部分。通过开放股票市场、债券市场和期货市场，吸引国际投资者进入，可以提升市场的流动性和资金供给。上海近年来逐步开放债券市场和股票市场，吸引了大量国际资本进入。例如，上海证券交易所通过沪港通和沪伦通，吸引了大量国际投资者进入，支持了国内企业如上汽集团的融资需求，促进了贸易的发展。金融监管的国际化是金融开放政策的重要保障。通过引入国际先进的金融监管标准和实践，可以提升金融市场的透明度和稳定性，吸引更多的国际投资者。

金融科技在金融开放政策中的应用，也对贸易的发展起到了积极促进作用。通过金融科技的创新应用，可以提升金融服务的效率和便捷性，支持跨境贸易的发展。例如，蚂蚁集团在上海推出的区块链跨境支付平台，提升了跨境支付的效率和透明度，支持了跨境贸易的发展。该平台已被多个贸易企业采用，显著提升了交易效率和安全性。

金融开放政策通过放宽外资准入、开放资本项目、开放金融市场和提升金融监管水平，为国际贸易的发展提供了有力的支持。上海作为中国金融开放的中心城市，通过一系列具体政策和措施，成功吸引了大量国际资本和金融机构，提升了金融服务水平，促进了贸易的发展。这些成功案例为其他地区提供了宝贵的经验和参考。

三、跨境电子商务的金融服务

跨境电子商务是全球贸易的重要组成部分，其快速发展离不开金融服务的支持。金融服务在跨境电商中扮演着关键角色，包括支付、融资、风险管理等多个方面。首先，跨境支付是跨境电商金融服务的核心环节。高效、安全的跨境支付服务能够提升交易的顺利进行，增强消费者的购物体验。传统跨境支付方式如银行汇款和信用卡支付虽然普及，但存在手续费高、到账时间长等问题。近年来，跨境电商平台和金融科技公司在上海推出了多种创新的支付解决方案，如PayPal、支付宝国际版和微信支付国际版等，这些支付工具不仅降低了交易成本，还提升了支付的便捷性和安全性。

其次，跨境电商融资是支持企业发展的重要手段。跨境电商企业，尤其是中小企业，往往面临资金短缺的问题。金融机构通过提供跨境电商专项贷款、供应链金融和应收账款融资等服务，帮助企业解决资金周转问题，支持业务扩展。例如，浦发银行推出的跨境电商专项贷款，基于企业的销售数据和信用状况，提供快速审批和低利率的融资服务，帮助企业应对订单激增和库存管理的挑战。

保险服务在跨境电商中也扮演着重要角色。跨境物流过程中，商品损毁、丢失等风险较高，保险服务能够为跨境电商企业和消费者提供保障。货运险、退货险等保险产品，能够降低跨境交易的风险，提升消费者的信任度和满意度。例如，某保险公司推出的跨境电商退货险，覆盖了商品在国际运输过程中损坏和丢失的风险，提供全面的赔付保障。

此外，金融科技在跨境电商金融服务中的应用，提升了服务的效率和便捷性。区块链技术在跨境支付和贸易融资中的应用，能够提高交易的透明度和安全性，降低交易成本和风险。例如，某跨境电商平台利用区块链技术进行订单管理和支付结算，实现了交易全流程的可追溯性和高效性。

外汇管理也是跨境电商金融服务的一个重要方面。跨境电商企业需要处理多种货币的兑换和结算问题，外汇管理服务能够帮助企业规避汇率风险，提升资金管理的效率。银行和金融机构通过提供外汇套期保值、外汇远期合约等工具，帮助企业锁定汇率，降低汇率波动带来的风险。

金融服务在跨境电子商务的发展中起到了关键的支持作用。通过提供高效的跨境支付、融资、保险和外汇管理服务，金融机构能够帮助跨境电商企业提高竞争力和市场份额，促进全球贸易的发展。金融科技的应用进一步提升了服务的效率和便捷性，为跨境电商和金融中心与贸易中心的耦合提供了有力的支持。

四、金融创新在贸易中的应用案例

金融创新在现代贸易中发挥着至关重要的作用，为企业带来了新的发展机遇和竞争优势。以下是几个基于上海真实企业的典型金融创新应用案例，展示了金融赋能在贸易中的重要作用。

（一）区块链技术在供应链金融中的应用

上汽集团作为中国最大的汽车制造企业之一，与一家金融科技公司合作，利用区块链技术建立了供应链金融平台。该平台通过区块链的分布式账本技术，实现了供应链各环节的透明化和可追溯性。供应商、制造商、物流公司和金融机构可以在平台上共享数据，实时跟踪货物的流转和资金的流动。通过这一平台，供应商可以基于订单和发货记录，快速获得金融机构的贷款支持，解决了传统供应链金融中信息不对称和信用不足的问题，提升了供应链的整体效率和稳定性。

（二）人工智能在贸易融资中的应用

浦发银行推出了基于人工智能（AI）技术的贸易融资解决方案。该系统利用机器学习算法，对企业的交易数据、财务报表和市场信息进行分析，评估企业的信用风险和融资需求。通过 AI 技术，银行能够快速、准确地审批贷款，提供定制化的融资方案，满足企业的多样化需求。某中小型出口企业通过这一解决方案，成功获得了浦发银行的低息贷款，解决了订单激增带来的资金短缺问题，提升了企业在国际市场上的竞争力。

（三）大数据在跨境电商风险管理中的应用

阿里巴巴旗下的跨境电商平台与一家金融科技公司合作，利用大数据技术建立了风险管理系统。该系统通过分析平台上的交易数据、用户评价和物流信息，识别潜在的交易风险和欺诈行为。平台可以根据风险评估结果，调整卖家的信用评级，设置交易限额和风控措施，保障交易的安全性和可靠性。某卖家通过这一系统，发现了一起潜在的欺诈订单，及时采取措施，避免了经济损失，提升了平台的可信度和用户满意度。

（四）绿色金融在国际贸易中的应用

上海电气致力于可持续发展，通过发行绿色债券筹集资金，用于采购环保型设备和实施绿色项目。金融机构为其提供了专业的绿色金融服务，包括债券发行咨询、环境影响评估和资金使用监督等。通过绿色债券融资，公司成功采购了多台节能设备，减少了生产过程中的碳排放，提升了企业的社会形象和市场认可度。

通过以上案例分析，可以看出金融创新在上海贸易中心建设中的广泛应用，有效提升了企业的竞争力和市场地位。区块链、人工智能、大数据和金融科技等创新技术，为贸易企业提供了高效、便捷的金融服务，解决了传统贸易中信息不对称、信用不足和风险管理等问题。金融创新不仅促进了金融中心与贸易中心的深度耦合，还推动了全球贸易的健康发展。

第八章
产业链夯实"五个中心"耦合发展

上海作为中国的经济、金融、贸易、航运和科技创新的前沿阵地,其"五个中心"的建设不仅是上海市的战略目标,也是国家战略布局的重要组成部分。产业链的发展是推动国际经济中心建设的核心内容,与其他四个中心的耦合发展是实现上海全面、高质量发展的关键。

第一节 上海产业链发展趋势

在全球经济版图中,上海以其独特的地理位置、深厚的经济底蕴和前瞻性的发展战略,不仅稳固了其作为国际经济中心和金融中心的地位,更在推动产业链升级与国际化进程中发挥着不可替代的作用。面对复杂多变的国际形势等外部挑战,上海凭借其强大的经济实力与金融体系,展现出卓越的抗风险能力和产业链韧性。

一、国际竞争力韧性提升

上海作为国际经济中心和金融中心，其强大的经济实力和金融体系为产业链提供了坚实的支撑。数据显示，2023 年上海全市生产总值达到 4.72 万亿元，位居全球城市前列；金融市场交易总额再创新高，为 3300 多万亿元，持牌金融机构持续向上海集聚。这种强大的经济实力和金融支撑能力使得上海在面对外部冲击时能够保持较高的产业链韧性。

近些年，上海的重点产业竞争力稳步提升，尽管近几年受到地缘政治等方面的冲击，但总体表现良好（见图 8-1）。新能源汽车、智能制造和电子信息三大硬核产业对上海重点产业国际竞争力的贡献度合计超过 75%。这三大产业不仅推动了上海产业结构升级，也提升了产业链的整体国际竞争力。上海的集成电路、生物医药、人工智能三大先导产业产值增长显著，达到 18.3%，显示出强大的增长潜力和竞争力。

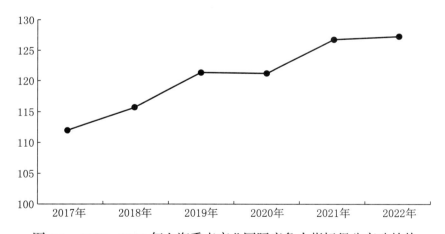

图 8-1　2017—2022 年上海重点产业国际竞争力指标得分变动趋势

资料来源：上海产业国际竞争力分析项目课题组：《2022—2023 年上海产业国际竞争力指数分析及 2024 年展望》，《上海经济》2024 年第 1 期。

在多个关键领域，上海也实现了突破，如联影医疗通过临床

PET-CT 关键核心技术的质量攻关，研制出世界首台覆盖人体全身的 2 米 PET-CT，显著提升了产品的性能和市场竞争力。类似地，华虹宏力建立在线工艺"0 缺陷管理"机制，大幅提升了车载微控制单元芯片的可擦写次数，降低了对进口芯片的依赖。

二、高端产业集群明显

上海高端产业呈现出蓬勃发展的态势，特别是在集成电路、生物医药、人工智能三大先导产业上取得了显著成果。

（一）集成电路产业

产业规模方面，集成电路产业是上海高端产业的重要组成部分，产业规模持续扩大。根据数据，上海集成电路产业 2023 年实现销售 3251.9 亿元，同比增长 6.37%，显示出强大的产业实力。

技术创新方面，上海在集成电路领域拥有众多高水平的科研机构和企业，如华虹宏力、中芯国际等，这些企业和机构在技术研发、产品设计等方面取得了显著成果。例如，华虹宏力通过建立在线工艺"0 缺陷管理"机制，大幅提升了车载微控制单元芯片的可擦写次数。

产业链整合方面，上海在集成电路领域形成了较为完整的产业链，包括设计、制造、封装测试等环节。通过产业链整合，上海提升了整个产业链的效率和竞争力。

（二）生物医药产业

产业规模方面，生物医药产业是上海高端产业的另一重要领域，产业规模持续扩大。张江细胞与基因产业园在生物医药领域具有重要地位，积极推进企业相关产品产业化。截至 2023 年 9 月，在全国已批准的细胞基因药物临床试验项目中，来自张江的项目占比四分之一。

技术创新方面，上海在生物医药领域拥有众多高水平的科研机构和医院，如复旦大学、中国科学院等，这些机构在生物医药技术研发、临床试验等方面取得了显著成果。例如，复旦大学牵头启动了脑与类脑领域第一个市级科技重大专项，实现了国际上首个 200 亿脉冲神经网络的全脑计算模拟。

产业集聚方面，上海生物医药产业已形成以张江为核心的产业集聚区，吸引了众多国内外知名企业入驻。这些企业在药物研发、医疗器械制造等方面形成了较强的产业集聚效应。

（三）人工智能产业

产业规模方面，人工智能产业是上海高端产业的新兴领域，产业规模迅速扩大。上海在人工智能技术研发、应用推广等方面取得了显著成果，培育了一批具有竞争力的企业。

技术创新方面，上海在人工智能领域拥有众多高水平的科研机构和高校，如上海交通大学、同济大学等，这些机构在人工智能技术研发、人才培养等方面发挥了重要作用。上海还建设了国际算法创新基地，加快人形机器人创新发展。

应用推广方面，上海的人工智能应用推广取得了显著成果，涵盖了智能制造、智慧医疗、智能交通等多个领域。这些应用推广不仅提升了相关产业的效率和质量，也推动了人工智能技术的普及和发展。

再以新能源汽车为例，上海新能源汽车从 2021 年起连续排名全国第一，对上海的产业国际竞争力贡献率达到 45%。自 2017 年开始，上海新能源汽车出口逆势崛起，尤其是 2021 年特斯拉落户临港以来，上海汽车出口增速高达 759.6%，出口规模也从 2017 年的 359 亿元增加到 850 亿元，2023 年则进一步达到 1208.9 亿元，增长 43.9%。同时，以新能源汽车为核心的"新三样"出口规模快速崛起。自 2017 年以来，年均增速高达 54.3%。除了新能源汽车，生物医药、智能制造、电子信息及民用航空产业迅速崛起。

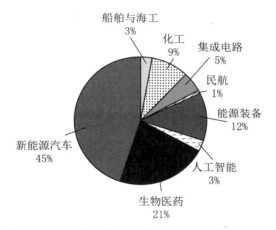

图 8-2　2022 年上海重点产业国际竞争力贡献度

资料来源：上海产业国际竞争力分析项目课题组：《2022—2023 年上海产业国际竞争力指数分析及 2024 年展望》，《上海经济》2024 年第 1 期。（需要说明的是，因对数值取整，省略了小数点后的数字，加总会小于 100%。）

三、内循环成为产业提升关键

在当前全球经济环境下，上海高端产业的发展呈现出显著的变化。无论是在国际还是国内市场，上海在集成电路、民航、生物医药和新能源汽车等高端产业领域的贡献度均表现出明显的提升。然而，在船舶与海工、化工、能源装备、人工智能等领域，贡献度则有所下降（见图 8-3、图 8-4）。这种变化在国内市场尤为明显，反映出国内大循环对产业发展的深刻影响。从双循环视角来看，国内大循环中的竞争优势应成为上海高端产业提升的关键。一方面，集成电路、民航、生物医药和新能源汽车等产业在国内市场的快速发展，为上海提供了广阔的增长空间和市场需求。这些产业不仅符合国家战略性新兴产业的发展方向，也能够通过技术创新和市场扩展，进一步巩固上海在国内市场的领先地位。另一方面，国内大循环强调自主可控和内需驱动，通过强化国内市场的供需匹配，提升产业链和供应链的自主性和安全性，上海可以更好地应对外部环境的不确定性。同时，国内大循环中的政策支持、基础设施建设和市场环境优化，也为高端产业的发展提供了良好的保障和推动力。上海应抓住国内大循环的机遇，发挥在集成电路、民航、生物医药和新能源汽车等高端产业中的优势，提升自主创新能力和市场竞争力，推动产业结构优化和升级，从而在国内外市场中实现更高质量的发展。通过强化国内市场的竞争优势，上海将能够在双循环格局中持续提升其高端产业的贡献度和影响力。

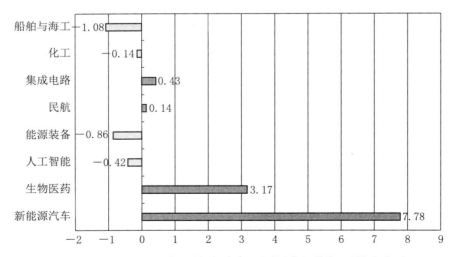

图 8-3　2021—2022 年上海高端产业国际市场指标贡献度变动

资料来源：上海产业国际竞争力分析项目课题组：《2022—2023 年上海产业国际竞争力指数分析及 2024 年展望》，《上海经济》2024 年第 1 期。

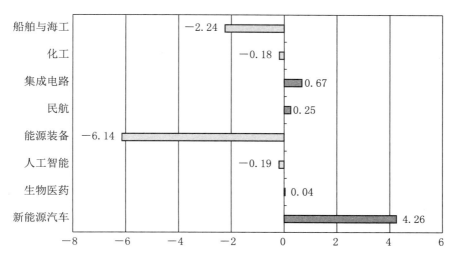

图 8-4　2021—2022 年上海高端产业国内市场指标贡献度变动

资料来源：上海产业国际竞争力分析项目课题组：《2022—2023 年上海产业国际竞争力指数分析及 2024 年展望》,《上海经济》2024 年第 1 期。

第二节　产业链助力国际经济中心与其他四个中心的耦合发展

　　上海作为中国最重要的经济中心之一，通过发展高端产业及其产业链，可以有效促进国际经济中心与其他四个中心的融合发展。

一、产业链在经济中心建设中的支撑作用

　　上海作为中国乃至全球的重要经济枢纽，其国际经济中心的建设离不开产业链的基础性和支撑性作用。产业链不仅是经济活动的基础，更在推动城市功能提升、吸引外资、促进经济高质量发展、增强国际竞争力、优化营商环境、促进科技创新、强化金融支持、提升贸

易和物流效率，以及推动绿色发展等方面发挥了至关重要的作用。首先，上海通过整合和优化产业链，提升了各个环节的效率和竞争力，形成了具有国际竞争力的产业集群。这些集群吸引了大量外资和国际企业落户上海，完善的供应链体系为国际企业提供了高效的服务，增强了其在上海投资和运营的信心。其次，产业链的延伸和拓展促进了上下游企业的协同发展，提高了产业附加值，推动了上海经济的高质量发展。同时，产业链的集聚效应提升了资源配置效率和经济效益，带动了区域经济的整体发展。在全球布局方面，上海通过优化全球产业链布局，提升了在全球产业链中的地位，增强了在国际市场的竞争力。跨国合作和国际化进程的加速，使得上海经济的国际化水平显著提升。此外，政策支持和服务体系的完善，优化了产业链的营商环境，提升了企业的运营效率和竞争力。通过产业链与创新链的融合，科技成果得以迅速转化和产业化，推动了科创中心的建设。金融机构为产业链中的企业提供了多样化的金融服务，如供应链金融和产业基金，支持了企业的发展。同时，资本市场为企业提供了融资渠道，助力企业扩张和发展。在贸易和物流方面，优化产业链提升了贸易效率和物流效率，降低了物流成本，增强了上海作为国际航运中心的竞争力。通过构建绿色、低碳的产业链，上海推动了绿色发展，提升了产业链的可持续发展能力，并通过提升环保标准，减少了环境污染，推动了经济的可持续发展。

二、产业链助力经济中心与国际金融中心的耦合发展

国际金融中心通过各类金融机构和市场为高端产业提供直接融

资和间接融资渠道，包括股权投资、债券发行、银行贷款、金融租赁等多种形式，满足高端产业不同阶段的资金需求。此外，金融中心还能够吸引国内外投资者对高端产业进行投资，提高这些产业的资金使用效率和投资回报率。2019年，上海证券交易所科创板的启动，为科技创新型企业提供了一个重要的融资平台（见图8-5）。科创板专门针对科创企业的特点，放宽了上市条件，加快了审核流程，使得许多高新技术企业能够通过上市获得资本市场的直接融资。

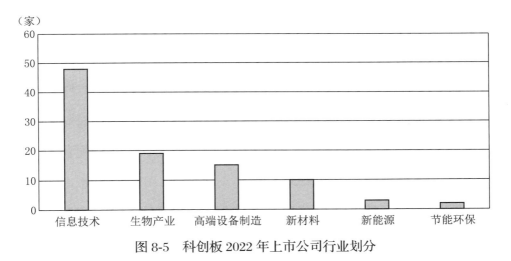

图 8-5　科创板 2022 年上市公司行业划分

资料来源：课题组整理。

上海的商业银行和其他金融机构也积极提供创新的融资服务，支持高端产业的发展。为了满足生物医药等高端产业长周期、高投入的融资需求，一些银行推出了知识产权质押贷款、应收账款质押贷款等创新金融产品（图8-6）。这些产品降低了高新技术企业的融资门槛，提高了融资效率。

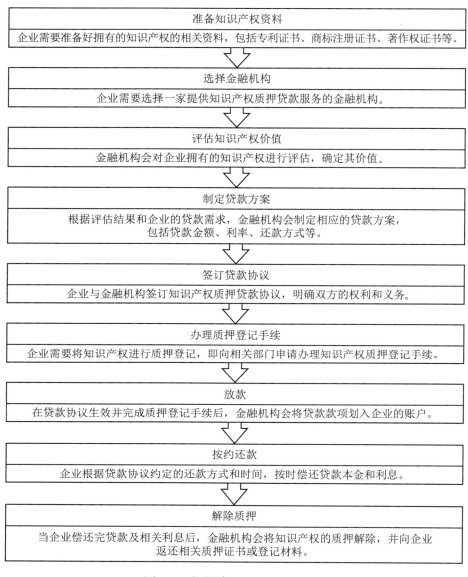

准备知识产权资料

企业需要准备好拥有的知识产权的相关资料，包括专利证书、商标注册证书、著作权证书等。

选择金融机构

企业需要选择一家提供知识产权质押贷款服务的金融机构。

评估知识产权价值

金融机构会对企业拥有的知识产权进行评估，确定其价值。

制定贷款方案

根据评估结果和企业的贷款需求，金融机构会制定相应的贷款方案，包括贷款金额、利率、还款方式等。

签订贷款协议

企业与金融机构签订知识产权质押贷款协议，明确双方的权利和义务。

办理质押登记手续

企业需要将知识产权进行质押登记，即向相关部门申请办理知识产权质押登记手续。

放款

在贷款协议生效并完成质押登记手续后，金融机构会将贷款款项划入企业的账户。

按约还款

企业根据贷款协议约定的还款方式和时间，按时偿还贷款本金和利息。

解除质押

当企业偿还完贷款及相关利息后，金融机构会将知识产权的质押解除，并向企业返还相关质押证书或登记材料。

图 8-6　知识产权质押贷款流程

资料来源：课题组自绘。

随着高端产业的发展，上海对于金融产品和服务的需求也越来越多样和复杂。国际金融中心能够通过金融创新满足这些需求，例如开发与高新技术企业相关的金融产品、提供定制化的金融服务、推广绿色金融和科技金融等。这些金融创新不仅能够支持高端产业的发展，还能够促进金融市场本身的深化和完善。除了上文提到的科创板融资及知识产权质押融资，还有一系列金融创新为上海高端产业发展提供了多元化服务。上海积极推动金融科技的发展，利用大数据、人工智能、区块链等技术提升金融服务的效率和安全性。例如，上海的一些金融科技公司为金融机构提供科技解决方案，帮助它们更好地服务高新技术企业，提高融资的精准度和效率（见表8-1）。

表8-1 金融科技助力高新企业发展

案例	具体举措
维信金科	总部位于上海的金融科技公司，通过其"蜂鸟"智能风控平台和智能信贷机器人，为持牌金融机构和信用群体提供连接服务，旨在提供定制化、便捷的金融科技服务。该公司侧重于信用风险量化和智能化风控，帮助提高金融服务的精准度和效率。
交银金融科技有限公司	上海的金融科技公司，成立于2020年，致力于成为行业数字化生态建设的践行者。公司专注于场景生态建设、新技术研发及引进、服务与产品输出，通过金融科技深度融合新引擎，为实体经济和数字经济发展提供支持。
通联金融科技	专注于为金融机构提供IT云计算服务，拥有高等级数据中心和先进的IT基础设施。公司获得了多项国内外权威认证，提供安全、可靠的数据中心环境，支持金融客户的业务连续性和灾备解决方案及多种增值服务，致力于成为金融云服务领域的标杆企业。
普华永道	普华永道提供的服务尤其体现在高新技术企业的税务优惠政策方面。高新技术企业可以享受15%的企业所得税优惠税率，而标准企业所得税率为25%。这样的税务优惠对于满足特定条件的科技企业来说是一个重要支持，有助于降低成本，促进科技创新和发展。
杨浦科技园	杨浦科技园与各投资基金的合作，旨在通过"孵投联动"模式，促进大学科技成果的转化、孵化科创项目，并最终实现产业化。这一模式通过联合政府、园区、科创企业、银行和投资机构的多方力量，构建多层次的科技金融服务联动平台，将金融创新资源与科技创新要素进行精准对接与有效配置。目标是为科创企业提供全生命周期的资金服务，重点扶持区域未来产业、先导产业以及具有突破性技术的高成长潜力企业。

资料来源：课题组整理。

　　上海金融市场还提供了信用衍生品，比如信用违约互换（CDS），企业可以通过这些工具管理信用风险。金融机构和企业可以使用CDS保护自己免受对手方违约的风险，通过支付一定的费用，换取在对手方违约时的赔偿（见图8-7）。

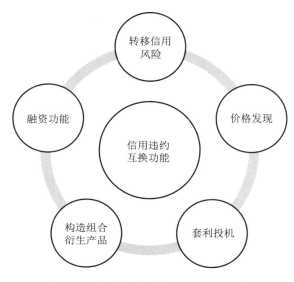

图 8-7　信用违约互换（CDS）功能

资料来源：课题组自绘。

　　上海证券交易所科创板的设立吸引了大量国内外投资者的关注和参与，科创板上市公司得以通过国际资本市场获得融资，加速了高新技术产业的成长和发展（见表8-2）。此外，科创板还吸引了国外的

表 8-2　海外机构调研科创板个股情况

年份	海外机构调研数量（个）	占调研股比例（%）	占科创股比例（%）
2019 年	39	2.84	55.71
2020 年	145	9.05	67.44
2021 年	302	11.11	80.11
2022 年	363	11.17	83.07

资料来源：万得（Wind）数据库。

创新企业和资本，促进了国际科技金融的交流与合作。

三、产业链助力经济中心与国际贸易中心的耦合发展

从高端产业引领功能的视角，上海的国际经济中心建设与国际贸易中心建设的耦合发展体现在多个方面。结合上海发展的现实情况，这种耦合主要通过以下途径实现，推动了上海在全球经济中的地位提升和经济结构的优化升级。

（一）高端产业发展促进贸易模式转型

上海作为中国经济最发达的城市之一，其产业结构正在从传统制造业向高技术、高附加值的高端产业转变。这些高端产业，如生物医药、集成电路、人工智能、新能源汽车等，不仅推动了上海经济增长的质量和效率，也促进了贸易模式的转型。通过高端产品和服务的出口，上海在国际贸易中的地位越来越倚重于技术和品牌优势，而非仅仅依赖于传统的加工制造优势。

（二）国际贸易中心支撑高端产业全球化

上海的国际贸易中心地位为其高端产业的全球化发展提供了坚实的平台。通过建设自由贸易试验区、科创中心等，上海吸引了大量国际贸易和投资，为本地高端产业提供了全球市场的接入点。同时，上海的国际贸易中心还为高端产业提供了便捷的贸易服务和物流支持，降低了进入国际市场的门槛和成本。例如，上海自由贸易试验区内设立跨境电商综合试验区，在这个试验区内，高端产业企业可以享受到

一系列便捷的贸易服务和物流支持，从而降低进入国际市场的门槛和成本。

（三）促进国际合作与技术交流

上海在推动自身高端产业和国际贸易中心建设的过程中，积极促进国际合作与技术交流。上海通过引进国外先进技术和管理经验，加速本地高端产业的技术创新和产业升级；同时，也通过参与国际贸易、展会、论坛等活动，展示本地高端产业的技术和产品，吸引国际合作伙伴，推动高端产业的国际化进程（见表 8-3）。

表 8-3 上海举办的跨国交流活动

跨国交流活动	效　　果
中国国际进口博览会 （CIIE）	上海作为中国国际进口博览会的举办地，每年都吸引了来自全球各地的政府官员、企业家和专业观众。在进博会上，上海本地的高端产业企业展示最新的技术和产品，例如汽车、航空航天、医疗设备等领域。这些展示活动吸引了大量国际合作伙伴的关注，促成了一系列合作和交易。
上海国际汽车展览会 （Auto Shanghai）	上海国际汽车展览会是亚洲地区最大的汽车展览会之一，吸引了全球汽车制造商和供应商参展。在展会上，上海本地的高端汽车制造商展示最新的智能汽车技术和产品，展示上海在汽车制造和智能交通领域的创新能力，吸引了国际合作伙伴的合作意向。
上海世界金融中心论坛 （WFC）	上海世界金融中心论坛是国际金融界的重要盛会，每年吸引众多国际金融机构、企业家和学者参与。在论坛上，上海本地的金融机构和高科技企业展示金融科技创新和金融服务的最新成果，吸引了国际合作伙伴的关注和合作。
中国国际工业博览会 （CIIF）	中国国际工业博览会是中国最大的工业展览会之一，每年吸引全球各地的工业企业和专业观众。在工博会上，上海本地的高端制造业企业展示先进的制造技术和产品，展示上海在工业制造领域的创新能力，吸引了国际合作伙伴的合作意向。

资料来源：课题组整理。

（四）响应全球经济变化，优化产业布局

在全球经济不断变化的背景下，上海通过国际经济中心和国际贸易中心的耦合发展，灵活调整自身的产业布局和贸易战略。面对全球产业链重构的机遇和挑战，上海加大对高端产业的投入，利用国际贸易中心的资源和网络，优化产业全球布局，提升产业的国际竞争力。

（五）推动贸易创新与服务升级

随着上海高端产业的发展和国际贸易中心建设的深入，贸易方式也在不断创新。上海利用数字技术推动贸易数字化、智能化，发展跨境电商、数字贸易等新模式，提升贸易服务的效率和水平。这些创新贸易方式为上海高端产业提供了新的增长点，也进一步增强了国际贸易中心的功能和服务能力。

四、产业链助力经济中心与国际航运中心的耦合发展

（一）基础设施互联互通

国际经济中心的建设需要高效的物流与供应链支持，而国际航运中心通过提供先进的港口设施和高效的航运服务，为高端产业的原材料输入、产品输出以及国际贸易提供了物流保障（见表8-4）。上海港作为世界最大的集装箱港口之一，其高效的运营和广泛的国际航线网络，为上海乃至整个长三角地区的高端产业发展提供了强有力的物流支持，促进了国际经济中心的建设和国际市场的拓展。

表 8-4　国际航运中心建设对上海高端产业的促进作用

物流保障措施	对高端产业的作用
先进的港口设施	上海国际航运中心拥有世界领先水平的现代化港口设施。这些港口设施配备了先进的装卸设备和信息化管理系统，能够快速、高效地处理大宗货物和集装箱货运，满足高端产业的大规模进出口需求。
高效的航运服务	上海国际航运中心与全球各大航运公司和船东建立了良好的合作关系，提供了多样化的航线和航运服务。高端产业企业可以选择适合自己需求的航线和船期，保障原材料的及时供应和产品的准时交付，提高了供应链的稳定性和可靠性。
便捷的物流通道	上海国际航运中心位于长江口，是连接长江经济带和世界各大海洋航线的重要节点。高端产业企业可以通过上海港便捷地与全球主要贸易伙伴进行货物往来，快速实现原材料的输入和产品的输出，降低了物流成本和时间成本。

资料来源：课题组整理。

（二）产业链全球布局优化

国际航运中心的功能不仅限于货物的运输，还包括供应链管理和物流服务的创新，这为上海的高端产业提供了全球产业链布局和优化的可能性。通过有效的物流和供应链服务，企业可以在全球范围内寻找最优的生产基地、研发中心和市场，实现成本最低化和效率最大化，从而在全球竞争中占据有利地位。

（三）促进国际贸易和投资

国际航运中心的发展提高了上海在国际贸易中的地位，促进了国际贸易的便利化，为上海及周边地区的高端产业提供了广阔的国际市场。同时，国际航运中心吸引了大量的国际航运企业、物流企业和贸易公司落户，这些企业的集聚效应进一步加强了上海国际经济中心的功能，吸引了更多的国际资本和高端人才。

（四）增强国际合作与交流

国际航运中心作为全球航运网络的重要节点，促进了国际间的合作与交流。对于上海的高端产业而言，这不仅意味着产品可以更快速地进入国际市场，还意味着有更多的国际合作机会，包括技术合作、资本合作等。这种国际合作对于提升上海高端产业的创新能力、产品质量和服务水平具有重要意义。

（五）推动高端服务业发展

国际航运中心的建设和发展带动了相关高端服务业的发展，如国际贸易服务、航运金融、航运保险、船舶管理等，这些服务业的发展又进一步加强了上海国际经济中心的功能，形成了产业互补和功能互助的良好循环。通过提供高质量的服务，上海能够吸引更多的国际航运和贸易活动，增强其国际经济中心的地位。

五、产业链助力经济中心与科创中心的耦合发展

上海的国际经济中心建设与国际科创中心建设的耦合发展，特别是从高端产业链引领功能的视角来看，是上海市面向未来的重要战略布局。这种耦合不仅加速了上海经济的高质量发展，也推动了上海在全球创新网络中的地位提升。

上海作为中国最重要的经济中心之一，其高端产业的发展在很大程度上依赖于科技创新。上海通过建设国际科创中心，集聚了大量的

创新资源，包括研发机构、创新型企业、高技术人才等，为高端产业提供了强大的技术支撑和创新动力。例如，上海张江高科技园区和临港新片区等，已成为国内外知名的科技创新高地，吸引了大量高新技术企业和研发机构入驻（见表8-5）。

表8-5 张江高科技园区的高新技术企业创新实践

企业	基本情况	创新实践
中芯国际	中芯国际是中国领先的集成电路芯片制造企业之一，专注于提供0.35微米到90纳米不同技术节点的晶圆代工与技术服务。在张江高科技园区内，中芯国际设有重要的生产基地和研发中心，致力于推动中国集成电路产业的自主发展。	中芯国际在芯片制造技术领域取得了多项创新成果，包括提高生产效率、降低生产成本、提升产品质量等方面的技术突破，为国内外客户提供高质量的芯片制造服务。
华虹宏力	华虹宏力是张江高科技园区内另一家知名的集成电路制造企业。公司专注于特色工艺集成电路的研发与制造，拥有多项自主知识产权的核心技术。华虹宏力致力于为客户提供高品质、高可靠性的集成电路产品，满足不同应用领域的需求。	华虹宏力在特色工艺集成电路领域积极开展创新实践，推动技术创新与产业升级。公司不断研发新产品、新技术，提升产品性能和质量，为国内外客户提供更优质的服务。
罗氏制药	罗氏制药是全球领先的生物制药公司之一，在张江高科技园区设有研发中心和生产基地。罗氏制药致力于研发创新药物，解决全球公共卫生挑战，为患者提供更好的治疗方案。	罗氏制药在张江的研发中心专注于新药研发和临床试验，取得了多项重要的研发成果。公司不断推出创新药物，为全球患者提供有效、安全的治疗手段。
微创医疗	微创医疗是一家专注于高端医疗器械研发与制造的企业，产品涵盖心血管、骨科、神经等多个领域。在张江高科技园区，微创医疗设立研发中心和生产基地，致力于推动中国医疗器械产业的创新发展。	微创医疗在医疗器械领域积极开展技术创新，研发出多项具有自主知识产权的核心技术。公司的产品在性能、质量、安全性等方面均达到国际先进水平，为国内外医疗机构提供优质的医疗器械解决方案。

资料来源：课题组整理。

　　在国际科创中心建设的推动下，上海不断加强科技与经济的深度融合，推动高端产业向更高技术水平、更大产业价值链方向发展（见表 8-6）。上海在人工智能、生物医药、集成电路等领域取得了显著成就，这些成就不仅提升了上海的产业竞争力，也为上海的国际经济中心建设提供了坚实的技术基础和产业支撑。

表 8-6　科创与产业融合的案例

行业领域	基本情况
人工智能领域	上海的汽车制造企业积极拥抱人工智能技术，实现了智能制造。这些企业采用先进的人工智能技术，如机器学习、大数据分析等，对生产过程中的数据进行实时监控和智能分析，通过智能调度系统实现生产线的自动化运行和优化调度，提升了生产效率，降低了能耗和成本。此外，上海还发布了全国首个人工智能创新应用先导区十大成果，涵盖芯片、机器人、金融、医疗、自动驾驶等多个领域，展示了在人工智能领域的创新实力。
生物医药领域	上海的生物医药产业规模持续扩大，创新成果不断涌现。例如，浦东新区在生物医药领域取得了突破性的创新成果，包括全球首个糖尿病全新机制原创新药、全球首个 PD-L1 皮下注射制剂等。此外，上海还聚焦"张江研发＋上海制造"，全面布局生物制品、创新化学药、现代中药、高端医疗器械以及智慧医疗等领域，推动了生物医药产业的快速发展。
集成电路领域	上海聚焦"全链发展＋芯机联动"，在先进工艺产能、核心芯片能级、关键设备和基础材料配套支撑能力等方面不断提升。上海集成电路产业规模达到 2500 亿元，约占全国的四分之一，并集聚了超过 1000 家重点企业，吸引了全国 40% 的集成电路人才。

资料来源：课题组整理。

　　耦合发展的一个重要表现是上海在建设国际科创中心过程中形成了具有全球竞争力的创新生态系统（见图 8-8）。这个生态系统不仅包括研发和产业化的基础设施，还包括政策支持、资金投入、人才培养等多方面。通过构建这样一个全面的创新生态系统，上海能够持续推动高端产业的创新和发展，为国际经济中心的持续竞争力提供支持。

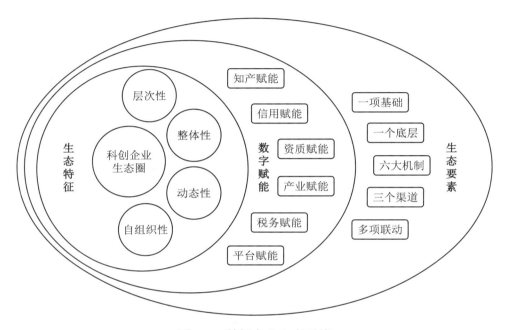

图 8-8　科创企业生态系统

资料来源：罗春华、杭州市发改委课题组：《科创企业融资生态创新研究》，《财会通讯》2024 年第 2 期。

　　上海张江科学城是中国的国家级科技园区，也是上海市的科创中心之一。该科学城致力于打造一个融合科研、教育、产业、人才和服务的创新生态系统，推动高端产业的创新和发展（见图 8-9）。

　　随着科创中心和经济中心耦合发展的不断深入，上海在全球的品牌效应和影响力也显著增强。上海不仅成为国内外企业投资的热门地区，而且成为国际创新人才的汇聚地。上海的成功案例和经验在全球范围内被广泛关注和学习，进一步增强了其作为国际经济中心和科创中心的地位。

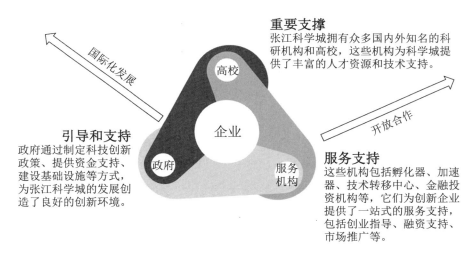

图 8-9　张江科学城创新生态系统

资料来源：课题组自绘。

第三节　"五个中心"耦合发展的关键发力点

"五个中心"的各中心之间通过产业链的横向协同，形成紧密的产业联动。从供应链到价值链，通过产业链的纵向深化，实现资源、信息和技术的高效流动。通过科创中心的引领作用，推动产业链上下游的技术集成和应用创新。产业链的夯实，可以有效促进上海"五个中心"耦合发展，以下是一些关键发力点。

一、生产综合体创建耦合发展的优质平台

生产综合体（或产业综合体）作为一种集生产、研发、办公、生活、休闲等功能于一体的现代化工业园区或产业集聚区，可以在助力上海"五个中心"耦合发展中发挥重要作用。

（一）促进产业升级与经济发展

生产综合体能够集中资源和优势，推动产业升级。例如，在上海的集成电路、生物医药、人工智能等先导产业中，通过综合体的形式，可以实现产业链上下游的紧密配合，提高生产效率。通过综合体内的企业协作，可以降低生产成本，提高产品质量，从而增强上海作为国际经济中心的竞争力。

（二）金融支持与资本运作

生产综合体的发展离不开金融支持。上海作为金融中心，可以为综合体内的企业提供多样化的金融服务，如融资、投资等，促进资本的高效运作。综合体内的企业也可以通过金融市场进行资本运作，实现快速扩张和发展。

（三）贸易便利化与市场拓展

上海作为贸易中心，拥有完善的贸易体系和国际化的市场环境。生产综合体可以利用这一优势，拓展国内外市场，提高产品销量。通过综合体内的协作，可以共同应对贸易摩擦和市场风险，提升整体贸易竞争力。

（四）物流优化与航运协同

上海作为航运中心，拥有发达的物流体系和港口设施。生产综合体可以与航运中心紧密合作，优化物流配送，降低运输成本。通过航运中心的国际网络连接，综合体内的产品可以更快速地进入国际市场，提高市场竞争力。

（五）科技创新与成果转化

上海作为科创中心，拥有丰富的科研资源和创新环境。生产综合体可以与科研机构紧密合作，推动科技创新和成果转化。通过引入新技术和新工艺，综合体可以提高生产效率，降低成本，同时开发出更具市场竞争力的新产品。

二、二三产业融合提升耦合发展总体竞争力

上海的二三产业融合，也是推动"五个中心"耦合发展的关键。

（一）二三产业融合推动产业升级与创新

一是产业升级。上海通过推动二三产业的深度融合，促进了传统产业的转型升级和新兴产业的快速发展。例如，在制造业中引入现代服务业元素，包括信息技术、金融服务等，提高了生产效率，推动了产业向高端化、智能化、绿色化方向发展。

二是技术创新。二三产业的融合加速了技术创新的步伐。上海在集成电路、生物医药、人工智能等关键领域取得了显著的技术突破，这些创新成果不仅提升了产业自身的竞争力，也为其他产业的发展提供了有力支持。

（二）产业链协同提升"五个中心"的功能

在经济方面，二三产业的融合使得上海的产业链更加完善，吸引了更多的国内外企业入驻，推动了国际贸易和投资的发展。同时，产业链上下游的紧密协作提高了整个经济体系的运行效率，增强了上海

作为国际经济中心的吸引力。

在金融方面，上海通过推动金融与产业的深度融合，为产业链提供了全方位的金融服务。持牌金融机构持续向上海集聚，金融市场交易总额再创新高，为产业链的发展提供了充足的资金支持。

在贸易方面，二三产业的融合推动了贸易的便利化。上海口岸贸易额持续增长，占全球贸易总额的比重不断提高。同时，上海积极打造国际贸易单一窗口，提高了贸易的效率和便利性，进一步巩固了贸易中心的地位。

在航运方面，上海港作为世界领先的航运中心，通过优化物流体系和提高运输效率，为产业链的发展提供了有力支撑。同时，上海还积极推进与长三角地区的协同发展，建立了跨省工作机制，确保全国产业链供应链稳定畅通。

在科创方面，二三产业的融合加速了科技创新的步伐。上海集聚了众多高水平的科研机构和高校，为产业链的创新提供了强大支撑。同时，上海还实施了一系列科技创新政策，鼓励企业加大研发投入，推动关键核心技术的突破和产业化应用。

（三）产业链优化提升产业综合实力

一方面，上海通过产业链整合，实现了上下游企业的紧密合作和协同发展。这种产业链整合模式有助于提升整个产业链的效率和竞争力，推动产业链向高端化发展。另一方面，上海积极推动产业链的延伸和拓展，通过引入新技术、新工艺和新材料等方式，拓展了产业链的领域和范围。这不仅提升了产业链的综合实力，也为上海的经济发展注入了新动力。

三、产业数字化促进耦合效率与协同性

产业数字化能够提升产业链整体效率与协同性，促进二三产业深度融合，优化产业链生态，提升"五个中心"的功能地位，是"五个中心"耦合发展的重要路径。

（一）数字化驱动产业升级与融合

上海在推进产业数字化过程中，注重产业链的数字化升级。例如，在制造业领域，通过引入工业互联网、大数据、人工智能等数字技术，实现了生产过程的自动化、智能化和柔性化，提高了生产效率和质量。这种数字化升级不仅提升了制造业的竞争力，也为其他产业的发展提供了有力支撑。产业数字化也推动了二三产业的深度融合。通过数字化技术的应用，传统制造业与现代服务业之间的界限逐渐模糊，二者在产业链上形成了更加紧密的合作关系。这种融合不仅促进了产业链的优化升级，也提升了整个产业体系的竞争力和效率。

（二）数字化赋能"五个中心"建设

在经济功能方面，产业数字化为上海国际经济中心的建设提供了有力支撑。通过数字化技术的应用，上海在国际贸易、跨境电商等领域取得了显著成果。同时，数字化还推动上海在全球产业链、价值链中的位置提升，增强其作为国际经济中心的地位。

　　在金融功能方面，上海在推动金融数字化转型方面取得了积极进展。金融科技的发展为金融业带来了更多创新机会，推动了金融产品的丰富化和金融服务的便捷化。同时，数字化还加强了金融与产业的融合，为产业链的发展提供了更加多元的金融服务。

　　在贸易功能方面，产业数字化推动了上海贸易中心的数字化升级。通过建设国际贸易单一窗口、推广电子口岸等措施，上海提高了贸易的便利性和效率。同时，数字化还加强了贸易监管和风险控制能力，为贸易的可持续发展提供了有力保障。

　　在航运功能方面，上海港作为世界领先的航运中心之一，在产业数字化方面也取得了显著进展。通过数字化技术的应用，上海港提高了港口运营的智能化水平和物流效率。同时，数字化还加强了港口与内陆地区的联动发展，推动了航运业的整体进步。

　　在科技创新方面，产业数字化为上海科创中心的建设提供了强大动力。通过引入新技术、新工艺和新材料等方式，上海在科创领域取得了显著成果。同时，数字化还加强了科研机构和高校之间的合作与交流，推动了科技成果的转化和应用。

（三）数字化优化产业链生态

　　一方面，产业数字化推动了产业链上下游企业之间的协同合作。通过数字化平台的建设和应用，企业可以更加便捷地获取市场信息、进行技术研发和产品创新等活动。这种协同合作不仅提高了整个产业链的效率和竞争力，也为上海的经济发展注入了新活力。另一方面，产业数字化为中小企业的发展提供了更多机会。通过数字化技术的应用，中小企业可以更加便捷地获取资源、拓展市场和提升品牌知名度等。这种数字化赋能不仅有助于中小企业快速成长和壮大，也为整个产业链的稳定发展提供了有力支撑。

四、绿色产业链促进耦合发展的可持续性

绿色产业链通过其环保、高效和可持续的特点，可以显著推动上海"五个中心"的耦合发展。

（一）推动绿色经济发展，增强经济中心地位

绿色产业链强调在生产过程中实现资源的节约使用和污染的减少，这有助于推动上海的绿色经济发展。随着社会对环保和可持续发展的日益重视，绿色经济成为国际经济发展的重要趋势。上海作为国际经济中心，通过发展绿色产业链，不仅可以吸引更多的绿色投资，还可以推动绿色技术的创新和应用，进一步提升其国际经济中心的地位。

（二）促进绿色金融发展，强化金融中心功能

绿色产业链的发展需要绿色金融的支持。上海作为金融中心，可以积极发展绿色金融，为绿色产业链提供资金支持和金融服务。通过推动绿色债券、绿色基金等金融产品的创新，上海可以吸引更多的绿色资本，推动绿色产业链的发展。同时，绿色金融的发展也有助于上海金融中心的转型升级，增强其服务功能。

（三）提升贸易绿色化水平，巩固贸易中心地位

绿色产业链的发展将推动贸易的绿色化。上海作为贸易中心，可以通过推动绿色贸易，提升贸易的绿色化水平。例如，推动绿色产品的贸易、加强绿色贸易标准的制定实施等。这将有助于上海在国际贸易中树立绿色形象，巩固其贸易中心的地位。

（四）促进航运业绿色发展，强化航运中心地位

绿色产业链的发展将推动航运业的绿色发展。上海作为航运中心，可以通过推动绿色航运的发展，减少航运过程中的污染排放，提高航运效率。同时，上海还可以加强与全球绿色航运的合作交流，推动航运业的可持续发展。这将有助于上海在航运领域树立绿色形象，强化其航运中心的地位。

（五）推动科创与绿色融合，加强科创中心建设

绿色产业链的发展需要科技创新的支撑。上海作为科创中心，可以积极推动科创与绿色的融合，通过加强绿色技术的研发和应用，推动绿色产业链的技术创新。同时，上海还可以加强与全球绿色科技创新的合作交流，吸引更多的绿色科技创新资源，推动科创中心的建设。

以新能源汽车为例，上海嘉定区作为上海重要的汽车产业基地，近年来致力于发展新能源汽车产业。嘉定区依托绿色科技和智能制造，构建了完备的新能源汽车绿色产业链，涵盖研发、生产、销售、服务等多个环节，推动区域经济的绿色转型和高质量发展，在上海"五个中心"的耦合发展中承担重要角色（见表8-7）。

表 8-7　新能源汽车绿色产业链的具体措施

生产环节	具体措施
绿色制造与智能工厂	嘉定区引进和发展了一批新能源汽车制造企业，包括大众、蔚来、小马智行等，通过建设智能工厂和绿色制造体系，提升生产效率和产品质量，减少能源消耗和环境污染。
绿色金融支持	区域内设立了多家绿色金融机构，提供针对新能源汽车企业的专项融资、绿色债券和环保基金等金融产品，支持企业的绿色转型和可持续发展。
国际贸易与物流	嘉定区积极开拓国际市场，通过绿色供应链管理和高效的国际物流体系，提升新能源汽车及相关产品的出口能力，推动国际贸易的发展。
科技创新与研发	嘉定区集聚了一批科研院所和创新企业，致力于新能源汽车核心技术的研发和创新。通过政府支持和企业合作，推动科技成果的产业化和市场应用。

资料来源：课题组整理。

第四节　结论及建议

国际经济中心的产业链提升以及与其他四个中心的耦合发展，是推动上海实现高质量发展的核心动力。通过深化这些中心之间的互动和协同，上海不仅能够加快建设具有全球影响力的城市功能体系，还能在全球经济中占据更加重要的地位。未来，上海应进一步优化这些中心之间的耦合机制，激发高端产业的活力，推动经济社会的全面发展。在助力上海"五个中心"耦合发展的过程中，产业链发展面临一些问题。

第一，产业链协同不足。产业链上下游企业之间的协同合作尚不够紧密，导致信息传递不畅，影响了整个产业链的效率和竞争力。缺乏有效的产业链协同机制，使得企业在面对市场变化时难以快速响应。

第二，绿色产业链发展滞后。虽然上海在推动绿色产业链发展方面取得了一定进展，但与发达国家相比，仍然存在较大差距。绿色技术创新和应用不足，导致绿色产业链的发展受到制约。

第三，中小企业参与度不高。大部分中小企业在产业链中的参与度不高，难以享受到产业链发展带来的红利。中小企业在技术创新、市场开拓等方面面临较大困难。

第四，国际竞争力有待提升。上海在部分产业链环节上仍然依赖进口，缺乏自主研发和创新能力。与国际先进水平相比，上海在某些产业链上的竞争力还有待提升。

针对以上问题，我们提出以下建议。

第一，加强产业链协同合作。建立有效的产业链协同机制，加强上下游企业之间的合作与交流。推广数字化、智能化等先进技术，提高产业链的信息传递效率和协同能力。

第二，推动绿色产业链发展。加大对绿色技术创新的投入和支持力度，推动绿色技术在产业链中的广泛应用。建立绿色产业链发展评价体系和标准体系，引导企业向绿色化、低碳化方向发展。

第三，提升中小企业参与度。加强中小企业在产业链中的服务支持，如提供技术咨询、市场开拓等服务。鼓励中小企业与大型企业建立合作关系，共同推动产业链的发展。

第四，提升国际竞争力。加大自主研发和创新力度，提高产业链的核心竞争力。积极参与国际竞争与合作，推动产业链向全球价值链高端攀升。

第五，优化产业布局和规划。根据"五个中心"的功能定位和发展需求，优化产业布局和规划。聚焦主导产业和关键领域，形成具有特色的产业链集群。

第六，加强政策支持和引导。制定更加精准、有效的产业政策，为产业链发展提供有力支持。加强政策宣传和解读工作，引导企业积极参与产业链建设。

通过上述措施的实施，可以进一步推动上海"五个中心"的耦合发展，提升产业链的整体竞争力和可持续发展能力。

第九章
文化创意促进"五个中心"
耦合发展

　　全球城市是全球治理的核心聚集地，不仅是科技创新资源高度集聚的空间载体，也是文化和科技元素融合发展的节点，在经济、文化、科技等方面具有融合发展需求。文化是卓越全球城市的核心功能之一，也是提升城市吸引力、软实力、城市魅力的重要依托。分析全球城市在国际文化大都市以及与多元功能耦合发展中的演变规律，具有重要价值。

　　国际文化大都市，是全球文化发展的枢纽和节点，是国家和地区参与全球文化软实力竞争的门户，承载和控制着全球文化资源要素的流动和配置。[1]上海要在硬实力要素（如工业、制造业、城市空间等）基础上叠加软实力要素（如文化、创意、品牌、体验等），力争实现"1+1>2"的叠加效应，充分发挥经济、科技、产业等方面硬实

---

[1]　徐剑：《国际文化大都市指标设计及评价》，《上海交通大学学报》(哲学社会科学版）2019 年第 2 期。

力优势，并努力将其转化为制度、品牌、服务等软实力方面优势。[1]
上海要充分借助和发挥服务国家"一带一路"桥头堡作用，进一步激
活城市文化核心功能，促发全球城市的活力和动力。[2]本章分析全
球城市的国际文化大都市建设、与多元功能耦合发展经验，将对上海
推动经济社会高质量发展、提升城市能级和核心竞争力、实现国家战
略具有重要现实意义。

第一节　全球城市文化建设的内涵与实践

上海要打造卓越的全球城市、建设具有世界影响力的社会主
义国际文化大都市，需要不断提升文化软实力、影响力和感召
力。这体现了上海深入贯彻和践行习近平文化思想，紧扣新的文
化使命，打造文化自信自强的上海样本。本节对新时代文化建设
的内涵与使命进行解读，介绍国内外全球城市文化创意建设的实践
经验。

一、新时代文化建设的内涵与使命

习近平总书记在 2023 年 10 月对宣传思想文化工作作出重要指
示："围绕在新的历史起点上继续推动文化繁荣、建设文化强国、建

---

［1］蒋昌建、杨秋怡、沈逸、孙立坚、张怡、吕雅：《上海"五个中心"新一轮发展战略：
打造国家发展动力引领城市》，《科学发展》2022 年第 12 期。
［2］陶希东：《上海建设卓越全球城市的文化路径与策略》，《科学发展》2018 年第 12 期。

设中华民族现代文明这一新的文化使命，坚定文化自信，秉持开放包容，坚持守正创新。"这为新时代文化建设明确了方向，要着力加强党对宣传思想文化工作的领导，着力建设具有强大凝聚力和引领力的社会主义意识形态，着力培育和践行社会主义核心价值观，着力提升新闻舆论传播力引导力影响力公信力，着力赓续中华文脉、推动中华优秀传统文化创造性转化和创新性发展，着力推动文化事业和文化产业繁荣发展，着力加强国际传播能力建设、促进文明交流互鉴。党的二十届三中全会明确提出，"中国式现代化是物质文明和精神文明相协调的现代化"，我们"必须增强文化自信，发展社会主义先进文化，弘扬革命文化，传承中华优秀传统文化，加快适应信息技术迅猛发展新形势，培育形成规模宏大的优秀文化人才队伍，激发全民族文化创新创造活力"，要"完善意识形态工作责任制""优化文化服务和文化产品供给机制""健全网络综合治理体系""构建更有效力的国际传播体系"。

对标习近平总书记提出的新的文化使命，上海也明确建设习近平文化思想最佳实践地这一文化建设的新使命，增强建设国际文化大都市的使命感和责任感。十二届上海市委五次全会要求，"优化文化服务和文化产品供给机制"，"构建更有效力的国际传播体系，提升国际文化大都市软实力，加快建设习近平文化思想最佳实践地"。这就要求，上海在建设国际文化大都市中，要提高政治站位，用党的创新理论武装全党、教育人民，不断传承城市文脉，打造具有世界影响力的文化品牌，激发文化创新创造活力，展示中华文化魅力，在推进中国式现代化中发挥龙头带动和示范引领作用。

二、全球城市文化创意建设实践

2022 年 3 月，上海交通大学与美国南加州大学联合发布的《国际文化大都市评价报告》构建了国际文化大都市的评价指标体系，并通过收集统一口径的全球数据，针对 51 个国际文化大都市进行了首次全球评价的探索。评价指标体系设计围绕城市吸引力、创造力、竞争力三大维度，形成 10 个一级指标、52 个二级指标。根据评价排名，位居前十的城市为纽约、伦敦、巴黎、东京、旧金山、柏林、北京、洛杉矶、上海、罗马，上海成为北京之后的中国第二大国际文化大都市。这展现出国际文化大都市建设发展中的共性特征：一是具有强大的城市吸引力，通过独特的文化魅力吸引众多国际游客、国际学生前来观光求学，不断提升城市形象和知名度；二是具有丰富的文化遗产、多元的文化设施，包括众多博物馆、美术馆，形成旺盛的文化人气；三是具有浓厚的文化氛围，并不断形成巨大的文化消费市场，包括剧院、音乐厅等文化场所，以及演艺业、音乐产业、影视产业等文化产业。

（一）北京：多领域文化深度融合

北京深入学习贯彻习近平文化思想，推动文化创意的多元化发展、高品质发展和融合式发展，形成文化新业态、新模式和新成果，文化供给和文化消费相互促进升级，不断提升文化传播力、文化影响力，文化创意的深度融合是北京建成全国文化中心的重要手段。

1. 政策引领文化创意深度融合

2018 年，北京发布《关于推进文化创意产业创新发展的意见》，提出"建设充满人文关怀、人文风采和文化魅力的中国特色社会主义先进文化之都"的发展目标，并提出推动文化科技融合、打造数字创意主阵地等主攻方向，明确创意设计、媒体融合、广播影视、出版发行、动漫游戏、演艺娱乐、文博非遗、艺术品交易、文创智库等重点领域。2023年，北京市商务局等九部门印发《进一步促进北京老字号创新发展的行动方案（2023—2025年）》，提出塑造北京老字号城市IP，深化"北京有礼"城市级伴手礼平台。

2. "文化+"构建产业融合发展新动能

北京探索以"文化+"的方式，实现文化与旅游、体育、商业、乡村振兴等领域深度融合。在"文化+金融"上，北京大力推进文化金融发展，创新文化金融政策，成立文创板公司，引导设立金融机构。2020年，北京文化产业私募股权融资规模、挂牌新三板文化企业融资规模、上市文化企业IPO融资规模均位列全国第一。在"文化+旅游"上，北京深入挖掘京味文化内涵，利用现代科技促进文化旅游产品和服务价值创新，多元化呈现了古都文化、红色文化、京味文化、创新文化交相辉映的时代画卷。在"文化+科技"上，在数字技术的赋能之下，文化产业新形态不断涌现，传统产业加快升级，文化产品与服务日益丰富，北京文化产业发明专利授权量约占全国的40%。在创意设计领域，科技元素为北京"设计之都"建设赋能。

3. 文化融合新场景为城市发展赋能

"十四五"时期，北京把融合发展作为推动首都文化和旅游产业高质量发展的重要动能，坚持宜融则融、能融尽融，以文塑旅、以旅彰文，推出系列文旅精品。文旅融合的新场景、新业态，为北京这座古都的发展持续赋能。例如老北京记忆中的隆福寺长虹电影院，经过改造后变成了科技与文化融合的沉浸式飞行影院；首钢工业园区在融合工业文化、冬奥文化和创新文化之后，成为新晋网红打卡地；拥有30座大型红砖仓库的北京纺织仓库，在文化加持下，成为全国影视制作地标。

（二）纽约：多元化的国际文化交织

纽约是全球重要的金融、商业、科技、教育、文化、艺术和娱乐中心，拥有众多的具有世界影响的媒体、软件、娱乐等产业，同时具有多元文化的包容性，是辐射全球的媒体和娱乐产业中心之一。

1. 培育科技文化，推动技术创新驱动

纽约实施从单一资本驱动向资本和技术创新双轨驱动的战略转型。2009 年，《五大行政区经济机遇计划》发展战略提出要将科技创新打造成纽约未来经济增长的新动力。2015 年，《一个新的纽约市：2014—2025》明确"全球创新之都"的城市发展定位。纽约全球科创中心地位迅速确立，"众创空间"作为纽约科技文化创新 IP 也得到蓬勃发展，构建社会化创新环境。

2. 重视文化教育，强化产业融合发展

纽约高等教育与高端产业相互融合发展。纽约建立了以哥伦比亚大学和纽约大学为第一梯队，以纽约州立大学和纽约市立大学为第二梯队的大学集群，每年吸引着超过 100 万名大学生和研究生就读于此。2014 年开始推行的"纽约市科技人才管道"（Tech Talent Pipeline）人才培养计划，将纽约的高科技企业与高校聚集起来共同培养高素质科技人才，既满足社会需求，又满足高校要求。

文化产业上，美国艺术综合就业和培训计划（CETA 计划）就是

由纽约就业部资助，为艺术家创造就业机会，为文化艺术工作者提供稳定收入和受益的工作，具体包括提供美术制作培训、艺术管理和技术支持等。并且纽约市政府还不断加大对文化产业小型组织的扶持。

（三）巴黎：塑造全球文化和时尚之都

巴黎在全球城市网络中的文化影响力非常显著。在知识生产和信息流通方面，巴黎拥有 17 所国际知名大学、350 所高等教育机构和全国 59% 的研究人员。在阅读文化、表演艺术、影视作品的生产和推广以及艺术院校数量等方面，巴黎也遥遥领先。巴黎还是包括联合国教科文组织、经合组织和国际汽车联合会等多个国际组织总部所在地。巴黎不仅是世界文化中心城市，也是世界时尚与设计产业的重要城市。巴黎拥有世界上最多的奢侈品牌，以及全球影响力最广的巴黎时装周等时尚活动平台。

1. 经营城市品牌，打造"时尚之都"

巴黎最著名也是最核心的文化产业就是奢侈品行业。巴黎通过打造一系列奢侈品头部企业来引领全球时尚，如路易威登（LV）、迪奥（Dior）、香奈儿（Chanel）等许多世界顶级的时尚品牌。为了服务奢侈品文化产业，在硬件方面，巴黎打造了以香榭丽舍大街为中心，串联蒙田大道、奥斯曼大道、圣·奥诺雷街的奢侈品消费链，将香榭丽舍大街打造成时尚品牌聚集地的代名词。在软件方面，巴黎大力提高时尚文化产业的地位，让时尚成为市民的追逐。例如，法国文化部通过将艺术与文学骑士勋章授予奢侈品行业的工匠来提高奢侈品行业的地位。

2. 政策扶持，助力文化产业转型升级

法国在国家层面专门制定了针对文化产业某个领域的独特税收征

管政策，尤其是文化产业的征税率低、税收负担轻。总的来看，法国销售商品的增值税税率为 19.6%，出版企业销售额税率为 5.5%，新闻出版物按照 2.1% 的税率征税，影视产品则是按 2% 的优惠税率征税。针对演出娱乐产业的税率均低于一般商品的增值税税率。巴黎市政府为了将年轻人从酒吧、球场吸引到艺术场所，降低艺术表演的票价。例如巴黎夏特莱剧场的学生票价格就下调到 20 欧元 / 人，体现出文化政策惠及全体巴黎市民的主旨。

3. 引导公民参与城市形象的文化传播与外溢

巴黎"不眠之夜"由巴黎市政府自 2002 年发起，已举办了 17 届。在活动当晚，各种艺术作品、文化遗产、街头艺术和新技术会把巴黎变成一个露天博物馆，人们在夜色中可以免费参观各种艺术展览，分享"艺术之都"带来的艺术大餐。在这一活动的实施中，许多原创性的先锋艺术作品成了城市景观。专业的艺术家们通过舞蹈、歌剧、音乐、绘画、摄影和电影等艺术类型，将丰富多彩的视听艺术呈现给人们，旨在加强文化交流，分享彼此经验，实现共同的艺术规划。[1]

第二节　文化创意与多元功能耦合发展趋势与模式

全球城市是在社会、经济、文化、科技等方面具有直接影响全球

---

[1]　王冬冬、甘露顺:《上海推进国际文化大都市建设的全球经验借鉴及对策建议》,《科学发展》2022 年第 1 期。

事务能力的城市，是城市现代化的范式，是全球治理的核心聚集地。近年来，全球城市发展出现经济、科技和文化融合发展趋势，特别是科技和文化融合促进经济发展形成创新模式。

一、文化与经济、科技融合发展新趋势

在科技创新高速发展的背景下，文化产业高质量发展离不开科技的支撑。文化科技融合发展的优势主要体现在以下两个方面：一是文化科技融合优化原有产业内部结构。文化产业的数字化发展使文化创造和表达方式达到新高度，同时信息化技术也使得传统文化传播壁垒被打破，人工智能和大数据技术将消费群体进行重新划分，行业结构发生质的变化。二是文化科技融合发展能够催生新的产业业态。文化科技融合发展革新文化生产和传播方式，提升科技创新水平，打破文化和科技原有边界并加快文化科技融合和创新迭代速度。

科技与文化融合的模式创新发展，基于"研发—生产—创新—营销"的产业链，科技与文化的融合模式具有多样性，可以分为生产融合、市场融合、渠道融合及资源融合等。[1]文化各个产业部门根据自身需求与科技相融合，展现出各自的发展趋势（见表9-1）。

文化旅游产业以新型消费体验为引领，通过文化创意与新科技的集成应用，培育文化消费体验新模式，形成场景创新、IP开发、文化展演等趋势。文化艺术产业与科技结合成为艺术创新的重要推动

---

[1]　杨毅、陈秋宁、张琳：《文化与科技融合发展中的创新模式及革新进路》，《科技进步与对策》2019年第13期。

力，为艺术创新注入新活力，形成艺术创作方式革新、艺术欣赏与创作交流方式革新等新态势。广播影视产业依托虚拟现实、物联网、大数据、人工智能等技术，通过人工智能与智慧广电融合、新兴业态推动产业创新，呈现内容革新、传播创新等新态势。数字创意产业以文化创意为核心，依托数字技术进行生产、传播和服务，强化科技和文化的融合，形成文化 IP 与数字创意结合、"VR/AR+"与传统文化融合、数字创意和城市品牌传播融合的发展态势。

表 9-1　典型产业链的文化科技融合情况[1]

典型业态	基本特征	环节	产业链内容
新媒体	以数字技术为基础，以网络为载体进行信息传播的媒介。信息传播特征为网络化、数字化和互动式的。	上游	内容制作、内容创意
		中游	网络运营（广播电视网、通信网、移动互联网、互联网等）、网络设备制造
		下游	终端设备制造（平板电脑、手机、智能家电、数字电视等）
数字出版	利用数字技术进行内容编辑加工，并通过网络传播数字内容产品的出版活动。	上游	内容制作
		中游	数字内容的发行平台、网络运营、网络设备制造
		下游	终端设备制造（电子书、平板电脑、手机等）
游戏动漫	以动画、游戏为表现形式，依托数字化技术和信息网络技术对媒体从形式到内容进行改造和创新的产业，包括图形图像、动画、音效、多媒体制作等。	上游	漫画原创作品、游戏创意
		中游	动画制作、游戏制作
		下游	动画放映、动漫游戏周边产品制造及销售

---

[1]　贾佳、许立勇、李方丽：《区域文化科技融合创新指标体系研究》，《科技促进发展》2018 年第 12 期。

（续表）

典型业态	基本特征	环节	产业链内容
文化装备	指用于满足人们的文化消费和娱乐需求，用于协助文化内容的制作、传播、播放的媒介设备。	上游	核心技术研发和标准制定、硬件设施制造、存储设施建设
		中游	软件开发、网络运营
		下游	终端设备制造、应用服务
创意设计	通过计算机技术将对环境、景观、建筑、工业等的想象和创意以设计的方式予以延伸、呈现与诠释的活动及其辅助产品制造的经营活动总和。	上游	基础软件开发、创意策划
		中游	应用软件设计、创意设计
		下游	创意设计产品制作及展现
互联网文化服务	文化艺术、广告会展、艺术品交易、文化教育等文化服务业与互联网相联系所衍生出的服务活动的总和。	上游	文化艺术作品、文化服务
		中游	网络软件与系统开发、网络运营
		下游	周边产品制造及服务销售

二、文化和科技融合，促进经济发展的创新模式

（一）基于文化的"互联网＋"模式，形成经济新的增长点

互联网发展共经历了门户网站阶段、搜索引擎阶段、社交媒体阶段、"互联网＋"阶段 4 个发展阶段。随着 5G 时代的到来，互联网已不再是信息传播工具，而是构造新媒体领域的核心因素。

第一，互联网改变了文化生产和消费方式。2020 年 11 月 30 日，国家文化和旅游部、国家发展改革委等十部门联合印发《关于深化"互联网＋旅游"推动旅游业高质量发展的意见》，提出到 2025 年国家 4A 级及以上景区基本实现智慧化转型升级的旅游产业发展目标，结合"互联网＋旅游"提出 8 项重点任务。"互联网＋旅游"对文化

旅游各项资源进行全面整合、信息共享、线上线下融合等，构建跨时空、跨地域、低成本、高效率的文化生产和消费模式，探寻传统文化未来新传播方向。

第二，互联网催生出新的营销方式。分享经济、粉丝经济和社区经济打破了产品原有的推销模式，拓展了文化产品的销售渠道。以网红经济为例，2018 年爆发式增长的网红经济是一种互联网普及和发展带来的新商业模式。该模式通过网络红人借助社交媒体平台对粉丝进行营销，通过电商、广告、直播打赏、付费服务、演艺代言培训等方式拓宽产品销售渠道并实现多方共赢。网络思维的渗透使越来越多的互联网用户愿意为个性化和有价值的文化内容付费。

第三，数字创意革新文化创意过程。目前，我国数字产业正处于政策与市场双重利好的黄金发展阶段。新技术与数字产业的深度结合不断催生新的文化产业业态，并不断为文化创意提供更丰富的发挥空间和创意工具。在广电媒体发展过程中，数字化、网络化与媒体的融合发展促使信息传输分发由单向发射向双向数字网络传输转变，媒体用户的消费方式由单向接受向多元互动的转变。数字化艺术品打破了时间与空间的局限，使人们脱离有形载体欣赏艺术。数字音乐使音乐爱好者摆脱原有的被动消费状态，并参与音乐产业形态和商业模式转型的过程中。

（二）科技创新文化传播，推动文化资源共享

随着我国经济步入高质量发展阶段，人民物质和精神生活水平进一步提升，对公共文化产品的需求日益增长，需要从国家层面开发和建设文化设施。2016 年发布的《中华人民共和国公共文化服务保障

法》明确指出了文化服务提供的路径、方法和保障措施。中共中央办公厅、国务院办公厅于 2017 年发布的《关于实施中华优秀传统文化传承发展工程的意见》明确指出正式将保护和传承地方传统文化列入各地发展规划。

文化资源和互联网相结合，通过数字技术为文物、文艺等优秀作品作宣传，拓宽了文化产业的营收渠道和创作空间。2013 年，故宫博物院出品首个 iPad 应用"胤禛美人图"，上线一周内下载量即超过 2 万次。2014 年 1 月，故宫博物院开通微信公众号"微故宫"，向公众及时发布馆内信息、展览等内容，并开发独具特色的"3D 故宫"App，使观众能够通过"掌上故宫"随时进行虚拟游览。2014 年底，故宫博物院官网青少年版上线，其利用剧情和角色扮演的方式丰富青少年的文化体验，并吸引更多的青少年关注中华传统文化。与此同时，故宫文创产品也通过公众号推广和发售。目前，故宫博物院开发的文创产品包括贵金属、玉器、器物、雕漆、珐琅等传统产品，也包括冰箱贴、玩偶、手机壳、文具等新潮产品。

地方文化是我国文化传承的基础，数字技术可以消除文化鸿沟，为公众提供更丰富多样的公共文化服务。2002 年，国家文化部和财政部联合开展了文化共享工程项目，通过构建地方特色文化项目整合项目资源，文化共享工程地方传统文化立项数量逐年增长。

（三）虚拟现实（VR）推动沉浸式体验

沉浸式体验是一种全新的网红型体验业态，常见于娱乐、展陈和文旅行业，为参与者带来娱乐、社交、成长等不同维度的价值。沉浸式体验集虚拟现实（VR）、增强现实（AR）、移动互联网、大数据、人工智能等大量尖端科技成果于一身，具有鲜明的集成性、复杂性特点，成为文化科技融合新高地。近年来，美国、英国、德国等发达国家的政府部门、大学、智库等对沉浸产业的技术开发、投资与合作、市场应用、对外贸易等多个领域进行了研究、开发和应用。

国务院及国家文旅部、国家科技部、中宣部等各部委从推动文化与科技融合、激发文化消费潜力的大局出发，先后颁布了多个文件，对包括沉浸式体验在内的文化产业新业态给予积极的鼓励。在国家政策的大力支持下，沉浸式体验在许多细分市场领域获得了显著的成果。根据《2024 中国沉浸产业发展白皮书》，截至 2023 年，中国沉浸式体验项目数量达到 32024 个，创造了近 92.8 万个就业岗位，消费市场规模达到927 亿元，投资规模上升至 1006.3 亿元，总产值达到 1933.4 亿元。

第三节　上海国际文化大都市建设与发展情况

近年来，上海高度重视推进具有世界影响力的社会主义现代化国际大都市建设，助力城市软实力提升。目前，上海城市精神和城市品格逐步凸显，文化软实力显著增强，社会主义现代化国际大都市的文化魅力不断彰显。在 2022 年的《国际文化大都市评价报告》中上海位居全球第九，成为继北京之后的中国第二大国际文化大都市。从具体分项得分来看，近年来上海在文化建设方面卓有成效，后发优势明显，但与其他国际文化大都市存在差距。其中，上海在公共文化参与方面排在全球首位，在文化旅游方面排名第五，文化教育方面排名第七，公共文化设施方面排名第十，互联网发展排名第六，文化经济发展排名第八，文化全球影响力排名第九。对标全球顶级国际文化中心，上海的整体文化能级仍较低，文化影响力、引领力和标识度仍有待进一步提高。如表 9-2 所示，通过与伦敦、纽约、巴黎、东京等国际文化大都市建设的比较，来分析上海在文化设施与供应、文化消费与参与、文化多样性等方面建设情况，并进行对比评估。

表 9-2　上海及其他国家文化大都市建设情况表[1]

指标	柏林	伦敦	纽约	巴黎	新加坡	东京	上海
国家博物馆数量（个）	18	11	5	24	5	8	27
其他博物馆数量（个）	140	162	126	113	48	39	87
美术馆和画廊数量（个）	421	857	721	1046	252	688	208
公共绿地（公园和花园）占全市面积的百分比（%）	14.4	38.4	14.0	9.4	47.0	3.4	2.6
世界文化遗产保护地数量（个）	3	4	1	4	—	1	—
其他遗产所在地、历史遗迹数量（个）	8689	18901	1482	3792	63	419	2049
公共图书馆数量（个）	88	383	220	830	25	377	477
每 10 万人拥有公共图书馆数量（个）	2.5	5	3	7	0.5	3	2
国内图书出版量（万册）	9.31	15.20	30.24	7.48	—	7.85	32.84
书店数量（个）	245	802	777	1025	164	1675	1322
每 10 万人拥有书店数量（个）	7	10	9	9	3	13	15
珍本和二手书店数量（个）	4	68	99	282	12	681	343
电影院数量（个）	94	108	117	302	34	82	230
电影银幕数量（块）	266	566	501	1003	239	334	670

[1]　包立峰、黄昌勇、王奥娜：《上海国际文化大都市建设评估报告》,《科学发展》2021年第 6 期。

（续表）

指标	柏林	伦敦	纽约	巴黎	新加坡	东京	上海
每百万人拥有电影银幕数量（块）	77	73	61	85	47	25	28
本国电影上映数量（部）	508	557	610	575	352	799	252
外国电影上映数量（部）	315	438	—	305	—	358	60
电子游戏厅数量（个）	—	44	17	14	—	997	587
剧场数量（个）	56	214	420	353	55	230	97
主要音乐厅数量（个）	2	10	15	15	8	15	4
现场音乐表演场地数量（个）	250	349	277	423	—	385	44
剧场演出（场）	6900	32448	43004	26676	2421	24575	15618
音乐演出（场）	—	17108	22204	33020	2418	15617	3356
喜剧演出（场）	—	11388	11076	10348	416	8452	—
舞蹈演出（场）	111	2756	6292	3172	1572	1598	1686
业余舞蹈学校数量（个）	104	618	682	715	89	748	438
博物馆和画廊参观人数占全市人口的百分比（%）	—	53.6	—	43	40	33	47.5
5个最受欢迎的博物馆和美术馆参观人次（百万次）	4.7	25.3	15.4	23.4	2.7	9.7	6.6
5个最受欢迎的博物馆和美术馆的人均参观次数（次）	1.4	3.2	1.9	2	0.5	0.8	0.3
图书馆借书人次（百万次）	23.6	37.2	68	47	33.2	112.2	58.7
人均图书馆借书（次）	6.8	4.8	8.3	4	6.5	8.6	2.5
电影院入场人次（百万人次）	9.1	41.6	—	58.2	22.1	29.3	22.9
人均电影院入场（次）	2.6	5.3	—	4.9	4.4	2.2	1
电影节数量（个）	33	61	57	190	—	35	1
最受欢迎电影节参加人次（万次）	48.49	13.20	41	15.18	—	12.1	26
剧场年均入场人次（百万人次）	2.4	14.2	28.1	5.7	0.6	12	0.6
每10万人剧场入场次数（次）	0.7	1.8	3.5	0.5	0.1	0.9	0.3

一、上海在国际文化大都市取得的成就

上海围绕打造文化品牌，不断提升文化软实力、推动文化惠民、促进文化传播，已取得了一定成就，国际文化大都市的建设展现出新气象、新格局。文化教育上设施不断优化均衡，文商旅体高质量融合带来文化市场蓬勃发展，"互联网+"为文创产业注入内生活力。

（一）文化教育为国际文化大都市打下基础

文化教育是城市文化影响力的重要组成部分，国际化教育对于城市传播和城市形象具有重要影响。上海的文化教育发展整体实力均衡，呈现出后发城市的文化教育发展潜力，文化教育得分与纽约、伦敦、东京相比存有一定差距，但与巴黎、北京、洛杉矶等城市相比差距较小。上海众多双一流高校汇集了更多高素质的学者、学生，教育生态环境较好，为城市文化发展提供高素质人才。从2013年到2023年，上海高校学生数量从50.48万人增加到57.24万人，呈稳定的逐年上升趋势。同时，近年来上海还不断加大教育支持政策力度，构建适宜人才成长发展的生态系统。

（二）文化参与度、文化多样性与文化旅游彰显文化活力

上海在文化生产领域的规模数量和水平质量都有明显提升，公共文化设施总量在世界上初具规模。根据《上海市文化产业发展报告（2024）》，2023年上半年，上海规模以上文化企业实现营业收入5998.9亿元，比上年同期增长20.6%，增速显著高于全国平均水平。上海文化产业总体规模保持平稳发展态势，已经成为上海国民经济发

展的支柱型产业，并且内部结构不断调整、持续优化。

自 20 世纪 30 年代以来，上海就成为中国的文化中心，从文化出版和戏剧影视到文化教育和娱乐休闲都是中国最发达之地，吸引本地居民和外来移民的集聚和文化参与。根据评价，上海的公共文化参与指标位居全球城市前列。根据《2023 长三角文化产业发展蓝皮书》统计，上海居民的文化消费支出达到 1719 元，占居民全部消费支出的 3.52%。根据 2022 年统计，上海市博物馆数量达到 116 个，展览活动 658 个，参观人次达到 784.45 万人次。上海市民对于各项文化活动的参与具有主动性和积极性，体现出城市文化传播上的广泛接受度。

上海对外来人才吸引力强，融合世界各地文化交流，不断增加城市文化活力。上海作为我国经济中心和对外交流的窗口，文化多样性程度高，吸引了大量全国乃至世界各地的人才在上海工作、学习。并且上海市民也从心理层面做好上海更加开放的准备，愿意看到更多外国人，与外国人成为邻居和朋友，体现出上海"海纳百川"的城市精神。

上海在文化旅游维度具有显著优势。上海游客人数规模突出，2023 年接待入境旅游者 364.46 万人次，国内旅游者 32642.76 万人次，高端的四星级、五星级酒店数量明显上升。

（三）"互联网＋"带动文化产业迅速发展

上海在互联网发展方面表现出潜力，拥有先进的无线网络基础设施，无线网络覆盖、移动媒体普及率等指标优势突出。

在"互联网＋"的新兴业态中，电竞产业尤为突出。上海依托影像、声音、动画、计算机网络，以及新媒体、VR、数字通信技术等多元形态，支撑电竞产业发展。电竞产业正推动上海占据国际游戏盛典和举办电竞比赛的核心地位。上海也是国内最先完成电竞全产业链布局的城市，包括从上游厂商到中游赛事、俱乐部、制作公司以及下游的直播平台、周边产品。英雄联盟、王者荣耀等热门电竞项目的顶级赛事均有落户上海，中国国际数码互动娱乐展览会（ChinaJoy）作为全球数码互动娱乐领域具有影响力的盛会，每年在上海举办，已形成品牌优势和全球影响力。

二、上海在国际文化大都市存在的差距

需要看到，上海在建设国际文化大都市上，尤其与位于前列的全球城市尚存在一定差距，具有较大提升空间。文化设施人均资源量存在不足，服务水平有待进一步提升，文化产业的新质生产力有待进一步培育，文化吸引力、文化全球影响力有待进一步彰显。

（一）文化设施在人均资源量上存在不足

上海城市的公共文化设施人均资源量处于弱势，人均水平有待加强。根据评估报告统计，上海市在每10万人图书馆数、剧场数、音乐厅数、博物馆数等相对落后。考虑到人口总量和城市面积的因素，上海公共图书馆建设还需要进一步加强。按国际图联标准计算，上海人均公共图书拥有量仅为1.3册，与国际图联人均2册的要求相差较大。

上海的文化场馆结构存在失衡等问题。与其他国际文化大都市艺

术类博物馆占全部博物馆数 30%—40% 相比，上海博物馆总量不多，艺术类博物馆也偏少，博物馆结构比例欠合理。上海的文化资源供给水平也与其他国际文化大都市存在差距，如剧场数和演出场次存在不足。上海文化场馆还存在着郊区的专业剧场相对缺乏，专业儿童艺术演出场所数量少、规模小，传统艺术演出场所正在逐步消失等问题。

上海文化设施满意度也有待提升。伦敦、纽约、巴黎等城市的文化设施总量大、人均占有量高，呈现局部集中、整体分散的布局形态，文化参与资源丰富、文化生活满意度高。根据调查数据，上海近 50% 的受访者希望在区文化馆和街道文化活动中心增加展览以及增加儿童可以参加的项目，超过 40% 的受访者表示从来没有去过"区文化馆和社区文化活动中心"，超过 50% 的受访者希望提高演出质量。[1]

（二）文化产业占比不高，缺乏核心文化产业带动

上海在文化经济发展指标上，与纽约、伦敦、东京、洛杉矶存在明显差距，文化产业还未能成为上海的支柱型产业，突出表现在产业规模、就业占比上。顶级国际文化大都市的发展经验表明，要基于各自发展特点、培育核心文化产业，打造面向全球的文化产业价值链条。

具体来看，上海的核心文化产业在产业规模、竞争力等方面存在不足，文化产业之间缺乏有机整合，产业链架构未充分发挥，难以形成全产业链模式。尽管上海已经形成戏剧业到电影业、动漫业等诸多

---

[１]　包立峰、黄昌勇、王奥娜：《上海国际文化大都市建设评估报告》，《科学发展》2021
　　年第 6 期。

传统文化产业，但在当前时代潮流中难以形成引领作用。此外，上海当前不断拓展的动漫、网游、电影、网络文学、节庆、会展等新兴产业未能壮大形成核心文化产业。

（三）文化吸引力、文化全球影响力有待进一步提升

上海缺乏具有显示度的文化品牌，也未形成全球文化影响力。纵观顶级国际文化大都市，基本上具有核心竞争优势识别系统，如前文提到的伦敦创意之都、巴黎时尚之都、东京动漫之都、纽约世界文化之都，并在发展过程中形成了文化品牌，包括超级地标性文化街区、大型节庆和赛事等。而上海目前还缺乏城市文化识别系统，对外文化传播力较为分散，文化设施也未能形成文化品牌。

上海对于全球资源的文化吸引力也有待进一步提升。境外旅游者、境外定居人口数、大使馆和领事馆数量、国际媒体报道量等方面指标也都明显低于纽约、伦敦、巴黎、东京等城市。根据评估报告，上海的境外旅游者、境外人士定居数量、大使馆和领事馆数量、国际媒体报道量等指标，与国外文化大都市存在较大差距。提升文化吸引力是未来文化大都市建设的努力方向。

当前上海也缺乏得到广泛认可的全球城市品牌。在《关于全力打响上海"四大品牌" 率先推动高质量发展的若干意见》中提出："将'四大品牌'塑造成为响亮恒久的金字招牌和驰名中外的城市名片。"当前上海全球城市品牌的整体定位相对模糊，上海全球城市品牌形象缺乏个性化差异化的认知。上海的海派文化影响力不足，难以为上海塑造全球城市品牌提供充足的文化支撑，也难以引发公众的文化认同感。

第四节　上海文化创意促进耦合发展对策建议

　　纽约、伦敦、巴黎和东京等在建设国际文化大城市中均体现出重视多样化文化人才的汇聚，营造浓厚的城市文化氛围，加强城市文化空间建构，并推动文化产业化发展，促进城市文化资源向文化资产和文化资本转化，从而展现出全球性的文化影响力。对标顶级国际文化大都市，当前上海在文化资源、文化产业、文化品牌和文化影响力等方面存在不足，需要进一步从内部出发，提升上海城市文化竞争力。

一、塑造文化品牌，凸显全球文化影响力

　　第一，做好上海全球城市品牌规划。通过系统的顶层设计，充分利用上海在"三都"（时尚之都、设计之都、品牌之都）、"四品牌"（服务品牌、制造品牌、购物品牌、文化品牌）、"五中心"（经济中心、金融中心、贸易中心、航运中心、科创中心）等城市副品牌元素方面已经形成的丰富积累，提炼出上海全球城市的主品牌，并明确主品牌同副品牌之间、各副品牌之间的内在逻辑关系，形成彰显上海特色的全球城市品牌体系。

　　第二，形成上海全球城市品牌形象标识。强化上海全球城市品牌形象设计，突出上海特征、上海文化元素，建立集视觉形象、听觉形象于一体的多元化形象设计。发动社会力量集思广益，形成市民认可度和满意度较高的上海全球城市品牌标识，并据此进行城市品牌形象打造。

　　第三，打造上海全球城市品牌文化。以政府为主导，广泛发动社会力量，营造多主体共同参与的城市品牌化文化氛围，形成公众"勇

于、勤于、乐于参与城市品牌建设"的新格局。依托上海数字化城市治理的优势，强化地方政府同企业、市民的互动，形成城市品牌建设主体之间的平等对话和有效沟通。鼓励和发展具有包容性和多元化的文创企业，利用企业灵活的优势发扬上海的文化品格，让那些真正具备带动上海全球文化氛围、体现上海精神的文化企业脱颖而出，从而强化上海的全球文化属性和认可度。

第四，加强上海全球城市品牌推广。扩展上海全球城市品牌宣传渠道，提高品牌形象和城市形象曝光率。充分利用世界博览会和中国国际进口博览会等国际性节事活动，向国际社会展现上海历史的和现代的多元化风貌，呈现出独特的城市精神内核；综合利用全球主要城市线下地标建筑屏幕广告展位、流动巴士车体展位、地铁公交等人流量大的公共空间展位投放上海全球城市品牌形象，强化目标受众的认知；综合利用国内外各大线上主流软件、网站，如油管、脸书、微信、哔哩哔哩等，借助平台优化算法，有针对性地给目标受众投放上海全球城市品牌形象短视频；创办和利用具有上海特色的媒体平台，增强全球各地不同节日期间的宣传力度，与当地广播电视台合作举办由上海主办或与上海合作的相关节目，向国际社会宣传好上海城市品牌。

二、强化文化支撑，推进"文化＋科创"新模式

第一，发展文化创意产业，打造文化创意经济。一是降低文化资源获取门槛，提高市民文化素养，刺激文化产品的生产和消费。这可以通过定期免费开放博物馆、科技馆、图书馆、展览馆等方式达成。二是丰富多元文化活动，增强城市吸引力。三是加强传统文化与新媒

体的融合，推进科技创新与文化创新的深度交流，打造时尚和创意地标，提高文化创意产业在国民收入中的比重。

第二，完善文化知识产权保护，营造良好外部环境。完善文化知识产权保护，为"文化＋科创"经济发展创造良好的外部环境。一是建立完善的反垄断法体系和知识产权保护体系，提升创新回报水平。二是办好文化产权交易所，破解制约知识产权、版权、技术、信息等文化要素在世界范围自由流动的障碍。三是建设完善包括广播影视、新媒体等领域的版权公共服务平台和版权交易平台，扶持版权代理、版权价值评估、版权质押登记、版权投融资活动，为文化产业的创新活动提供高质量公共服务。

第三，优化文化公共服务供给，降低文化类企业创新成本。一是积极推动文化专业技术服务系统的建设，布局国家文化产业发展公共服务平台。二是辐射和带动长三角乃至全国，布局具有区域特色的文化产业公共服务平台。三是重点为文化产业的中小企业创新提供高水准、低成本、个性化、专业化的技术支持。

三、优化文化设施，丰富文化资源供给

第一，不断活化公共文化设施资源，构建文化网络体系。整合上海博物馆资源，立足上海现有博物馆、美术馆资源优势，推动建立馆际交流、展陈互借、学术研讨、资源共享等系统化制度，打造科学、高效的现代博物馆服务体系。多元化文化设施供给，鼓励民营、民间力量参与到全市的文化供给之中，推动文化设施和供给下沉，以更加多元的形态和模式满足不同层次的民众需求，提升上海在音乐厅、剧

院等文化消费场所的人均占有资源。

第二，丰富文化产品与服务，满足不同群体的文化需求。不断丰富文化主题活动，依托博物馆的馆藏、文化优势，将文化遗产知识与主题活动项目有机融合。针对老年人、未成年人、残疾人、流动人口等不同群体需求，通过流动展览等形式开展有针对性的特殊展陈和推广活动，推动公共文化服务均等化、普惠化、便捷化。例如，在公共阅读设施层面推动建设未来书店，在商业形态中营造和开创适宜的文化休闲空间，推动发展社区图书馆等文化平台。

第三，打造一批世界级文化产业集聚区。重点支持将城市的重点文化地标打造成为充分体现城市文化特征的、具有全球引领力的超级文化集聚区，培育有利于艺术生根发芽的生态系统。一方面，加大税收优惠、融资支持力度，吸引领军型文化类企业及配套机构入驻。另一方面，对初创期文化企业、非商业剧种及非营利性艺术组织给予适当的政策倾斜，设立政府引导基金扶持初创期文化企业成长，政府牵头与企业建立风险共担机制，扶持非商业剧种和非营利性艺术组织发展。

四、提升文化效能，强化文化产业竞争力

第一，发展具有优势的文化产业，形成高效整合的全产业链。上海要发展具备竞争识别优势的文化产业，形成产业链带动，提升城市文化的核心竞争力，统筹、整合历史文化、生态环境、公共服务等文化区域的全域资源，吸引和集聚丰富的人流、物流、资金流，带来经济连锁效益。通过发展优势文化产业，强化知识、科技、创新、生态

的文化新业态,彰显上海的创新精神、商业理念和消费时尚。

第二,加强财政资金扶持力度,激发文化产业活力。上海要加大对影视产业、网络文化产业、电子竞技产业等优势产业的扶持力度,针对当下文化创意产业面临的挑战与机遇,加大对在线文娱市场相关产业的财政扶持力度。在扶持方式上,不断探索通过给予文化创意企业房租补贴等方式,降低其经营成本,培育新型文化业态,优化营商环境,推动文化创意产业高质量发展。

第三,多途径减免文化产业税收,降低文化产业发展成本。在税收政策层面,探索对单位和个人在上海从事文化创意技术开发、技术转让和技术咨询服务取得的收入,对科研机构、高等院校文化创意项目的技术开发、技术转让、技术咨询服务所取得的收入进行税收减免,落实对重点鼓励的文化产品出口、跨境服务、宣传文化产品和小微企业给予税收优惠政策,并不断探索在用地政策方面的政策支持。

第十章
绿色生态推动"五个中心"耦合发展

　　绿色生态理念的融入，为上海"五个中心"的建设提供了全新的发展思路和强大的动力源泉。它能够打破各中心之间的传统界限，促使资源、技术、信息等要素在更大范围内流动和优化配置。绿色生态不仅是一种发展要求，更是一种创新驱动，激发着各个领域的变革与升级。在这一理念的引领下，上海的经济发展更加注重质量与可持续性，金融服务更倾向于支持绿色产业和项目，贸易往来更加关注绿色产品和可持续的贸易模式，航运业不断提升绿色运输和运营效率，科技创新则聚焦于绿色技术的研发和应用。这种全方位的渗透和推动，使得"五个中心"相互促进、相互支撑，形成一个紧密结合、协同发展的有机整体，共同助力上海在全球城市竞争中展现出独特的魅力和强大的竞争力。

第一节 绿色生态推动全球城市功能迭代升级

在全球气候变化背景下，绿色生态已成为推动顶级全球城市功能向更高版本迭代升级的关键因素。它促使城市经济向绿色低碳转型，催生新兴产业；在社会层面，提升居民环保意识，改善生活品质；同时，推动城市治理创新，优化资源配置，增强应对气候风险能力，实现经济、社会、治理的协同共进与可持续发展。

一、全球气候变化呼吁城市绿色生态转型

气候变化已经并将继续加剧对全球和中国的影响。联合国政府间气候变化专门委员会（IPCC）报告显示，全球地表平均温度较工业化前高出约 1 摄氏度，人类活动的影响已造成大气、海洋和陆地变暖。中国地区高温、强降水等极端天气气候事件趋多、趋强。一项针对全球百万人口以上沿海大城市的研究显示，如果不立刻采取气候行动，在 2050 年全球沿海洪灾损失最严重的 20 个城市中，将有 5 个是中国城市，其中广州最严重，每年因洪水造成的经济损失预计将达 924 亿元，居全球沿海城市首位，是排名第二的印度孟买的两倍多。

为避免此类情况的发生，控制全球升温不超过 1.5 摄氏度，IPCC 提出，全球必须在 2050 年前后实现温室气体净零排放，并强调了城市在减排中的重要作用。近年来，世界主要国家纷纷提出促进碳减排、实现碳中和的战略安排。美、欧、日、韩等主要经济体相继宣布计划在 2050 年前后实现碳中和，我国确定力争 2030 年前实现碳达峰、2060 年前实现碳中和的战略目标。截至 2021 年底，全球已有

136 个国家提出碳中和承诺，覆盖了全球 88% 的二氧化碳（CO_2）排放、90% 的 GDP 和 85% 的人口。碳减排已成为全球共识，绿色低碳发展是未来全球经济发展的主基调。

党的二十大报告指出，站在人与自然和谐共生的高度谋划发展，推动经济社会发展绿色化、低碳化是实现高质量发展的关键环节，同时强调着力提升产业链供应链韧性和安全水平。作为全球制造业第一大国、全球能源消费第一大国，我国产业链供应链的绿色低碳化转型至关重要、十分迫切。

城市是赢得碳中和战役的重要主体。城市贡献了全球 70% 的碳排放，集聚了全球 57% 的人口，预计到 2050 年还将新增 22.7 亿城镇居民，即届时全球将有 68% 的人口在城市生活。根据世界资源研究所领导的城市转型联盟的研究，一系列现有可行的低碳措施可使城市主要部门（如建筑、交通、材料使用和废弃物防治利用等）到 2050 年减少近 90% 的碳排放；这些措施具有积极的经济和就业效益，到 2030 年可为城市创造绿色就业岗位 8700 万个，到 2050 年至少可获得总净现值高达 169.8 万亿元的回报，如果考虑能源价格上涨和技术更新速度加快，这些措施的净现值可增加到 271.3 万亿元，这些数字还不包括低碳发展带来的公众健康改善等更广泛的效益。因此，推动城市低碳发展势在必行。

近日，世界资源研究所和国家生态环境部环境规划院共同完成并发布《从全球百余城市低碳发展水平异同看中国城市低碳发展之道》（以下简称报告）。这是首份针对全球 102 个城市开展的统一口径下的城市低碳发展评价，其中包含 59 个中国城市。报告显示，从低碳发展整体情况来看，全球排名前三的城市均在中国，分别为深圳、珠海和厦门。在低碳消费方面，中国城市整体表现较好，但在低碳生产、低碳环境和低碳进程方面，还需进一步提高（见表 10-1）。

表 10-1　国内外城市绿色低碳发展排名

名次	综合排名	分项排名			
		低碳生产	低碳消费	低碳环境	低碳进程
1	深圳	哥本哈根	厦门	伊尔库茨克	北京
2	珠海	马德里	雅加达	东京	新加坡
3	厦门	珠海	圣保罗	莫斯科	上海
4	罗马	悉尼	深圳	亚特兰大	首尔
5	哥本哈根	深圳	伊斯坦布尔	伦敦	巴黎
6	悉尼	厦门	墨西哥城	新加坡	深圳
7	布里斯班	蒙特利尔	开普敦	圣地亚哥	墨尔本
8	马德里	罗马	南宁	三亚	纽约
9	伦敦	布里斯班	成都	三明	克拉玛依
10	柏林	柏林	许昌	黄山	新奥尔良

资料来源：《从全球百余城市低碳发展水平异同看中国城市低碳发展之道》，2024 年。

二、绿色生态推动全球城市功能再升级

21 世纪以来，全球城市环境污染源发生了很大变化，制造业比重大幅下降，生产活动对环境的污染大大降低，环境质量得到了很大的改善。此时受全球气候变化影响，气候灾害给城市安全带来威胁。全球城市的环境问题、环境定位和环境治理措施均呈现新的特征，以使全球城市继续保持在全球城市体系中的领导地位，降低全球气候变暖给城市安全带来的风险。

2015 年 9 月，在联合国可持续发展峰会上，《改变我们的世

界——2030 年可持续发展议程》提出建立全球可持续发展目标（SDGs），包括"建设包容、安全、有抵御灾害能力和可持续的城市和人类住区"等在内的 17 个可持续发展目标和 169 个具体目标，倡导未来致力于迭代出更加可持续的全球城市版本。各大全球城市开始对标准化的"全球城市"政策路径进行升级改造，纷纷将"绿色""生态""可持续发展"等列入各自的发展愿景和战略行动中（见表 10-2），绿色宜居业已逐渐成为全球城市重要的战略性资产。例如纽约在 2015 年将"可持续发展的城市"列为纽约新一轮城市规划建设四大目标之一；伦敦在 2016 年启动低碳加速器计划，又于 2019 年启动了全球首个 24 小时超低排放区，并体现在大伦敦空间发展战略规划中；上海在 2018 年提出建设"卓越的全球城市"，将"更具活力的创新之城、更富魅力的人文之城、更可持续的生态之城"作为 2035 年目标；等等。

因此，以清洁能源为基础，以物联网、云计算、大数据等新一代信息技术为依托的绿色智慧城市，正在引领城市建设新方向。未来全球城市将会从 3.0 版本升级到经济、文化、科技、绿色融合发展的 4.0 版本。

表 10-2　全球主要城市未来发展战略规划中的愿景目标

城市	规划名称	愿景目标
伦敦	2036 大伦敦空间发展战略规划	将伦敦市建设成为国际大都市的典范，为民众和企业拓展更为广阔的发展机会，实现环境和生活质量的最高标准，领导世界应对 21 世纪城市发展尤其是气候变化所带来的挑战。
纽约	One NYC（2040）：一个强大而公正的纽约	将纽约市建设成为"蓬勃发展的城市、公平平等的城市、可持续发展的城市、面对挑战具有抗性和弹性的城市"，来"巩固纽约在全球城市中的领导地位"。

（续表）

城市	规划名称	愿景目标
巴黎	确保21世纪的全球吸引力——2030大巴黎规划	着眼于可持续发展的理念，目标在于提升巴黎的吸引力，同时提升大区的辐射力度，将整个巴黎区域纳入新的发展模型中，具体包括：连接和架构，实现一个更加紧密联系和可持续发展的地区；极化和均衡，建立一个更加多元化、宜居和有吸引力的地区；保护和提高，发展一个更加有活力、更绿色的大区。
法兰克福	网络城市——2030法兰克福规划	改善在法兰克福感受到的生活质量，包括：改善环境质量及房屋供应量，吸引高素质劳动力落户于此；持续性地发挥区位优势，提升城市的国际地位；加强经济、教育和研究紧密联网，推动整个产业的成长。
悉尼	大悉尼2056——3个城区构成的大都市圈	将大悉尼分为3个主要城区，通过更有效地利用土地、提高居民住房可负担能力、缓解交通拥堵问题，实现平衡发展，改善整个地区的自然环境，打造一个更具有生产力、宜居和可持续的城市。
墨尔本	可持续增长的规划——2030墨尔本规划	将墨尔本建设成为一个供居民生活的宜居城市、供企业发展的繁荣城市和供游客旅游的魅力城市。
约翰内斯堡	约翰内斯堡市2040增长和发展战略规划	成为世界级的非洲城市，充满活力的、公平的、多样性的非洲城市；提供给人民高质量的生活、可持续发展的环境、有弹性和宜居的城市。
新加坡	挑战稀缺土地——2030新加坡概念规划	在熟悉的环境中打造新居；高层建筑的城市生活享受——迷人魅力景观；更多休闲娱乐选择；更大的商业发展弹性；全球商业中心；四通八达的铁路网；强调各地区的特色。
首尔	全球气候友好城——2030首尔规划	以人为本、低碳绿色的气候友好城市，绿色增长城市和先进的适应性城市。

（续表）

城市	规划名称	愿景目标
香港	香港2030：亚洲国际都会	追求真正的可持续发展模式，使香港成为亚洲城市的典范，包括：提供优质生活环境，保护自然和文化遗产，提升香港作为经济枢纽的功能，加强香港作为国际及亚洲金融商业中心、贸易、运输及物流中心的地位，进一步发展成为华南地区的科技创新中心等。
北京	北京2035：建设国际一流的和谐宜居之都	将北京建设成为全国政治中心、文化中心、国际交往中心、科技创新中心。
上海	上海2035：卓越的全球城市	将上海建设成为令人向往的创新之城、人文之城、生态之城，具有世界影响力的社会主义现代化国际大都市。

资料来源：课题组根据全球主要城市未来发展战略规划整理。

第二节　绿色生态推动多元功能提升与耦合发展的模式

绿色生态能够有力推动上海"五个中心"的功能提升与耦合发展。它促使国际经济中心的产业向绿色低碳转型，增强经济发展的可持续性；为国际金融中心带来绿色金融创新，引导资金流向环保产业；助力国际贸易中心拓展绿色贸易领域，提升贸易品质；推动国际航运中心实现绿色航运，降低能耗与排放；促进科创中心研发绿色技术；同时，推动着各中心之间的耦合联动，形成协同共进的良好态势。

一、绿色生态推动多元功能提升的模式

绿色生态在推动全球城市相关功能提升中形成多样模式。如以绿色标准规范经济活动，促进金融资源向绿色项目倾斜，发展绿色航运降低能耗，拓展绿色贸易新领域，激发科创研发绿色技术，推动各功能协同进步，提升城市综合实力。

（一）绿色生态推动全球城市产业链供应链绿色低碳化转型

绿色经济、低碳经济的概念最早源于英国。国内外学者围绕低碳经济、低碳产业、产业低碳化和绿色经济、绿色产业、产业绿色化等开展了一系列研究。时至今日，以低能耗、低排放、低污染为特征，促进经济社会发展与生态环境保护双赢的低碳经济模式已得到社会各界的广泛认可。产业链供应链是产业经济活动的普遍形态和产业体系的基本载体，是一个从原材料供应到产品设计、生产制造再到市场销售的过程，涉及产品设计、采购、生产、包装、运输、销售等所有环节，涵盖从原料供应商、制造商、分销商、零售商到最终用户等多种主体。不同环节和主体的经济活动所产生的碳排放不同，据专家测算，生产一辆燃油乘用车产生的碳排放量是 9.2 吨 CO_2 当量，而生产一辆三元动力电池乘用车产生的碳排放为 14.6 吨 CO_2 当量，生产一辆磷酸铁锂电池乘用车则达到 14.7 吨 CO_2 当量，因此，就生产阶段而言，目前的电动汽车并不低碳。欧洲运输与环境联合会的报告显示，电池生产的碳排放范围在每千瓦时 61 千克—106 千克二氧化碳，最高可占据电动汽车全生命周期碳排放的 60% 以上。其中，动力电池的碳排放主要集中在电池生产及组装和上游正负极等关键材料的生产这两个环节，电池生产及组装的碳排放在每千瓦时 2 千克—47 千克二氧化碳，而电池生产的上游部分（采矿、精炼等）为每千瓦时 59 千克二氧化碳，占比超过一半。因此，不论是传统产业还是新兴产业，仅靠某个环节、某个主体减碳很难达到绿色低碳化发展目标。绿色低碳化程度取决于产业链供应链各环节、各主体之间的协同行动。

因此，产业链供应链绿色低碳化是产业链供应链涉及的所有环节、所有主体深入践行绿色发展理念，全面推行低碳运行模式，实现整个产业链供应链体系碳排放持续降低的动态过程。[1] 在低碳经济时代，产业链供应链绿色低碳化程度将影响甚至决定一个城市的国际竞争力，是城市产业链供应链现代化的内在特征体现。城市产业链供应链绿色低碳化转型是一个系统过程，其中最关键的是结构问题和创新问题，前者主要涉及产业结构、产品结构、能源结构、区域结构，后者主要涉及绿色低碳技术创新、管理创新、制度创新、文化创新。

发达国家的全球城市较早认识到绿色发展的重要性，通过制度约束、全球布局、科技创新等手段，推进产业链供应链绿色低碳化转型。

第一，通过健全绿色低碳制度体系强化产业链低碳转型约束。发达国家全球城市绿色低碳制度体系主要包括 3 个方面：一是气候应对和碳减排相关法律法规。例如纽约通过《纽约市气候领导力和社区保护法案》等法规，强制要求减少温室气体排放，要求通过制定中长期限额减排规划，设置 CO_2 总排放量上限。二是制定有关碳交易制度。2021 年 5 月英国全国碳交易市场在伦敦正式运行，此外欧盟及美、

---

[1]　洪群联：《我国产业链供应链绿色低碳化转型研究》，《经济纵横》2023 年第 9 期。

日等国的全球城市也在积极建立温室气体排放贸易体系。三是实施绿色采购和绿色产品标准等。新加坡在 2021 年发布的《绿色政府计划》中提出，政府机构需购买符合高效率或可持续标准的产品；从 2024 财政年起，政府招标评估将逐步纳入与环境可持续相关的考量。新加坡还积极推行绿色标签计划，该计划的实施有助于推动企业生产更环保的产品，同时也引导消费者进行绿色消费，促进新加坡可持续竞争力的提升。

第二，通过供应链全球化布局减少本土的高碳产业和高碳环节。2020 年，联合国环境规划署指出，目前存在一种普遍的趋势，即富裕国家基于消费的排放量（排放分配给购买和消费商品的国家，而非生产商品的国家）比基于领土的排放量要高，因为这些国家通常实行清洁生产，服务业更发达，而初级和次级产品往往依靠进口。而发达国家通过国际贸易和投资向我国城市转移了大量的碳排放。目前，北京、上海等人均 CO_2 排放量仍达到 20 吨，是首尔、新加坡、东京等境外全球城市的两倍之多。

第三，通过支持科技创新应用提高生产绿色低碳循环水平。发展新能源，实现"绿能"替代，加快绿色低碳科技创新，是发达国家全球城市促进产业链供应链绿色低碳化转型的关键做法。例如，东京都政府计划在其湾区填海建设一个高科技、可持续的城区。城区将通过新技术实现碳中和，并能更好地抵御未来的气候和健康危机。东京都政府的愿景是分 3 个阶段打造一个可持续的、面向未来的全球首个环境、社会和公司治理（ESG）城市，同时成为全球社会都可以采用的城市建设模板，以资其他城市参考。该市所有的能源需求最终将由可再生能源满足，包括氢气、风能和漂浮式太阳能发电站，并由智能电网系统管理。

（二）绿色生态推动全球城市国际绿色金融中心建设

金融的未来是绿色的。随着全球对气候变化和可持续发展目标（SDGs）的关注日益加深，绿色金融成为推动环境保护和社会责任的重要力量。绿色金融的根源可追溯到 20 世纪 70 年代，但真正进入公众视野是在 2015 年联合国发布可持续发展目标和《巴黎协定》后。紧随其后在 2016 年的二十国集团（G20）领导人峰会上，绿色金融的国际发展首次被纳入核心议题，就此启动多个经济体公共和私营部门的绿色步伐，开始在资本市场上崭露头角。2020 年起绿色金融逐渐形成国际规模，在 2021 年《生物多样性公约》第 15 次缔约方大会和《联合国气候变化框架公约》第 26 次缔约方大会的双重助推下，成为应对气候变化和保护生物多样性的重要工具，以加速度实现对全球资本市场的渗透。

根据《绿色金融：对市场趋势的定量评估》的数据显示，绿色金融在全球金融市场中占比由 2012 年的 0.1% 增至 2021 年的 4%，从 52 亿美元上升到 5406 亿美元，增长逾 100 倍。彭博社估计，到 2025 年，全球绿色资产有望超过 53 万亿美元，其中：（1）绿色信贷方面，在 2017 年至 2021 年的 5 年间，全球绿色信贷年总量从约为 4.32 亿美元的基数增至 2021 年的 786 亿美元，涨幅近 200 倍。（2）绿色债券方面，2012—2021 年绿色债券总量占绿色金融总量的 93.1%，发行量从 2012 年的 23 亿美元增至 2021 年的 5115 亿美元，10 年累计发行总额为 1.4 万亿美元，占同期全球债券市场的 1.7% 左右。（3）绿色保险方面，目前国际上较具代表性的绿色保险产品有针对企业、家庭、公共团体和政府的巨灾保险、绿色能源保险、绿色建筑保险、绿色车险和碳排放信用保险等，较有代表性的实践有瑞士再保险公司开发的碳信用保险产品，以及安联（Allianz）为大型可再生能源项目和绿色建筑保险推出的量身定制的保险产品等。（4）绿色股权产品方面，2012—2021 年绿色企业的市值年均增长率为 40.1%，绿色上市公司数量从 2012 年的 401 家增至 2021 年的 669 家。（5）碳市场方面，国际碳行动伙伴组织《2021 年度全球碳市场进展报告》显示，2021 年全球范围累计已实施 25 个碳市场，覆盖全球 17% 的温室气体排放。（6）绿色资管产品方面，目前全球环境、社会和公司治理（ESG）的基金种类主要有绿色股票基金、绿色债券基金、绿色保险基金、绿色项目或产业基金、碳基金等。根据数据提供商路孚特旗下基金分析公司理柏（Refinitiv Lipper）数据显示，全球 ESG 基金流入在 2021 年创下 6490 亿美元最高全年纪录，占全球基金资产的 10%。

随着绿色可持续发展理念的深入，全球各金融中心在发展绿色金融、助力低碳经济转型方面表现突出。英国智库 Z/Yen 和非营利性组织 Finance Watch 合作开发了全球绿色金融指数（Global Green Finance Index, GGFI），该指数可以反映绿色金融在全球金融中心的渗透深度以及绿色金融业务的发展质量。在 2024 年 4 月发布的第 13 期全球绿色金融指数中，排名前十的城市分别为伦敦、日内瓦、苏黎世、纽约、新加坡、卢森堡、华盛顿、洛杉矶、斯德哥尔摩、蒙特利尔。2021 年，英国投资 1000 万英镑设立全球绿色金融与投资中心，伦敦作为该计划的实体中心，是全球绿色金融规模最大、发展最快的城市之一。在绿色债券方面，2023 年伦敦证券交易所绿色债券的发行规模约 200 亿英镑，截至 2023 年底，伦敦绿色债券的累计发行规模超过 1000 亿英镑。在绿色基金领域，据相关统计，伦敦管理的绿色投资基金资产规模在 2023 年约 500 亿英镑，并且仍在持续增长。绿色贷款方面，2023 年伦敦金融机构发放的绿色贷款总额超过 150 亿英镑，涉及可再生能源、可持续交通和绿色建筑等多个领域。在可持续金融产品创新上，2023 年伦敦推出了多款与可持续发展挂钩的金融产品，例如与特定环境目标挂钩的结构性金融产品，其规模为数十亿英镑。从绿色金融人才来看，截至 2023 年，伦敦从事绿色金融相关工作的专业人员数量较前一年增长了约 15%，总数超过 5 万人。这些数据表明伦敦在绿色金融领域的持续投入和显著成果，使其在全球绿色金融发展中保持着领先地位。

（三）绿色生态推动全球城市国际绿色贸易中心建设

在全球合作应对气候变化的背景下，贸易发展与环境保护的关系成为主要经济体和国际组织关注的焦点。国际贸易中商品和服务跨国流动对环境的影响，是多边贸易体制关注的重要内容之一。早在 1994 年，关税及贸易协定乌拉圭回合谈判就达成了《关于贸易与环境的决定》。世界贸易组织（WTO）成立贸易与环境委员会，专门负责贸易与环境问题。2014 年，14 个 WTO 成员方发表声明，以开放式诸边谈判的形式正式启动《环境产品协定》谈判，旨在实现对环境产品减免关税，推动环境产品自由贸易。按照 WTO 秘书处汇总的环境产品清单统计，2022 年，全球绿色贸易规模达 8.84 万亿美元，在全球货物贸易总额中的占比为 18.17%。

"绿色贸易"一词在国内外政策文件中多次出现，国际社会对推动绿色贸易达成一定共识。联合国相关机构政策文件中，绿色贸易主要指环境与贸易协调，在《21世纪议程》《里约环境与发展宣言》《可持续发展问题世界首脑会议的报告》《全球可持续发展报告》等文件中，均强调贸易与环境相辅相成、相互协调、相互促进。2021年，联合国环境规划署发布《绿色国际贸易：前进道路》，多次提及绿色贸易，并提出构建环境与贸易2.0议程，包括加强与贸易相关的环境政策、在贸易政策和协定中推动环境规制升级、推进环境与贸易相关合作等。欧盟《适应气候变化：迈向欧洲行动框架》等政策文件关注绿色贸易，其中的绿色贸易主要有两层含义，即绿色贸易措施和绿色产品贸易。目前，官方文件和学术界尚未对绿色贸易概念和内涵的界定达成统一。广义上看，绿色贸易是指在生产、分配、流通、消费等环节中达到绿色标准的经济活动，包含国内贸易和国际贸易；狭义上看，绿色贸易是指在产品贸易中防止由于贸易活动而威胁自然环境及对人类健康产生损害，进而实现可持续发展的经济活动。这种新的贸易形式，不仅关注市场上实际发生的成本，而且还将环境成本纳入成本核算范围。[1]

　　应对气候变化、推进绿色低碳转型成为全球共识，绿色贸易成为全球城市国际贸易的重要内容。伦敦作为全球重要的贸易中心，在绿色贸易方面表现出色。2023年，伦敦的绿色产品和服务贸易额超过500亿英镑。在可再生能源设备贸易方面，伦敦的出口额同比增长15%，约80亿英镑。绿色建筑材料的贸易额也有所增长，约50亿

---

[1]　商务部研究院绿色经贸中心课题组：《发展绿色贸易培育外贸新动能》，《经济日报》2024年2月3日。

英镑。新加坡作为东南亚的贸易枢纽，绿色贸易发展迅速。2023 年，绿色贸易额约为 200 亿美元。在水资源管理技术和设备的贸易方面表现出色，出口额约为 30 亿美元。同时，新加坡在可再生能源贸易方面也有所突破，贸易额约为 20 亿美元。绿色化工产品的贸易额接近 15 亿美元，呈现出良好的增长态势。此外，东京在绿色贸易方面的发展也较为突出。2023 年，绿色产品和服务的贸易额约为 400 亿美元。在电动汽车及其零部件的贸易中，出口额同比增长 18%，达到 50 亿美元。环保型电子产品的贸易额也接近 40 亿美元。此外，东京在绿色能源技术的研发和贸易方面投入较大，相关贸易额为 30 亿美元左右。

（四）绿色生态推动全球城市国际绿色航运中心建设

全球 90% 的贸易活动由航运业完成。国际海事组织（IMO）数据显示，全球航运业每年排放的二氧化碳、甲烷等温室气体已超过 10 亿吨，该数值接近全球人为活动碳排放总量的 3%。若不及时加以控制，预计 2050 年全球船舶碳排放量将飙升 150% 至 250%，占全球碳排放的比重将增至 18%。因此，航运业绿色转型，是达成碳中和目标的关键环节。在此背景下，IMO 在海上环境保护委员会第 80 届会议上通过了《2023 年船舶温室气体减排战略》。该战略制定的减排指标包括：到 2030 年，国际航运温室气体年排放总量比 2008 年至少减少 20%，力争减少 30%；到 2040 年，航运业碳排放与 2008 年基线相比减少 70%，力争减少 80%；到 2050 年前后实现航运业温室气体净零排放。国际航运中心作为全球航运网络的关键节点，正积极推动绿色化转型，以减少对环境的影响，实现可持续发展。

国际航运中心以国际航运为核心带动经济发展，具备腹地广阔、物流充沛、港口条件良好、集疏运网络发达等优势。当前对国际航运中心的争夺和竞争，比拼的不只是货物装卸、船舶操作和码头营运等传统实体作业，还包括科技、人才、环境、贸易、金融保险、海事仲裁，甚至航运燃料的加注等软性服务。在碳中和以及新能源转型时代，航运中心竞争的一个更重要的指标也逐渐受人关注，那就是领先航运中心的绿色减碳策略，以及清洁航运燃料的加注能力。具体来讲，绿色航运中心是指一个满足可持续发展要求的港口城市或港口城市集群，在一个都市圈或城市带范围内，以航运产业为核心纽带、功能完备的港口群为依托，注重效益和环保结合，强调航运运营和环境相互协调，提高船舶能源利用效率，关注航运及港口等产生的各种污染，带动区域经济系统发展，促进相关产业合理布局，实现资源最佳配置（见表 10-3）。

表 10-3　绿色航运中心的框架体系

绿色航运中心	绿色航运产业	绿色船舶制造	绿色船舶的设计、建造 绿色智慧船舶新技术新材料 液化天然气（LNG）、核动船等清洁能源船
		绿色港口运营	码头绿色建筑与设施 低碳港口与码头运营管理 岸电与节能技术
	绿色航运服务	绿色区域性服务	绿色船舶代理 绿色货客运代理 绿色航行技术服务
		绿色全球性服务	环境风险类航运保险 环保类船舶金融服务 提供绿色业务的航运机构

（续表）

绿色航运中心	绿色航运物流	绿色物流管理	智慧物流信息系统 绿色仓储与管理 绿色供应商与供应链计划
		绿色物流服务	高效节能清洁运输与装卸 完善的船舶废弃物处理体系 高效领航拖船及辅助作业

资料来源：王玲、孙瑞红、叶欣梁：《新时代上海绿色航运中心建设研究》，《物流科技》2019 年第 3 期。

　　新加坡是全球重要的航运中心，通过 300 多条航线连接世界 600 多个港口，港口年处理货物超过 6 亿吨、集装箱超过 3900 万标箱，连续十年蝉联"全球最顶尖国际航运中心"。近年来，新加坡一直致力于推动国际绿色航运中心。在政策方面，新加坡政府制定了严格的环保法规和排放标准，对船舶的燃油质量和尾气排放进行严格监管。同时，为鼓励航运企业采用绿色技术，政府提供了一系列的财政激励措施。例如，对于使用清洁能源的船舶，给予一定的税收优惠和补贴。在技术创新方面，新加坡大力支持研发绿色船舶技术，如高效的船舶动力系统、节能的船体设计等。截至 2023 年末，新加坡已有超过 50% 的船舶采用了节能技术，每年减少的二氧化碳排放量超过 500 万吨。此外，新加坡还积极推进港口设施的绿色化，建设了多个智能港口，通过优化港口作业流程和能源管理，提高了港口的运营效率，降低了能源消耗。

　　海事服务业尤其是船舶燃料加注服务是新加坡成长为国际航运中心的重要支撑。新加坡港一直以来作为全球最大的船舶加油中心，以一己之力带动了占全球约六分之一、亚洲约二分之一的船燃交易。新加坡海事及港务管理局数据显示，2023 年新加坡船用燃料油总销量为 5182.41 万吨，同比增长 8.24%，遥遥领先于鹿特丹（990 万吨）、富查伊拉（900 万吨）、舟山（704 万吨）等其他国际知名燃油加注港，连续多年保持世界第一船舶燃油加注港地位。值得关注的是，近年来新加坡把握需求变化积极布局绿色替代燃料加注业务，相继实现液化天然气、生物燃料、绿色甲醇、液态氨等多种绿色燃料加注的"全球首次"。

除了单个港口的绿色化转型，全球范围内还在积极构想和设计主要港口枢纽之间特定贸易路线的零排放解决方案，即绿色航运走廊，以加快航运转型的速度。国际零排放联盟与全球海事论坛共同发布的《2023 年绿色航运走廊年度进展报告》显示，截至 2023 年底，全球绿色航运走廊的数量由 2022 年底的 21 条增加至 44 条。报告显示，随着航运走廊数量翻番，参与其中的利益相关者的数量也随之增加，具体包括 171 个利益相关者，覆盖了整个海事价值链。其中，新加坡积极参与到绿色航运走廊的建设中。2022 年 8 月，新加坡海事及港务管理局和鹿特丹港务局签署谅解备忘录，合作建立世界上最长的绿色与数字航运走廊——亚欧集装箱绿色航运走廊；2023 年 4 月，新加坡海事和港务局、洛杉矶港和长滩港在国际城市联合组织（即 C40 城市）框架下，签署了港口综合体之间建立绿色和数字航运走廊的协议。

（五）绿色生态推动全球城市国际绿色科创中心建设

在全球应对气候变化和追求可持续发展的当下，科创中心的绿色化转型成为引领时代发展的重要趋势。这些科创中心不仅是技术进步的引擎，更是推动绿色发展的关键力量。

以旧金山湾区为例，作为全球知名的科创中心，其在绿色科创中心建设方面取得了显著成效。2023年，湾区内的许多科技企业纷纷加大对可再生能源的研发投入。如特斯拉，不仅在电动汽车领域持续创新，其太阳能业务也发展迅速。据统计，当年特斯拉的太阳能板安装量增长了20%，为更多家庭和企业提供了清洁电力。同时，湾区的一些初创企业专注于能源存储技术的研发，使得电池能量密度不断提高，成本持续降低。截至2024年上半年，相关企业获得的风险投资超过10亿美元。

伦敦也是全球重要的科创中心之一，其绿色化转型步伐坚定。在交通领域，伦敦大力推广电动汽车和公共交通的电动化。2023年，伦敦新注册的电动汽车数量同比增长35%，公共交通中的电动巴士比例达到了20%。此外，伦敦的建筑行业也在积极推进绿色化，采用高效的隔热材料和智能能源管理系统。据估计，这些措施使得伦敦的建筑能耗降低了约15%。

东京在绿色化转型方面同样表现出色。日本政府大力支持东京的科技企业研发绿色技术，特别是在氢能利用方面。东京已经建成了多个加氢站，氢能燃料电池汽车的数量逐渐增加。同时，东京的制造业通过引入先进的生产工艺和环保材料，减少了工业生产过程中的碳排放。数据显示，2023年东京的工业碳排放量较上一年度下降了10%。

中国的深圳作为国内领先的科创城市，绿色化转型成果斐然。在新能源领域，深圳的太阳能电池板产量持续攀升，2023年达到了全球总产量的15%。同时，深圳的电子制造企业积极采用绿色供应链管理，减少原材料的浪费和环境污染。据调查，超过80%的企业制定了严格的环保标准。

　　全球科创中心的绿色化转型发展具有以下几个显著特点。（1）强大的科研创新能力。这些中心通常拥有一流的科研机构和高校，能够吸引全球顶尖的科学家和研究人员。例如，美国麻省理工学院在能源存储和转化技术方面的研究一直处于世界前沿，每年发表大量高水平的科研论文和专利。（2）产业集聚效应。绿色科技企业在特定区域内集聚，形成完整的产业链。以德国慕尼黑为例，众多企业围绕能源、环保和制造业形成了紧密的合作网络，从原材料供应到终端产品制造，实现了高效协同发展。（3）政策支持与引导。政府通过制定优惠政策、提供资金支持和建立监管框架，推动绿色科技创新。比如，中国政府出台一系列补贴政策，促进了新能源汽车产业的快速发展。2023 年，中国新能源汽车销量达到 688.7 万辆，同比增长 93.4%。（4）开放合作的创新生态。全球绿色科创中心积极开展国际合作，吸引国际投资和人才。例如，新加坡通过与国际企业和科研机构合作，共同开展绿色科技研发项目，提升了自身的创新能力。

　　目前，国际绿色科创中心主要有 4 种典型的发展模式。（1）技术驱动型模式。以美国硅谷为代表，依靠前沿技术的突破和创新引领绿色科技发展。例如，在电池技术方面的创新推动了电动汽车的普及和储能系统的发展。（2）产业升级型模式。一些传统工业城市通过产业升级和转型，发展绿色科技。德国鲁尔区从传统的煤炭和钢铁产业转向可再生能源和环境技术领域，实现了经济结构的优化和可持续发展。（3）政策引领型模式。政府通过制定明确的发展战略和政策，集中资源打造绿色科创中心。比如，丹麦哥本哈根政府大力推动风能产业发展，使其成为全球风能技术的领导者。（4）市场需求驱动型模式。以中国的深圳、上海等城市为代表，庞大的市场需求拉动绿色科技的应用和创新。随着消费者对环保产品和服务的需求不断增加，企业纷纷加大研发投入，推动绿色科技的发展。

二、绿色生态推动多元功能耦合发展的模式

绿色生态在提升全球城市的经济、金融、航运、贸易和科技创新功能的同时，还促进了它们的联动耦合。通过模式创新，实现资源共享、优势互补，例如绿色金融支持绿色科创、绿色航运助力绿色贸易，共同推动城市的全面繁荣与可持续发展。

（一）绿色生态推动全球城市国际航运与金融功能耦合发展

在当今全球化的时代，国际航运与金融作为经济发展的重要支柱，正不断受到绿色生态理念的深刻影响和推动。绿色生态已成为促进全球城市国际航运与金融功能耦合发展的关键力量。在此背景下，全球城市绿色航运金融应运而生，展现出多样化的发展模式和巨大的潜力。

首先，绿色船舶融资模式是绿色航运金融的重要组成部分。据国际航运协会的最新报告，截至 2023 年，全球绿色船舶融资规模约为500 亿美元，较前一年增长 20%。银行贷款是常见的融资方式之一，许多银行专门设立了绿色信贷项目，为购买环保型船舶或进行船舶节能减排改造的企业提供优惠贷款。其次，绿色航运债券的发行日益活跃。2023 年，全球绿色航运债券的发行总量超过 200 亿美元，同比

增长 30%。这些债券通常具有明确的环保用途，如用于购置新能源船舶、建设绿色港口设施等。再次，保险在绿色航运金融中也发挥着重要作用。绿色航运保险模式逐渐兴起，保险公司为符合环保标准的船舶提供更低的保费和更优质的服务。据统计，2023 年全球绿色航运保险市场规模达到 80 亿美元，预计到 2025 年将突破 120 亿美元。最后，绿色航运基金成为一种新兴的发展模式。这些基金专注于投资绿色航运相关的项目和技术，为初创企业和创新技术的发展提供了资金支持。租赁模式在绿色航运金融中也占有一席之地。船舶租赁公司通过提供长期租赁服务，鼓励航运企业使用绿色船舶。数据显示，2023 年全球绿色船舶租赁业务量增长了 15%。

伦敦作为全球重要的金融中心和航运中心，在绿色航运金融领域展现出强大的活力和引领作用。伦敦的绿色航运金融市场规模持续扩大。2023 年，伦敦金融机构为绿色航运项目提供的贷款总额为数十亿英镑，较前一年度有显著增长。在绿色航运债券方面，伦敦证券交易所发行的相关债券规模不断攀升。已有多家航运企业在此成功发行绿色债券，募集资金用于船舶的节能减排改造和新型环保船舶的购置。保险领域也积极响应绿色航运趋势。伦敦的保险公司倾向于为采用绿色技术的船舶提供保险，同时为绿色航运项目定制了更具针对性的保险产品。此外，伦敦的金融创新为绿色航运注入新动力。通过金融科技手段，提高了绿色航运项目的风险评估和资金配置效率。众多金融机构纷纷设立专门的绿色航运金融部门，汇聚专业人才，为绿色航运发展提供全方位的金融服务。伦敦还积极参与国际合作，与其他金融中心共同制定绿色航运金融的标准和规则，推动全球绿色航运金融市场的规范化和健康发展。

（二）绿色生态推动全球城市国际航运与科创功能耦合发展

近年来，一系列创新的绿色航运技术不断涌现。例如，在船舶动力方面，液化天然气作为一种相对清洁的燃料，在航运中的应用逐渐增加；同时，氢燃料电池技术和电动船舶技术也在不断研发和试验中，虽然目前尚未大规模应用，但前景广阔。船舶设计方面也有了重大突破。通过优化船体形状、采用高效的螺旋桨和节能装置，船舶的燃油效率大幅提高。一些新型船舶采用了空气润滑系统，能够减少水阻，降低能源消耗。在能源管理方面，智能监控和控制系统的应用使得船舶能够实时监测能源使用情况，进行精准的能源调配，从而实现节能减排。此外，绿色港口建设也取得了重要进展。岸电设施的普及让船舶在靠港期间能够使用岸上的电力，减少了船舶辅机的燃油消耗和废气排放。

在全球可持续发展的大趋势下，顶级全球城市纷纷探索绿色航运科技的发展模式，推动其国际航运与科创功能之间的耦合发展。以伦敦为例，其采用政策引导与技术创新相结合的模式。政府出台严格的环保法规，对船舶的排放标准提出更高要求，并设立专项资金支持绿色航运技术的研发。同时，伦敦积极推动港口的智能化改造，利用大数据和物联网技术，实现对船舶进出港、货物装卸等环节的精准管理，提高运营效率，减少能源浪费。新加坡则侧重于打造绿色航运产业链。通过吸引全球领先的航运企业、科研机构和金融机构入驻，形成了集研发、制造、运营和金融服务于一体的绿色航运产业生态。东京则依靠强大的科技研发实力，不断推动绿色航运技术的创新。在新能源船舶研发方面投入大量资源，积极探索氢燃料电池、太阳能等在船舶动力系统中的应用。同时，利用先进的智能交通系统，优化航线规划和船舶调度，降低碳排放。

（三）绿色生态推动全球城市国际航运与贸易功能耦合发展

国际绿色航运贸易涵盖了从货物的运输、仓储到配送的整个供应链环节。（1）在运输服务方面，不仅要确保货物能够安全、准时地抵达目的地，还要通过优化航线规划和船舶调度，最大程度地降低能源消耗和碳排放。例如，利用大数据分析和智能算法，为船舶选择最节能的航线，减少航行里程和时间。（2）在仓储服务中，采用绿色建筑设计和节能设备，降低仓库的能源消耗。同时，引入先进的库存管理系统，提高仓储空间的利用率，减少货物的积压和浪费。（3）配送服务则注重发展多式联运，将航运与铁路、公路运输有机结合，提高运输效率，减少运输过程中的环境污染。例如，推广使用电动卡车进行短距离货物配送，降低尾气排放。（4）贸易服务还包括为企业提供一站式的通关、报关服务，简化手续，提高贸易效率。同时，提供金融、保险等配套服务，为绿色航运贸易企业提供资金支持和风险保障。

新加坡高度重视绿色规划和政策引导。政府出台了一系列严格且明确的环保法规和绿色发展政策，强制要求企业在贸易活动中遵循低碳排放标准。例如，对高碳排放的贸易企业征收高额税费，促使企业主动采取减排措施。在能源利用方面，新加坡大力推广可再生能源。太阳能在新加坡能源结构中的占比持续上升，众多商业建筑和物流园区都安装了太阳能板。同时，积极探索氢能等新兴清洁能源在贸易领域的应用。新加坡还注重绿色金融的推动作用。金融机构为绿色贸易项目提供优惠的融资条件和丰富的金融产品。绿色金融在新加坡国际贸易中的占比显著提高，为企业的绿色转型提供了强大的资金支持。此外，新加坡积极开展国际合作，与其他国家和国际组织共同制定绿色贸易标准和规则，提升了在全球绿色贸易中的话语权和影响力。

（四）绿色生态推动全球城市国际科创与贸易功能耦合发展

近年来，全球绿色技术服务贸易规模不断扩大。据相关数据显示，过去 5 年间，全球绿色技术服务贸易额以年均超过 10% 的速度增长。在这一领域，可再生能源技术服务的贸易表现尤为突出。太阳能和风能技术的服务出口增长迅速，许多国家纷纷将其作为推动经济增长和能源转型的重要手段。同时，绿色建筑技术服务也逐渐成为热门。从高效的能源管理系统到环保的建筑材料应用，相关服务贸易的需求不断增加。以欧洲为例，绿色建筑技术服务的出口在 2023 年同比增长了 15%，为当地经济带来了显著的收益。在亚洲，一些新兴经济体也在积极参与全球绿色技术服务贸易。它们通过引进先进的绿色技术服务，提升自身的产业水平，并逐步向其他国家输出相关服务。比如，中国在电动汽车技术服务方面取得了重要突破，不仅满足了国内市场的需求，还开始向周边国家提供技术支持和服务。

在国际绿色技术服务贸易蓬勃发展的大背景下，一些城市脱颖而出，成为绿色低碳引领下科创与贸易功能实现良好耦合的国际绿色技术服务贸易中心，其发展经验值得借鉴。以美国旧金山为例，据《旧金山绿色技术发展报告（2024）》显示，过去 10 年间，旧金山在绿色技术服务领域的投资年均增长率达到了 15%。截至 2023 年底，该市累计吸引绿色技术服务相关企业超过 500 家，直接创造就业岗位超过 10 万个。旧金山通过制定严格的环保法规，促使企业加大绿色技术研发投入。例如，要求新建建筑必须达到一定的能源效率标准，这推动了节能技术服务市场的迅速发展。此外，德国慕尼黑的发展也较为典型，根据慕尼黑经济研究所的数据，2022 年慕尼黑绿色技术服务出口额达到 50 亿欧元，较 2018 年增长了 30%。慕尼黑高度重视人才培养，当地高校和科研机构每年培养大量绿色技术专业人才。同时，政府还设立了专项基金，每年投入 2 亿欧元用于支持中小企业的绿色技术创新。这些成功案例表明，政策引导、资金投入、人才培养是建设国际绿色技术服务贸易中心的关键。通过制定明确的发展规划和目标，以及提供有力的政策支持和资金保障，能够吸引企业和人才聚集，推动绿色技术服务贸易快速发展。

第三节　绿色生态推动"五个中心"耦合发展的现状与面临的挑战

　　绿色生态在推动上海"五个中心"发展方面已取得一定成效，如部分绿色政策出台、绿色技术应用增多。但目前仍存在一些问题，如绿色标准不统一、资金投入不足等，制约了上海"五个中心"深度耦合与高效发展，需进一步优化解决。

一、全面绿色转型背景下上海"五个中心"建设现状

　　2023 年，习近平总书记在考察上海时指出，要全面践行人民城市理念，充分发挥党的领导和社会主义制度的显著优势，充分调动人

民群众积极性主动性创造性，在城市规划和执行上坚持一张蓝图绘到底，加快城市数字化转型，积极推动经济社会发展全面绿色转型，全面推进韧性安全城市建设，努力走出一条中国特色超大城市治理现代化的新路。

上海作为一座拥有2400多万常住人口的超大型城市，具有经济、产业、人口规模大，空间、资源、环境容量小等特点，加快推动发展方式全面绿色转型，既是破解资源环境约束突出问题的迫切需要，也是实现城市高质量发展的必由之路，同时还是发挥好上海在长三角乃至全国龙头带动、示范引领作用的重要体现。党的十八大以来，上海坚持走生态优先、绿色发展之路，探索城市和自然交融的最佳实践，努力建设人与自然和谐共生的美丽上海。值得关注的是，上海在全国还率先出台绿色转型地方立法，即在2024年1月1日起实施《上海市发展方式绿色转型促进条例》，通过构建完善一套能源资源高效率利用、生态环境高水平保护和经济社会高质量发展相互协调促进的制度体系，加快推动发展方式向资源节约、环境友好、生态平衡的绿色低碳模式转变。

在新时代的发展征程中，全面绿色转型正成为上海推动"五个中心"高质量发展的强大动力。

在国际经济中心建设方面，上海积极引导产业结构向绿色低碳方向调整。来自上海市发展与改革委员会的信息显示，近10年来，上海以年均1.2%的能源消费增速实现了年均6.7%的经济增长，单位GDP碳排放累计降幅超过50%，以低能耗低排放支撑经济高速增长。绿色生态推动了上海绿色低碳产业的迅速崛起。新能源汽车、新能源装备、节能环保设备等绿色制造业不断壮大，成为上海工业的新支柱。以新能源汽车为例，上海 2023 年新能源汽车产量达 128.68 万辆，全国排名第二，仅次于深圳，带动了包括上游（基础零部件，如动力电池、电器仪表系配件、传感器、芯片、智能网联等）、中游（电动汽车整车制造）和下游（汽车服务，如充换电服务、电池回收利用、后市场服务等）的全产业链的发展。同时，传统制造业通过采用绿色技术和工艺，实现了节能减排和产品质量的提升。根据《上海市瞄准新赛道促进绿色低碳产业发展行动方案（2022—2025 年）》，目标到 2025 年，绿色低碳产业规模突破 5000 亿，基本构成 2 个千亿、5 个百亿、若干个十亿级产业集群发展格局。该计划表正逐渐成为实景图。临港国际氢能谷正开展氢能在交通、能源、建筑等领域的综合利用试点示范；上海化工区绿色低碳示范园探索可再生能源替代应用，孵化新能源材料、二氧化碳资源化技术；长兴低碳创新产业园主要聚焦绿色海洋装备和绿色交通产业；等等。当前一批瞄准新兴赛道的产业园区，正以遍地开花之势，不断培育起上海低碳经济的新动能。

在国际金融中心建设方面，上海正全力打造国际绿色金融枢纽。上海打造国际绿色金融枢纽拥有较好的条件，比如上海金融机构相对比较集聚、金融人才及培训机构相对密集、要素市场比较完备，而长三角地区碳排行业如发电、航运、化工和冶金等从规模到公司治理都有推进减排提效的需求基础。政策保障方面，2021 年 10 月《上海加快打造国际绿色金融枢纽服务碳达峰碳中和目标的实施意见》正式发布，提出到 2025 年基本确立国际绿色金融枢纽地位。2024 年 1 月实施《上海市转型金融目录（试行）》，将水上运输业、黑色金属冶炼和压延加工业、石油加工业、化学原料及化学制品制造业、汽车制造业、航空运输业六大行业纳入首批上海转型金融目录支持行业，引导传统碳密集型行业稳妥有序转型。平台建设方面，2021年7月16日，全球规模最大的碳市场——全国碳排放权交易市场正式开市。截至2023年底，全国碳排放权交易市场累计成交量达到4.4亿吨，成交额约249亿元。2024年1月初，上海绿色金融服务平台上线，工农中建交等13家银行成为首批入驻机构。该平台将围绕金融服务经济绿色低碳转型的发展要求，重点打造绿色信息服务、绿色金融供给、绿色产业识别、绿色项目服务、智能分析和预警五大功能，并承担着上海市绿色项目的申报、认证和管理功能。2024年7月，上海数据交易所碳板块上线，聚焦绿色低碳领域的数据流通交易，汇聚碳排放数据，重点拓展绿色金融和碳排放管理等核心场景，打通绿色低碳领域的数据流通交易链路。

在国际贸易中心建设方面，绿色生态发展已成为上海国际贸易中心建设的关键方向之一。从贸易规模来看，绿色低碳产品的进出口额呈现出显著增长的态势。上海海关统计数据显示，2023年上半年，上海的新能源汽车出口额达到50亿元，同比增长120%。太阳能电池板的出口额为80亿元，较去年同期增长85%。这些数据清晰地表明，绿色低碳产品在国际市场上的需求不断攀升，上海在相关领域的贸易竞争力逐步增强。在绿色服务贸易方面，以环境咨询、绿色技术研发等为代表的服务贸易出口持续扩大。2022年，上海的环境咨询服务出口额约为15亿元，同比增长30%。绿色低碳标准的制定和认证工作也在积极推进。上海的一些企业和机构参与制定了多项国际和国内的绿色标准，提升了上海在绿色贸易规则制定中的话语权。上海目前已有超过1000家企业获得了ISO14001环境管理体系认证，为其产品进入国际市场提供了有力保障。在政策支持方面，上海市政府出台了一系列鼓励绿色低碳贸易的政策措施。例如，对绿色低碳产品的出口企业给予税收优惠和财政补贴。2022 年，上海共为相关企业减免税收约 5 亿元，发放补贴资金 3 亿元，有力推动了企业开展绿色低碳贸易。

在国际航运中心建设方面，通过制定绿色航运政策、打造绿色低碳港口、推广航运清洁能源、鼓励绿色技术革新等举措，积极打造绿色低碳的航运体系。2023 年 3 月，上海市交通委、市发展改革委联合印发的《上海市交通领域碳达峰实施方案》提出，上海将积极推进船舶装备低碳化转型。进一步提升船舶能效水平和碳排放效率，到 2030 年，上海港籍的沿海和内河主力船舶新船设计能效水平在 2020 年基础上提高 20%，液化天然气（LNG）等清洁能源动力船舶占比力争达到 5% 以上；国际远洋船舶达到 IMO 相关标准要求。上海港 LNG "船到船"加注作业实现常态化，2023 年加注保税 LNG26 万立方米，已成为全球第二大 LNG 加注港。2024 年 4 月，上海港首次也是中国港口首次为国际航行大型甲醇燃料动力集装箱船舶开展绿色甲醇燃料"船—船"同步加注作业，并逐步形成多种新能源船舶加注服务业务体系；同月，全球首制 700 标准箱纯电动集装箱船首航安全靠泊洋山港，标志着上海港集装箱货物运输开启"纯电动时代"。另外，世界上第一条横跨太平洋的绿色航运走廊——"上海港—洛杉矶港绿色航运走廊"正在加速建设中。

在国际科创中心建设方面，绿色生态理念正有力地推动着上海国际科创中心迈向高质量发展的新征程。首先，从研发投入来看，近年来上海对绿色低碳技术的研发资金投入持续攀升。据上海市科委的数据，2022 年上海市在绿色低碳领域的研发经费支出达到 250 亿元，较 2021 年增长了 18%。其次，产业发展方面，绿色低碳产业已成为上海经济增长的新引擎。2023 年上半年，上海的节能环保产业总产值达到 850 亿元，同比增长 15%。其中，高效节能装备、先进环保材料等细分领域的增长率均超过 20%。再次，在技术创新成果上，成绩斐然。以新能源汽车为例，上海的相关企业在电池技术、自动驾驶等关键领域取得重大突破。2023 年上半年，上海新能源汽车专利申请量达到 3500 件，同比增长 22%。在氢能领域，上海研发的新型燃料电池寿命超过 10000 小时，性能处于国际先进水平。最后，科创平台的建设也在加速推进。截至 2023 年 7 月，上海已建成 15 个绿色低碳领域的国家级重点实验室和工程技术研究中心、30 多个市级创新平台，为绿色低碳技术的研发和转化提供了有力支撑。另外，作为长三角绿色创新领头羊，上海以产业带动促进绿色产业发展，以技术带动促进创新要素流动与共享，以平台带动促进绿色创新成果转移转化，以制度带动推动绿色创新合作全面改革升级，以载体带动建设长三角生态绿色一体化发展示范区，进而有效引领了长三角绿色科技创新共同体的建设。

二、绿色生态推动上海"五个中心"耦合发展面临的主要挑战

全球绿色生态转型背景下，上海在加快推进"五个中心"建设过程中，正积极探索以绿色生态为导向的发展路径。然而，在这一进程中，"五个中心"耦合发展仍在政策机制、产业结构、金融服务、科

技创新等方面存在着一些挑战和问题。

（一）政策协同机制不够完善

首先，政策制定缺乏整体性规划。在推动绿色生态与"五个中心"耦合发展的过程中，各相关部门在制定政策时，往往从自身职能和利益出发，缺乏对整体发展目标的充分考虑。这导致政策之间存在冲突和不协调，难以形成合力。例如，在经济中心建设方面，为了追求短期的经济增长，可能会放松对一些高能耗、高污染项目的限制；而在生态环境保护方面，又会对这类项目进行严格管控，从而产生政策矛盾。其次，政策执行存在差异。由于各部门对政策的理解和执行力度不同，导致在实际操作中出现偏差。比如，在金融支持绿色产业发展方面，不同金融机构对绿色项目的认定标准不一致，使得一些真正的绿色项目难以获得足够的资金支持。最后，政策评估和调整机制不健全。缺乏对政策实施效果的及时、准确评估，无法根据实际情况进行有效的调整和优化。这使得一些政策在实施过程中不能适应变化的形势，影响了绿色生态与"五个中心"耦合发展的效果。

（二）当前产业结构未能实现全面绿色转型

上海的产业结构在向绿色转型的过程中面临着诸多难题。一方面，传统制造业，如化工、钢铁等，在经济中仍占有一定比重，这些产业的绿色改造需要大量的资金和技术投入。与德国鲁尔区等传统工业地区的转型相比，上海在传统产业的绿色升级方面面临着相似的困境，如技术瓶颈、设备更新成本高昂以及人员转型等问题。鲁尔区通过长期的政策引导和资金支持，成功实现了从传统重工业向高新技术产业和服务业的转型。而上海的传统制造业在转型过程中，由于技术研发能力相对不足，部分关键绿色技术仍依赖进口，增加了转型的难度和成本。另一方面，新兴绿色产业的发展尚未形成规模效应。虽然上海在新能源、节能环保等领域有一定的布局，但与深圳等城市相比，产业集聚度和创新能力仍有待提高。而上海的新兴绿色产业在产业链的完整性和协同性上还存在不足，导致产业发展速度相对较慢。这种产业结构转型的困难，使得绿色生态难以在短时间内成为推动"五个中心"耦合发展的强大动力。

（三）绿色金融服务与实体经济需求匹配度不够

2024 年 4 月发布的全球绿色金融指数（GGFI）报告显示，上海的全球绿色金融指数在国内被深圳超越，排第二位，在全球范围内仅列第 28 位。上海的绿色金融服务在满足实体经济绿色发展需求方面存在较大差距。绿色信贷在支持中小企业绿色转型方面力度不足，审批流程复杂，门槛较高。而在伦敦，金融机构针对中小企业的绿色贷款产品丰富，政策支持力度大，有效促进了中小企业的绿色发展。绿色债券市场的规模和活跃度与上海庞大的经济规模和绿色发展需求不匹配仍有待提高。纽约的绿色债券市场发展成熟，吸引了全球投资者，为各类绿色项目提供了充足的资金支持。绿色保险产品的创新不足，难以覆盖企业在绿色发展过程中的各类风险。相比之下，瑞士的绿色保险市场提供了多样化的产品，包括环境污染责任保险、可再生能源项目保险等。绿色金融服务与实体经济需求的不匹配，使得上海在绿色生态背景下，"五个中心"的功能提升面临资金瓶颈。

（四）绿色低碳技术创新与应用转化不畅

上海在绿色低碳技术创新方面取得了一定成果，但在技术应用转化环节仍面临诸多障碍。科研机构和企业之间缺乏紧密的合作机制，导致创新成果难以迅速投入市场。例如，在新能源存储技术领域，虽然科研机构取得了一些关键技术突破，但由于企业在生产工艺和市场推广方面的不足，使得这些技术无法大规模应用。与旧金山等创新型城市相比，上海在绿色低碳技术创新的生态系统建设上存在差距。旧金山拥有活跃的风险投资市场、完善的技术转移服务机构和开放的创新文化，能够快速将绿色低碳技术从实验室推向市场。而上海在风险投资对早期绿色低碳项目的支持力度、技术转移服务的专业化程度、创新文化的培育方面，都还有待提高。此外，上海在绿色低碳技术标准的制定和推广方面相对滞后，影响了技术的应用和推广。而其他顶级全球城市在绿色低碳技术标准方面一直处于领先地位，其严格的标准体系不仅促进了国内技术的应用，还在国际市场上赢得了竞争优势。绿色低碳技术创新与应用转化的不畅，严重阻碍了上海绿色经济发展，也制约了"五个中心"在绿色低碳领域的协同升级。

第四节　绿色生态推动"五个中心"耦合发展的思路、路径与对策

在绿色生态成为全球城市发展新趋势的背景下，本节将结合绿色生态推动多元功能提升与耦合发展的模式，并立足于上海"五个中心"耦合发展的现状与问题，提出绿色生态推动上海"五个中心"耦

合发展的思路、路径及对策建议。

一、绿色生态推动"五个中心"耦合发展的基本思路

在全球绿色发展的时代浪潮中，上海作为中国经济发展的前沿阵地，肩负着以绿色生态推动"五个中心"联动耦合发展的重要使命。这一基本思路的核心在于深刻认识到绿色生态不仅是一种发展理念，更是一种系统性的发展战略，需要贯穿于"五个中心"建设全过程。

首先，要明确绿色生态与"五个中心"建设的内在逻辑关系。绿色生态是实现"五个中心"高质量、可持续发展的基础和保障。在国际经济中心建设中，绿色生态意味着推动产业结构的绿色升级，培育壮大绿色产业，促进经济增长方式的根本性转变。对于国际贸易中心而言，绿色生态要求拓展绿色贸易领域，提高绿色产品和服务的贸易份额，增强在全球绿色贸易规则制定中的话语权。在国际金融中心的发展中，绿色生态意味着构建完善的绿色金融体系，引导资金流向绿色产业和项目，推动金融创新与绿色发展深度融合。对于国际航运中心，绿色生态则体现在推进航运业的绿色转型，降低航运能耗和污染物排放，提升航运服务的绿色化水平。而在国际科创中心的建设中，绿色生态需要激发科技创新在绿色能源、环境保护、资源循环利用等领域的活力，为绿色发展提供强大的技术支撑。

其次，要树立全局观念和协同意识。"五个中心"不是孤立存在的，而是相互关联、相互促进的有机整体。绿色生态应作为一条纽带，将"五个中心"紧密连接起来，形成协同发展的合力。例如，绿色金融为绿色产业的发展提供资金支持，绿色科创成果应用于经济各

领域推动产业升级，绿色贸易促进绿色产品和技术的国际交流与合作，绿色航运支撑国际贸易的高效开展，经济的绿色发展为科技创新提供应用场景和市场需求。基于这种协同作用，实现资源的优化配置和效率的最大化，推动上海在绿色发展的道路上实现跨越式发展。

　　总之，绿色生态推动上海"五个中心"耦合发展的基本思路，是以绿色发展理念为引领，以协同发展为手段，以提升城市综合竞争力和可持续发展能力为目标，打造具有全球影响力的绿色发展示范城市。

二、绿色生态推动"五个中心"耦合发展的主要路径

　　在追求可持续发展的时代，绿色生态成为推动上海"五个中心"耦合发展的关键。其主要路径在于 4 个方面：政策引领，构建绿色发展框架；创新驱动，激发绿色科技活力；产业融合，促进各中心协同；金融助力，为绿色项目提供资金支持。

（一）政策引领，构建绿色发展框架

　　政策引领在推动上海"五个中心"耦合发展中起着基石作用。政府通过制定全面、系统的绿色发展政策，为城市的可持续发展规划清晰蓝图。例如，出台严格的环保法规，限制高污染、高能耗产业的发展，鼓励企业采用绿色生产方式。同时，制定绿色产业扶持政策，对节能环保、新能源等产业给予税收优惠、财政补贴，引导资源向绿色领域倾斜。此外，建立绿色标准体系，明确各行业在能源消耗、污染物排放等方面的标准，促使企业遵循绿色规范。政策的协同作用还能

打破部门壁垒，促进不同领域政策的相互配合，形成推动绿色发展的强大合力。

（二）创新驱动，激发绿色科技活力

创新是推动上海"五个中心"绿色发展的内生动力。加大在绿色科技研发方面的投入，鼓励高校、科研机构和企业开展深度合作。例如，在能源领域，创新研发高效的太阳能光伏技术、风能发电技术，提高可再生能源的利用率；在交通领域，推动新能源汽车电池技术的突破，发展智能交通管理系统，降低交通能耗和排放。同时，创新绿色科技成果转化机制，加速新技术的应用和推广。建立科技孵化平台，为绿色科技初创企业提供资金、场地等支持，促进科技成果快速转化为实际生产力。

（三）产业融合，促进各中心协同

产业融合是实现上海"五个中心"协同发展的重要途径。推动制造业与服务业深度融合，使制造业借助金融、贸易等服务业的支持实现绿色转型升级。比如，金融机构为制造业企业提供绿色信贷和绿色金融服务，助力其开展绿色技术研发和设备更新。加强航运与贸易的协同，发展绿色航运物流，提高货物运输效率，降低物流环节的能源消耗和环境污染。促进科技创新与各产业的融合，以科技创新推动传统产业向绿色化、智能化方向发展。

（四）金融助力，为绿色项目提供资金支持

金融在支持上海"五个中心"绿色发展中发挥着关键作用。鼓励

金融机构开发多元化的绿色金融产品，如绿色债券、绿色基金等，为绿色项目提供长期稳定的资金来源。建立绿色金融评价体系，引导资金流向环境友好型项目。同时，加强绿色金融市场的监管，防范金融风险，保障绿色金融市场的健康发展。吸引国内外投资机构参与绿色项目投资，拓宽绿色项目的融资渠道，为上海"五个中心"的绿色发展提供充足的资金保障。

三、绿色生态推动"五个中心"耦合发展的政策建议

绿色生态推动上海"五个中心"耦合发展需要综合施策，通过加强统筹规划、完善标准法规、加大创新投入、强化市场机制、推动区域合作和优化营商环境等一系列对策措施，实现"五个中心"之间的相互联动、相互赋能，推动上海经济社会的绿色、可持续发展。

（一）加强统筹规划与政策协同

"五个中心"建设是一项系统性工程，牵一发而动全身。因此，需要加强统筹规划，制定绿色生态推动"五个中心"联动发展的总体规划和专项规划，明确各中心的发展目标、重点任务和实施路径。同时，加强政策协同，建立健全跨部门、跨领域的政策协调机制，确保各项政策相互衔接、相互支持，形成政策合力。例如，在产业政策方面，要制定有利于绿色产业发展的扶持政策，包括财政补贴、税收优惠、金融支持等；在金融政策方面，要引导金融机构加大对绿色项目的支持力度，创新绿色金融产品和服务；在贸易政策方面，要鼓励绿色贸易发展，加强绿色贸易标准制定和认证。此外，要加强规划、政

策的动态调整和优化，根据发展形势和实际需求，及时对规划和政策进行修订和完善，确保其科学性、合理性和有效性。

（二）完善绿色标准与法规体系

建立健全完善的绿色标准与法规体系，是推动"五个中心"绿色发展的重要保障。一方面，要积极参与国际绿色标准的制定，加强与国际标准组织的合作与交流，将国际先进的绿色标准引入上海，提高上海绿色标准的国际化水平。另一方面，要结合上海的实际情况，制定具有本地特色的绿色标准，涵盖绿色产业、绿色金融、绿色贸易、绿色航运和绿色科技等领域。同时，加强绿色法规的制定和完善，明确企业和个人在绿色发展中的权利和义务，加大对违法行为的处罚力度，为"五个中心"的绿色发展提供有力的法律保障。例如，在绿色产业领域，制定严格的绿色产品标准和生产规范，加强对绿色产品的质量监管；在绿色金融领域，建立绿色金融监管制度，规范绿色金融市场秩序；在绿色贸易领域，加强对绿色贸易壁垒的研究和应对，完善绿色贸易纠纷解决机制。

（三）加大科创与人才培养

科技创新是推动"五个中心"绿色发展的核心动力，人才是实现绿色发展的关键因素。因此，要加大绿色科技领域的研发投入，支持高校、科研机构和企业开展绿色技术创新研究，突破一批关键核心技术，提高自主创新能力。同时，要加强科技成果的转化和应用，建立健全科技成果转化机制，搭建科技成果转化平台，促进科技成果与产业发展紧密结合。在人才培养方面，要加强绿色科技人才的培养和引进。一方面，鼓励高校和职业院校开设绿色科技相关专业，培养适应绿色发展需求的专业人才；另一方面，制定优惠政策，吸引国内外优秀的绿色科技人才来沪创新创业。此外，要加强对现有人才的培训和继续教育，提高其绿色发展的意识和能力。例如，设立绿色科技专项研究基金，支持重点绿色科技项目的研发；建立绿色科技人才库，加强对人才的跟踪和服务；开展绿色科技培训和讲座，提高从业人员的绿色科技水平。

（四）强化市场机制与社会参与

充分发挥市场机制在资源配置中的决定性作用，引导社会资本投向绿色领域。建立健全绿色价格机制，通过价格杠杆引导企业和消费者的绿色行为。同时，要加强绿色金融市场的建设，提高绿色金融产品的流动性和交易活跃度，吸引更多的投资者参与绿色金融市场。此外，要积极引导社会公众参与"五个中心"的绿色发展。加强绿色发展的宣传教育，提高公众的绿色意识和环保意识，鼓励公众参与绿色消费、绿色出行等。建立公众参与机制，畅通公众参与渠道，充分听取公众的意见和建议，形成全社会共同推动"五个中心"绿色发展的良好氛围。譬如，开展绿色消费宣传活动，推广绿色产品和服务；建立绿色志愿者组织，开展环保公益活动；设立绿色发展公众监督平台，加强对绿色发展的社会监督。

（五）推动区域合作与国际交流

加强区域合作与国际交流，是提升上海"五个中心"绿色发展水平的重要途径。在区域合作方面，要加强与长三角地区及国内其他地

区的合作，实现资源共享、优势互补、协同发展。例如，在绿色产业
方面，加强与长三角地区的产业协同，共同打造绿色产业链；在绿色
金融方面，加强与周边城市的金融合作，推动绿色金融资源的跨区域
流动。在国际交流方面，要积极参与国际绿色发展合作和交流，学习
借鉴国际先进经验和技术，提升上海在国际绿色发展领域的影响力。
加强与国际知名城市的交流与合作，开展绿色发展项目合作，举办国
际绿色发展论坛和展会，展示上海绿色发展成果，吸引国际绿色投资
和技术合作。比如，与国际绿色发展组织建立合作关系，参与国际绿
色发展项目；与国际知名绿色城市建立友好城市关系，开展定期的交
流与合作。

（六）优化营商环境与服务保障

进一步优化营商环境，为"五个中心"的绿色发展提供高效便捷
的服务保障。简化行政审批流程，提高政府服务效率，为绿色企业和
项目提供"一站式"服务。加强基础设施建设，提高能源、交通、通
信等基础设施的绿色化水平，为"五个中心"的绿色发展提供坚实的
支撑。建立绿色发展服务平台，为企业提供政策咨询、技术支持、市
场信息等全方位服务。加强知识产权保护，维护企业合法权益，鼓励
企业开展绿色创新。同时，要加强对绿色发展的监测和评估，及时掌
握绿色发展的进展情况和存在的问题，为决策提供科学依据。例如，
建立绿色发展政务服务大厅，集中办理绿色发展相关业务；建立绿色
发展监测评估体系，定期发布绿色发展报告。

第十一章
主要研究结论

上海最初提出"三个中心"（国际经济、金融、贸易中心），后来增加了航运中心。习近平总书记进一步提出了"具有全球影响力的科技创新中心"的目标定位。上海建设"五个中心"是为了顺应世界发展潮流，特别是在新型全球化背景下，除了传统的国家间贸易外，还形成了大量的产业内贸易和企业内贸易。跨国公司将总部职能集中于主要城市后，资金、商品、人员、信息等要素在全球城市网络中流动，使相关节点性城市的地位和作用日益突出。上海加快建设"五个中心"的一个重要考量，是代表国家参与全球合作与竞争，积极承担跨国公司在全球布局中的管理、协调、控制职能，为其提供区域和全球业务的市场与平台。

国际上的一些全球城市，如纽约、东京、巴黎，都将科创视为重要的发展战略，同时也强调以现代服务业为主的新型产业综合体。结合上海的实际，有必要"两头抓"：一方面，抓住高技术含量，大力推进科创中心建设，强化全球资源配置和科创策源功能。这里的关键在于"闯"——以排头兵的姿态向未知领域挺进；"创"——勇于改革求变；"育"——营造开放生态，为创新提供土壤。另一方面，则是抓住高知识含量，这与国际经济中心建设和产业结构密切相关。现代服务业，尤其是生产性服务业，其特点是高知识含量，需要集聚更多高端专业人士，强化高端产业引领功能和开放枢纽门户功能。

尽管如此，当前几个中心的能级仍然不够高，这与发展路径有关。像纽约、伦敦、东京、巴黎等城市的发展表现为自然过程的迭代升级，结构性矛盾较少。相比之下，上海国际大都市建设主要是在改革开放和融入经济全球化背景下展开的，充分利用了改革开放的强大动力和经济全球化的后发优势，走出了具有时代特征、中国特色和上海特点的跨越式发展路径。虽然在较短时间内构建起了"五个中心"的基本框架及其功能，并持续迭代升级，但也存在规模形态与功能等级不对等的问题。例如，在金融中心方面，虽然股票市场交易量规模和上市公司数量世界领先，但在金融定价权等高附加值领域仍存在差距；航运中心虽然在运输能力和港口配套方面达到了很高水准，但在高等级航运服务如海事、船舶租赁、保险等方面较为薄弱；贸易中心虽已成为全球订单、展示和交易中心，但在贸易结算、清算功能上仍显不足；经济中心方面，尽管产业现代化程度是重要指标，但真正能在全球范围内发挥引领作用的产业，或是市场份额较小，或是尚未完全掌握核心技术，缺乏国际标准制定能力。

为了解决这些问题，党的二十届三中全会要求"完善宏观调控制度体系"，"增强宏观政策取向一致性"，"完善国家战略规划体系和政策统筹协调机制"。在加快建设"五个中心"的过程中，也需要相关职能部门进一步配合，促进"五个中心"之间的耦合和协同。由于"五个中心"各自的建设存在先后顺序和轻重缓急之分，非均衡特征明显，且大多是各自培育和发展，相互之间的关联性较弱。实际上，"五个中心"本身具有内在的耦合机理，即"你中有我，我中有你"，相互关联、相互促进。然而，目前"五个中心"的建设主要由相关部门分管，随着功能交叉和业务融合的增多，受制于管理权限，相关部门无法有效推进。因此，需要市级层面加强统筹与协调，以使"五个中心"在功能上更加耦合，更好发挥协同效应。

因此，本书聚焦上海"五个中心"的耦合发展，通过建立量化评价体系，并进行国际比较，对上海"五个中心"发展的差异化能级作了进一步解析。研究发现，上海作为全球城市，在航运、科创和贸易等多个领域展现出卓越竞争力，但仍存在亟待提升之处。在航运方面，上海凭借全球最繁忙的集装箱港口和洋山港的全自动化操作，确立了其国际航运枢纽的地位，但在航运服务质量和国际标准应用方面仍有提升空间；在科创方面，上海以较多的专利数量和较强的创新能力位居全球科创中心前列，但在教育与学术资源、原创性科创和国际科研合作上还需加强；在贸易领域，上海凭借高效的物流和基础设施建设成为全球贸易中心之一，展会经济表现突出，但在贸易结构多样性和全球贸易总量上仍与伦敦等城市存在差距。此外，尽管营商环境良好，法律透明度和市场准入仍须改善，避免影响外资企业的信心；在金融领域，上海在金融市场规模上表现突出，人民币国际化进展显著，但在吸引国际资本和金融企业总部方面仍有较大提升空间。为巩固其全球金融中心地位，上海需要进一步推动金融科创，优化监管环境，增强国际资本吸引力。总体而言，上海作为全球城市在多个能级上展现了强大的竞争力，但仍须在科创、贸易多样化、金融服务等领域持续优化，以巩固和提升其全球地位。

　　重要项目和重大活动对"五个中心"耦合发展的推动作用不容忽视。上海通过实施一系列重要项目和举办重大活动，积极推动"五个中心"的耦合发展，显著提升了城市的国际竞争力和影响力。在经济中心与贸易中心耦合促进方面，汽车行业国际合作与合资（1984年）、世博会、进博会、自由贸易试验区扩展以及国际消费城市建设项目等，从不同角度促进了经济与贸易的深度融合，提升了上海在全球经济和贸易中的地位。金融中心与科创中心耦合中，科创板的推出及金融科创实验区政策实施，推动了金融资本与科创的融合，提升了上海的创新能力和金融市场影响力。航运中心与贸易中心耦合方面，洋山深水港的建设运营及长三角一体化发展战略，提升了航运与贸易的协同效应和区域综合实力。经济中心与金融中心耦合通过上海国际金融中心建设项目和金融服务实体经济创新举措得以实现，促进了城市经济繁荣和金融创新。经济中心与科创中心耦合体现在张江科学城建设成果以及科技企业上市与经济增长的互动上。金融中心与贸易中心耦合则借助大宗商品交易市场建设运营、金融开放政策及跨境电子商务发展与金融支持来推动。航运中心与经济中心耦合表现在国际航运服务业集群发展、航运金融创新以及航运物流与经济产业链融合等方面。这些举措共同作用，为上海实现"五个中心"战略目标奠定了坚实基础，使上海在全球经济版图中占据重要地位，推动了城市的综合发展和国际竞争力的提升，对未来城市的可持续发展具有重要意义和深远影响。

　　科创在全球城市发展中的核心作用，体现在可以有效引领上海国际经济中心、国际金融中心、国际贸易中心和国际航运中心建设的耦合发展。在全球经济增长放缓、大国间博弈加剧以及技术革命深远影响等趋势下，全球城市（区域）是全球经济增长的引擎，依托知识和技术策源地、创新概念试验场的地位，在复杂局势下重塑世界图景。全球城市功能正从金融资本转向科创策源，科创中心的形成与科技革命紧密相关，国际科创中心的形成与转移主要发生在历次重大技术革命的机遇期。科创中心通过科技上的"溢出效应"与空间上的"辐射效应"引领新质生产力的形成与发展。科创是构建现代化经济体系的重要驱动力。通过集聚全球高端创新资源、创造全球科创、引领全球新经济新产业的发展、成为全球创新网络的重要节点、发挥对周边区域的辐射带动作用，以及作为国际创新资源的流动港，上海展现了其在全球科创中的领导地位。科创中心与金融中心之间具有正向反馈作用关系，两者相互赋能、相互支持。通过金融市场资源配置功能、强化科创资源集聚作用、加速推进金融科技与金融创新的融合，以及以金融科技筑牢"防火墙"，优化科创金融风控机制，加快上海的"科创＋金融"耦合发展。科创是推动全球城市发展的关键动力，上海通过集聚创新资源、提升创新能力、加强金融支持和优化政策环境，不仅能够巩固其作为全球科创中心的地位，还能够引领经济、金融、贸易和航运的耦合发展，为全球城市发展提供新的思路和模式。

金融赋能是推动"五个中心"耦合发展的重要手段。在上海金融中心与科创中心耦合方面，通过建设金融科技中心、设立科创板、落实相关政策等举措，推动了科技金融发展。金融科技发展呈现出技术驱动、用户体验提升、商业模式创新、监管逐步完善及全球化趋势等特点。上海在科研力量、营商环境等方面优势显著，金融科技企业集聚，重大试点有序实施。科创板为科技企业提供融资渠道，提升资本市场活力与竞争力，促进科技与金融融合。同时，上海积极创新科技企业融资模式，包括风险投资、债权融资、产业基金等，产业基金与科创互动紧密，在资金支持、资源整合、政策引导等方面发挥重要作用。在航运中心与金融中心耦合方面，创新航运金融产品，如保险、贷款、租赁、衍生品及绿色金融产品等，拓宽航运企业融资渠道，增强风险管理能力。建设航运金融服务平台，具备信息共享、在线交易、风险管理、一站式服务及定制化服务等功能，促进航运、金融两中心深度融合。航运业通过资本市场运作，如股票、债券、私募股权投资、并购重组及资产证券化等方式，提升企业竞争力和可持续发展能力。航运金融服务实体经济的案例也充分彰显其重要作用。在金融中心与贸易中心耦合方面，大宗商品交易市场获得金融支持，包括贸易融资、衍生品工具应用、交易所运作及金融科技应用等，为金融、贸易两中心耦合奠定基础。金融开放政策通过放宽外资准入、开放资本项目、市场及提升监管水平等促进贸易发展，金融科技应用也助力贸易。跨境电子商务的金融服务涵盖支付、融资、保险及外汇管理等，金融科技提升服务效率，支持跨境电商发展，推动金融与贸易中心耦合。总之，上海金融赋能多中心耦合发展成效显著，为上海城市高质量发展提供动力，也为其他城市提供经验借鉴。

上海作为以"五个中心"为发展目标的国家核心城市，通过产业链的高质量发展和优化布局，展现了卓越的韧性和国际竞争力。在全球化面临挑战和不确定性加剧的背景下，上海的集成电路、生物医药、人工智能等高端产业在应对外部冲击时表现出较强的适应能力。依托强大的经济实力和金融体系，上海不仅推动了城市功能的提升，还在全球产业链重构中占据了有利位置。通过内外循环的有效结合，上海不断强化国内市场供需匹配，提高了产业链自主性和安全性，为国内大循环提供了坚实支撑。同时，上海积极推动高端产业集群的建设，实现了科创与产业链整合的深度融合。这种纵深发展的产业链不仅提升了产业附加值，也在国际市场中赢得了更大的竞争优势。然而，上海在产业链协同和绿色发展方面仍存在提升空间。为了应对未来的挑战，应进一步加强产业链上下游的协同合作，推动绿色产业链的建设，提升中小企业在产业链中的参与度与话语权，增强自主创新能力。通过优化政策支持和产业布局，上海能够在全球经济动荡中保持竞争力，实现"五个中心"的耦合发展与高质量增长，为国家经济转型和全球城市建设提供更加有力的支撑。

新时代文化建设承担着推动文化繁荣和文化强国建设，以及建设中华民族现代文明的使命，上海明确提出了提升国际文化大都市软实力、加快建设习近平文化思想最佳实践地的目标。纵观全球城市文化创意建设实践，北京推动多领域文化深度融合，纽约推进多元化的国际文化交织，巴黎打造全球文化和时尚之都，都为上海建设国际文化大都市提供了良好借鉴。随着进入 3.0 版经济、文化、科技融合发展的新时期，三者融合发展出现新趋势，文化和科技融合更是促进经济发展形成模式创新，包括基于文化的"互联网＋"模式、形成经济新的增长点，科创文化传播、推动文化资源的共享，以及虚拟现实技术推动沉浸式体验等。结合上海当前国际文化大都市建设与发展情况，应当看到上海在文化教育、文化参与度、文化多样性、文化旅游、围绕"互联网＋"的文化产业取得了众多成就，城市文化软实力不断提升。然而，上海在文化设施的人均资源量、核心文化产业和文化吸引力、全球影响力等方面，与其他国际文化大都市还存在差距。对标顶级国际文化大都市，上海要进一步从内部出发、提升城市文化竞争力，要塑造文化品牌、凸显全球文化影响力，强化文化支撑、推进"文化＋科创"新模式，优化文化设施、丰富文化资源供给，提升文化效能、强化文化产业竞争力。

在全球绿色转型背景下，上海积极践行绿色发展理念，推动"五个中心"建设取得显著成效，但也面临诸多挑战。现状方面，上海在各中心建设中均有积极进展。国际经济中心建设中，产业结构向绿色低碳调整，绿色制造业壮大，传统制造业升级，新兴产业园区培育新动能；国际金融中心建设中，全力打造枢纽，政策保障不断完善，平台建设成果显著；国际贸易中心建设中，绿色低碳产品进出口额增长，服务贸易出口扩大，标准制定和认证推进，政策支持有力；国际航运中心建设中，通过多项举措打造绿色低碳航运体系；国际科创中心建设中，研发投入增加，产业发展迅猛，技术创新成果突出，平台建设加速，且引领长三角绿色科创共同体建设。然而，问题也不容忽视。政策协同机制不完善，包括制定缺乏整体性规划、执行存在差异、评估和调整机制不健全；产业结构未全面绿色转型，传统制造业转型困难，新兴绿色产业规模效应不足；绿色金融服务与实体经济需求匹配度不够；绿色低碳技术创新与应用转化不畅。为推动耦合发展，提出以下结论性对策：明确绿色生态与"五个中心"内在逻辑及协同关系，以绿色产业、贸易、金融、航运、科技为路径推动发展。同时，加强统筹规划与政策协同，完善绿色标准与法规体系，加大科创与人才培养，强化市场机制与社会参与，推动区域合作与国际交流，优化营商环境与服务保障，以实现"五个中心"相互联动、赋能，促进上海经济社会绿色可持续发展，打造具有全球影响力的绿色发展示范城市。

结　语

近年来，全球化进程发生了新的变化。20 世纪八九十年代，世界各国在全球范围内进行产业链、价值链、供应链布局，形成了技术与资本、生产加工和资源供给的"三极平衡"。然而，随着这一平衡的发展，特别是 2008 年全球金融危机以来，其脆弱性逐渐显现，其中一个主要原因是供给过剩。在发达国家，尤其是美国，这种失衡主要表现为金融危机，因为美国是一个主要的资本输出国。当前全球化出现的新变化，本质上是"再平衡"。尽管在这个过程中出现了美国对中国施压的现象，但我们不应将其视为全球化趋势的普遍表现。事实上，在新型全球化中，主要的推动力量不是欧美国家政府，而是跨国公司。跨国公司看到了原有"三极平衡"中的脆弱性，因此有意调整产业链、价值链、供应链的空间布局，更多地考虑近岸布局。在此变化中，我们更应坚定地站在历史正确的一边，扩大高水平对外开放，推动经济全球化向前发展。我们应该清楚地认识到，只有分工与合作，才能实现最优配置，从而达到效益最大化。在全球化的持续进程中，世界依然离不开中国，中国也离不开世界。中国参与国际分工与合作，应基于强大的知识、科技实力及先进的制造能力。伴随着新科技革命和新产业革命，全球化的方式、构造、路径等将有所调整和变化，但全球化的持续进程仍将继续并不断深化。技术进步将进一步压缩时空，为更大范围的流动与交互创造条件。

新兴经济体和发展中国家日益深度融入经济全球化，将推动全球化程度不断加深，并在一定程度上弱化跨国公司网络的不对称分布，从而在全球多个区域形成更多的价值链节点及更紧密的生产网络连接。过去的全球化主要体现在制造和金融部门的全球化，表现为全球货物贸易和资本流动，这也促使国际贸易中心、国际金融中心的数量大幅增加。新型全球化越来越表现为"非物质化的全球化"，突出反映在全球跨境数据流通激增和新兴服务贸易的快速发展。近期引起全球关注的游戏《黑神话：悟空》，便是这一趋势的一个信号。对于上海"五个中心"的建设而言，除了经济层面的考量，还应积极应对在人才、技术、学术、生态等方面的新挑战。现代信息通信技术的迅速发展使得人力资本流动和劳务流动相脱离，这一发展趋势可能进一步增强。学术全球化趋势也在生物技术、纳米技术、信息和通信技术、信息系统、物理和生物医学研究、计算机科学、心理学、医学和生物医学研究、数学等多个领域得到了体现，国际合作科学研究数量迅速增长。

在新形势下，"五个中心"建设的战略意义不仅没有削弱，反而显得更加重要。这与前文所述逻辑是一致的。在新型全球化过程中，跨国公司是主要力量。主权国家的战略和政策会影响跨国公司的选址和布局，但并不能完全左右其全球布局。跨国公司的产业链、供应链部分转移出去，主要是基于市场和劳动力成本的选择。这部分是可以转移的，但其区域总部功能，包括管理、控制、协调等功能却不会轻易转移。上海加快建设"五个中心"，一个重要举措就是要充分发挥其区位、人才等优势以及服务、管理和辐射、枢纽等功能。上海不仅要在经济层面上继续发挥重要作用，还要积极应对在人才、技术、学术、生态等方面的新挑战。通过"五个中心"的耦合发展，上海能够更好地应对这些挑战。

　　上海在全球化进程中有巨大的潜力可挖掘。第一，上海要具备全球资源配置功能，将国内和国外两种资源、两个市场融为一体；第二，上海要作为世界体系的节点和枢纽，成为联结"走出去"与"引进来"的桥头堡，特别是服务于共建"一带一路"；第三，上海要通行"全球村"标准和规则，成为全球治理的重要载体，推动中国在全球治理中获得更多话语权。从加快建设"五个中心"的角度来看，上海具备很强的全球性取向和功能综合性发展潜质。此外，上海除了服务经济发展外，还保留了先进制造业，并着力推动先进制造业与现代服务业的融合发展。这意味着上海不单纯是服务经济功能的综合性发展，而是工业经济与服务经济立体功能的综合性发展。从动态角度看，适应经济、科技、文化融合发展趋势，上海十分注重经济功能与非经济功能网络连接的均衡发展。预计下一步在文化、艺术、科技、教育、城市治理等方面的国际交流和全球网络连接会有更快的增长。通过"五个中心"的耦合发展，上海能够更好地实现这些领域的均衡发展。

　　从基于连接功能的类型划分来看，上海可以通过集聚一大批具有控制与协调功能的跨国公司和全球公司总部，特别是本土的跨国公司和全球公司总部，在全球资源配置中引领和主导全球资本、信息、商务服务、高端专业人才等要素汇聚和流动，进而成为创新思想、创意行为、创业模式的策源地。上海不仅与亚太地区城市有着广泛的连接，而且与欧美发达国家主要城市也有较强的连接。从国内空间尺度看，上海门户城市的特征明显，已成为中国城市连接世界的重要通道。下一步，全球空间尺度上的门户型特征有望进一步提升。有三个主要变量在起作用：一是随着中国企业借助上海"走出去"，特别是到共建"一带一路"国家和地区进行投资，上海会与更多城市建立起新的连接；二是国内有一批城市将进入全球城市行列，它们与上海连接的性质也随之变化。事实上，纽约的全球性连接有 60% 至 70% 是与美国国内的全球城市连接，从而夯实全球门户作用；三是伴随建成与中国经济实力以及人民币国际地位相适应的国际金融中心，上海将成为全球性人民币产品创新、交易、定价和清算中心，从而进一步凸显上海作为全球门户的重要地位。"五个中心"的耦合发展将有助于上海在全球资源配置中发挥更大的作用。

在历史演进中，上海保留了两条重要"遗传信息"：一是近代以来作为中心城市的功能和地位始终未变，在全国乃至全球范围内始终发挥重要作用。20 世纪 30 年代，上海利用自身港口城市的全球交汇作用，一举奠定了贸易中心、商业中心、金融中心以及交通和信息枢纽、文化重镇的地位。改革开放以来，通过结构调整，上海实现城市的复兴与再生，城市综合功能拓展，进一步演化为以金融、贸易、航运为支撑的多功能国际经济中心城市，并不断拓展与深化全球连接。二是这座城市始终洋溢着开放的天性。改革开放以来，上海积极融入全球化浪潮，以开放引领促进改革和发展，释放出特有的动态比较优势。开放力度越大，城市发展就越快，因为门开得越大，进来的要素就越多，它们在这里就越有可能得到高效配置。在"五个中心"的耦合发展中，上海将继续发挥其开放的传统，吸引更多国际资本和技术。

开放是刻在上海骨子里的特质。在上海的发展历程中，无论是在思想观念、科学技术还是在城市治理、组织机构等方面，都表现出不因循守旧、不安于现状，善于接受新事物、勇于变故易常、不断推陈出新的明显特征。与之相联系，上海对世界发展新趋势、新动向、新思潮、新理念等极其敏锐，识时达变。创新最早的含义，主要讲的就是要素重新配置。上海特别注重创新，这个创新不仅指科技创新，还包括商业模式创新。但单有创新不够，上海还能够把中外各种要素进行交汇融合，包括不同的文化、政策乃至制度。在开放、创新的基础上，上海还深入包容的境界。既有"海纳百川"的吸纳，使来自不同地域、不同种族、不同背景的生产方式、生活方式以及思想文化、习俗等得以交汇、互为补充和吸收；又有"大气谦和"的同化，大量多元、异质、差别化的事物更多通过"和风细雨""润物细无声"的方式相互渗透与交集，而不是发生强烈的冲突和摩擦。在"五个中心"的耦合发展中，上海将继续保持其开放、创新、包容的城市品格，吸引更多国际人才和高端要素。

在此基础上，相信未来上海在加快建设"五个中心"的新征程上，将继续产生大量"混搭"的新奇点和新事物，带来新的生机和活力，继续增强这座城市的吸引力、凝聚力与竞争力。在全球化进程不断深化与拓展的背景下，上海不仅要在经济层面上继续发挥重要作用，还要积极应对在人才、技术、学术、生态等方面的新挑战。通过持续开放与创新，上海将更好地融入全球经济体系，推动经济全球化向前发展。在全球化程度加深与领域拓展的同时，上海作为国际经济、金融、贸易、航运和科创中心，将继续在全球化进程中发挥关键作用，通过"五个中心"的耦合发展，进一步巩固其在全球经济中的重要地位。

参考文献

1. 包立峰、黄昌勇、王奥娜：《上海国际文化大都市建设评估报告》，《科学发展》2021 年第 6 期。

2. 丁小斌：《加快实施创新驱动发展战略　支撑引领城市高质量发展——上海科技创新推动高质量发展的经验启示》，《先锋》2023 年第 3 期。

3. 范恒山：《促进区域协调发展的任务重点》，《区域经济评论》2022 年第 3 期。

4. 桂钦昌、杜德斌、刘承良、徐伟、侯纯光、焦美琪、翟晨阳、卢函：《全球城市知识流动网络的结构特征与影响因素》，《地理研究》2021 年第 5 期。

5. 洪群联：《我国产业链供应链绿色低碳化转型研究》，《经济纵横》2023 年第 9 期。

6. 黄苏萍、朱咏：《全球城市 2030 产业规划导向、发展举措及对上海的战略启示》，《城市规划学刊》2011 年第 5 期。

7. 贾佳、许立勇、李方丽：《区域文化科技融合创新指标体系研究》，《科技促进发展》2018 年第 12 期。

8. 蒋昌建、杨秋怡、沈逸、孙立坚、张怡、吕雅：《上海"五个中心"新一轮发展战略：打造国家发展动力引领城市》，《科学发展》2022 年第 12 期。

9. 刘志彪：《重塑中国经济内外循环的新逻辑》，《探索与争鸣》2020 年第 7 期。

10. 罗春华、杭州市发改委课题组：《科创企业融资生态创新研究》，《财会通讯》2024 年第 2 期。

11. 宁越敏：《世界城市崛起的规律及上海发展的若干问题探讨》，《现代城市研究》1995 年第 2 期。

12. 商务部研究院绿色经贸中心课题组：《发展绿色贸易培育外贸新动能》，《经济日报》2024 年 2 月 3 日。

13. 上海产业国际竞争力分析项目课题组：《2022—2023 年上海产业国际竞争力指数分析及 2024 年展望》，《上海经济》2024 年第 1 期。

14. 苏宁：《未来 30 年世界城市体系及全球城市发展趋势与上海的地位作用》，《科学发展》2015 年第 12 期。

15. 孙福全：《上海科技创新中心的核心功能及其突破口》，《科学发展》2020 第 7 期。

16. 汤培源、顾朝林：《创意城市综述》，《城市规划学刊》2007 年第 3 期。

17. 陶希东：《上海建设卓越全球城市的文化路径与策略》，《科学发展》2018 年第 12 期。

18. 汪明峰：《城市网络空间的生产与消费》，科学出版社 2007 年版。

19. 王冬冬、甘露顺：《上海推进国际文化大都市建设的全球经验借鉴及对策建议》，《科学发展》2022 年第 1 期。

20. 王玲、孙瑞红、叶欣梁：《新时代上海绿色航运中心建设研究》,《物流科技》2019 年第 3 期。

21. 徐剑：《国际文化大都市指标设计及评价》,《上海交通大学学报》(哲学社会科学版) 2019 年第 2 期。

22. 杨毅、陈秋宁、张琳：《文化与科技融合发展中的创新模式及革新进路》,《科技进步与对策》2019 年第 13 期。

23. 张可云、肖金成、高国力、杨继瑞、张占仓、戴翔：《双循环新发展格局与区域经济发展》,《区域经济评论》2021 年第 1 期。

24. 张庭伟：《全球化 2.0 时期的城市发展——2008 年后西方城市的转型及对中国城市的影响》,《城市规划学刊》2012 年第 4 期。

25. 张勇、蒲勇健、陈立泰：《城镇化与服务业集聚——基于系统耦合互动的观点》,《中国工业经济》2013 年第 6 期。

26. 郑曦：《科技创新赋能经济社会高质量发展的理路逻辑探要》,《政治经济学研究》2022 第 3 期。

27. 周振华、刘江会：《全球城市发展指数 2020》, 格致出版社2021 年版。

28. 周振华、杨朝远：《以科创中心引领新质生产力发展》,《文汇报》2024 年 3 月 27 日。

29. 周振华、张广生：《全球城市发展报告 2019》, 格致出版社2019 年版。

30. 周振华：《城市群嬗变：从"中心—边缘结构"到"网络结构"》,《北大金融评论》2021 年第 2 期。

31. 周振华：《全球化、全球城市网络与全球城市的逻辑关系》,《社会科学》2006 年第 10 期。

32. C. Landry, "The creative city in Britain and Germany",

Earthscan Publication Ltd., 1996.

33. Gert-Jan Hospers, "Creative cities in Europe", *Intereconomics: Review of European Economic Policy*, 38, 5(2003).

34. Malmberg, Anders, and P. Krugman, "Development, geography, and economic theory", *Geografiska Annaler Series B-Human Geography*, 78, 2(1996).

35. Mark S. Granovetter, "The strength of weak ties", *Social Networks*, 78(6), 1973.

36. Peter Geoffrey Hall, *Cities in Civilization: Culture, Innovation, and Urban Order*, London: Weidenfeld & Nicolson, 1998.

后　记

　　上海国际大都市及"五个中心"建设是在我国改革开放和融入经济全球化的背景下展开的，充分借助了改革开放的强大动力，充分发挥了融入经济全球化的后发优势，走出了一条具有时代特征、中国特色和上海特点的跨越式发展路径，并在较短时间内取得辉煌成就，不仅奠基了基本构架和形成完整体系，而且发展到相当大规模和步入有序运行。

　　在"十五五"期间，上海要加快建成具有世界影响力的社会主义现代化国际大都市，"五个中心"建设是主攻方向。那么，这一主攻方向的重点又在哪里？从问题导向出发，我们看到，在上海"五个中心"建设的跨越式发展中，基本架构迅速形成，基础往往不够扎实；完整体系迅速构建，各中心之间发展不平衡；规模数量迅速扩大，同时累积了不少结构性矛盾；各项功能快速叠加，相互融合程度不高。总体判断是："五个中心"体系已建成，但整体运行质量不高；"五个中心"功能已形成，但能级不高、核心竞争力不强。这在很大程度上导致上海经济社会发展一系列问题，如首位度下降，与战略定位不相符；发展后劲不足，影响可持续发展；经济缺乏韧性，发展波动性较大等。因此，"十五五"期间，上海"五个中心"建设的重点将是加强系统集成与耦合，充分发挥协同效应。

　　加强"五个中心"的系统集成与耦合是一项难度极高的系统工

程，涉及扬长补短与夯实基础的全面统筹、各种资源要素配置的综合平衡、纵横交错运行机制的有机整合，以及各方利益关系调整与协调。因此，要按照"五个中心"系统集成与耦合的底层逻辑，厘清相互关系，明确发生机理，建构整合模式，确立调整机制，选择操作路径。这不仅要有学理上的系统研究与阐述，也要求结合上海实际情况的战略思考谋划与策略可行实操，是一项重大的全新研究课题。

上海全球城市研究院（Shanghai Institute for Global City，简称 SIGC）作为首家上海市重点智库，聚焦全球城市的前沿性理论研究、战略性决策咨询和前瞻性政策储备，长期跟踪全球城市最新发展的动态，每年发布《全球城市发展报告》《全球城市案例研究》和《全球城市发展指数》三大系列标志性成果，在上海"五个中心"及中外全球城市研究方面有较好基础和积累。为此，我们积极申报并承担了这一研究课题。

在组织课题研究中，我们既重视系统性学理研究，打下扎实的理论基础，又深入调查研究，注重解剖"麻雀"。从历史纵深，系统梳理"五个中心"建设历程，把握"五个中心"独特发展路径的脉动，从中探寻"五个中心"当前问题由来的内生性。从现实平面，系统扫描"五个中心"发展现状，科学诊断"五个中心"建设存在的主要问题，从中找出"五个中心"的瓶颈制约及其深层原因。同时，大量吸纳中外全球城市研究的最新成果，开展中外全球城市比较研究，对标卓越全球城市找寻自身差距，积极借鉴中外全球城市建设与发展经验与教训。在此课题研究中，参与者群策群力，开展"头脑风暴"，提出许多真知灼见，并组织专题研讨和学术交流，广泛听取专家学者、政策制定者、企业家的意见与建议。

本书是上海全球城市研究院近年来对上海"五个中心"和社会主义国际文化大都市建设的系统性阐释，对于进一步厘清"五个中心"能级提升路径、耦合发展机制及对国际大都市发展的协同支撑机制，促进上海加快"五个中心"建设和迈向具有世界影响力的社会主义现代化国际大都市实现同频共振，具有十分重要的研究意义与决策咨询价值。

本书是上海全球城市研究院的集体研究成果。具体分工如下：周振华负责本书的整体框架设计与统筹工作，第一章由高鹏负责，第二章和第三章由张凡负责，第四章由郑怡林负责，第五章由王宇熹负责，第六章由杨朝远负责，第七章由王宇熹负责，第八章由王赟赟负责，第九章由安頔负责，第十章和第十一章由高鹏负责，前言和结语由周振华负责。

作为"上海智库报告文库"之一，本书的顺利出版得益于多方的有力支持。上海市哲学社会科学规划办公室给予了大力支持，在智库报告评审过程中，专家们所提供的宝贵建议对本书质量的提升起到了显著作用。与此同时，上海人民出版社专业且高效的编校工作也是本书能够顺利出版的重要保障，在此我们致以深深的谢意。

本书不仅是阶段性的研究成果展现，更是新的起点。上海全球城市研究院将继续聚焦全球城市发展和上海"五个中心"建设，进一步凸显研究院的"智库"属性和特征，为政府部门提供更加具有理论依据和实践指导价值的决策咨询及政策研究等服务。

上海全球城市研究院

2025 年 4 月

图书在版编目(CIP)数据

系统耦合：上海"五个中心"建设能级提升 / 周振

华等著. -- 上海 : 上海人民出版社，2025. -- ISBN

978-7-208-19292-8

Ⅰ. F127.51

中国国家版本馆 CIP 数据核字第 2024Q6U784 号

责任编辑　　沈骁驰

封面设计　　汪　昊

系统耦合：上海"五个中心"建设能级提升

周振华　等著

出　　　版　上海人民出版社
　　　　　　　(201101　上海市闵行区号景路 159 弄 C 座)
发　　　行　上海人民出版社发行中心
印　　　刷　上海中华印刷有限公司
开　　　本　787×1092　1/16
印　　　张　19.5
插　　　页　3
字　　　数　220,000
版　　　次　2025 年 6 月第 1 版
印　　　次　2025 年 6 月第 1 次印刷
ISBN 978 - 7 - 208 - 19292 - 8/F · 2903

定　　　价　88.00 元